WAAROM JONGEREN MOORDEN

Peter Langman

Waarom jongeren moorden

Met een bijdrage van

prof.dr. Corine de Ruiter

uitgeverij

Oorspronkelijke titel: Why Kids Kill. Inside the Minds of School Shooters
Oorspronkelijke uitgever: © 2009 Palgrave MacMillan

© 2011 Uitgeverij Kok – Utrecht
www.kok.nl

Nederlandse vertaling: Susanne Castermans en Corine de Ruiter

Omslagontwerp: Kaftwerk Tilburg
ISBN 978 90 435 1716 4
NUR 740

To all young lives cut short by force;
To all hearts hurt by sudden loss

Voor alle levens, zo abrupt afgebroken
Voor alle harten, door verlies zo wreed doorstoken

Inhoudsopgave

Dankbetuiging

Ik bedank allen die met hun werk de basis hebben gelegd voor mijn onderzoek, onder wie vele mensen bij de FBI, de geheime dienst, het ministerie van Onderwijs, het National Research Council Institute of Medicine, maar ook dr. Katherine Newman en haar onderzoeksteam.

Verder bedank ik graag Brooks en Randy Brown voor hun inbreng en feedback betreffende Columbine; Doug Harper en Richard Langman voor hun redactionele expertise; Nancy Marple voor het opsporen van moeilijk te verkrijgen informatie; Dennis Peters voor zijn adviezen in het verkrijgen van strafdossiers; Stuart Rosselet voor zijn onderzoek naar de familie van Jeffrey Weise; Mary Ann Swiatek, PhD, voor het bekijken van de tekst en het geven van redactionele feedback en suggesties voor de inhoud; en Thomas Wasser, PhD, voor het lezen van de conceptversie van diverse hoofdstukken.

Mijn speciale dank gaat uit naar mijn agent, John Ware, voor zijn belangstelling voor mijn boek en zijn onuitputtelijke steun en adviezen; en naar Luba Ostashevsky, mijn redacteur bij Palgrave Macmillan, die geloofde in mijn project, mij feedback gaf en het boek begeleidde vanaf het allereerste voorstel tot het uiteindelijke resultaat dat u nu in handen heeft.

Tot slot ben ik veel dank verschuldigd aan mijn vrouw en collega-psycholoog, Madeleine Langman, PhD, voor haar steun, stimulans, feedback, adviezen en het feit dat ze tot diep in de nacht met me wilde praten over massamoordenaars terwijl ze waarschijnlijk liever op één oor had gelegen; mijn zoon,

Joshua Langman, voor zijn vroeg ontwikkelde redactionele talent; en mijn dochter, Anna Langman, voor het feit dat zij helemaal niets met dit project van doen heeft gehad en mij dagelijks herinnerde aan de leuke dingen in het leven die iedereen zou moeten kennen.

Voorwoord

Ik wilde dit boek niet schrijven. Ik heb me bewust verzet tegen de gedachte dat dit boek moest worden geschreven. Ik wilde geloven dat er een eind was gekomen aan de golf van schietpartijen op scholen aan het einde van de jaren negentig van de vorige eeuw. Die hoop was naïef. De spoken van Columbine blijven rondwaren in de gangen van onze scholen en elk jaar zijn er scholieren die in de voetsporen proberen te treden van Eric Harris en Dylan Klebold. In feite raakte ik betrokken bij de kwestie van de schietpartijen op scholen als gevolg van wat die twee jongens deden.

Op 20 april 1999 pleegden Eric en Dylan een aanslag op Columbine High School. Ze doodden 13 mensen, verwondden er 23 en doodden daarna zichzelf. Op de dag van de aanslag werkte ik als stagiair Klinische psychologie in een kinderpsychiatrische kliniek. Net als iedereen was ik geschokt en verdrietig door het bloedbad en ik wist dat dit een belangrijke gebeurtenis was voor het land. Ik voorzag echter niet hoeveel impact deze gebeurtenis zou hebben op mijn leven.

Op 30 april 1999, amper tien dagen na de aanslag op Columbine, werd een tiener opgenomen in het psychiatrisch ziekenhuis waar ik werkte, omdat men bang was dat hij wellicht 'Columbine zou gaan doen'. Hij had een zwarte lijst van mensen op zijn website staan en vertoonde ander verontrustend en bedreigend gedrag. Een scholiere wist van zijn website, lichtte haar vader in en die nam contact op met de school. Zo werd een reeks gebeurtenissen in gang gezet waardoor de jongen uiteindelijk bij mij terechtkwam. Mij werd gevraagd om het risico in te schatten dat hij een schietpartij op school zou begaan – een afschrikwekkende taak. Ik moest bepalen of een jongen van zestien een potentiële massamoordenaar was. Er konden mensenlevens op het spel staan. Deze taak was des te moeilijker, omdat er op dat moment nog vrijwel niets was gepubliceerd dat inzicht zou kunnen geven in wat er omging in de hoofden van schoolschutters.

Sindsdien heb ik een of twee potentiële schoolschutters per jaar beoordeeld. Als psycholoog voelde ik een ethische verplichting om zoveel mogelijk te weten te komen over het onderwerp. Ik las alles wat ik maar kon vinden om mijn begrip van schoolschutters te vergroten. Maar hoe meer ik las, hoe meer ik vond dat belangrijke zaken over het hoofd werden gezien.

Hoewel ik deze hiaten inzag, wist ik niet zeker of ik degene wilde zijn die ze ging vullen. Ik werd niet blij van het vooruitzicht om jaren van mijn leven te wijden aan onderzoek naar massamoorden. Veel mensen houden van gewelddadige films, griezelverhalen en boeken over seriemoordenaars, maar ik niet. Niettemin raakte ik gefascineerd door het onderwerp en de vele vragen die dit opriep, toen ik de schutters ging bestuderen en de beschikbare literatuur doornam. Hoe kon iemand zoiets doen? Waarom juist die jongen en niet zijn broer? Waarom die twee jongens, terwijl er kinderen waren die erger waren gepest? Welke krachten brachten hen tot zo'n extreme daad?

In de afgelopen negen jaar heb ik geprobeerd om antwoorden te vinden op die vragen. Mijn perspectief is dat van een psycholoog. Ik richt mij op mensen als individuen en op wat er in hun hoofd omgaat: hun persoonlijkheid, gedachten, gevoelens, perspectieven – al die dingen die hun identiteit vormen. Dit betekent niet dat ik externe invloeden negeer. Gezinsinteracties, sociale milieus en relaties met leeftijdsgenoten hebben een grote impact op de identiteit van mensen en hun ervaringen. Maar wat ik vooral probeerde te begrijpen, was wat er omging in de hoofden van de schoolschutters. Hoe keken zij naar de wereld? Hoe zagen zij hun moordzuchtige neigingen?

Hoewel ik mijn inzichten, conclusies en vermoedens weergeef, is er geen eenvoudige verklaring voor het verschijnsel schoolschutters, of een formule om te voorspellen wie een massamoordenaar wordt. Aan het einde van het boek staat niet zoiets als: A + B + C = massamoordenaar. Daar is het onderwerp te complex voor en er is veel wat we nog niet weten. Toch geloof ik dat dit boek een fenomeen verduidelijkt dat, ondanks enorme aandacht in de media, tot nu toe een mysterie is gebleven. Door ons begrip van deze daders te vergroten, hoop ik dat we beter in staat zullen zijn om de waarschuwingssignalen te herkennen, effectief in te grijpen en daarmee mensenlevens te sparen.

Opmerkingen bij de tekst

Ik heb geprobeerd in dit boek zo nauwkeurig mogelijk te zijn in het weergeven van informatie. Hoewel we in het informatietijdperk leven, waren veel details moeilijk te bemachtigen of werden ze tegengesproken door andere bronnen. Om de tekst leesbaar te houden, heb ik niet elke zin voorzien van frases als 'men heeft gerapporteerd' of 'volgens' of 'men beweert'. In de meeste gevallen geef ik de informatie als feiten, hoewel ik denk dat die niet altijd juist zijn. Vergeef mij de onnauwkeurigheden die dit boek zal bevatten.

De paragrafen over Eric Harris en Dylan Klebold zijn vooral gebaseerd op de verslagen van het Jefferson County Sheriff's Office. Dit is een verzameling van ongeveer 27.000 pagina's aan materiaal, waaronder verslagen van interviews, schoolessays van Eric en Dylan, opdrachten in jaarboeken, de dagboeken van de jongens en diverse andere documenten. Veel van deze pagina's zijn openbaar gemaakt, maar ongeveer 5.000 niet. In de documenten die beschikbaar zijn, zijn de namen van andere scholieren dan Eric en Dylan zwart gemaakt om hun identiteit te beschermen. Daardoor worden onderzoekers gedwongen om te speculeren over de mensen die bij bepaalde gebeurtenissen betrokken waren.

Daarnaast heb ik, wanneer ik uit geschreven materiaal van de schutters citeer, over het algemeen de spelling en interpunctie gecorrigeerd zodat het makkelijker leesbaar is.

In hoofdstuk 7 ten slotte heb ik de namen en andere identificerende details veranderd van de potentiële schutters waarmee ik gewerkt heb.

WAAROM JONGEREN MOORDEN

[1] Schoolschutters: verder dan snelle mediaberichten

> *Als we van tevoren hebben uitgevogeld hoe we tijdbommen maken, zetten we er honderden bij huizen, wegen, bruggen, gebouwen en benzinestations, bijna alles wat schade en chaos oplevert (...) Het wordt als de rellen in LA, de bomaanslag in Oklahoma, de Tweede Wereldoorlog, Vietnam (...) allemaal door elkaar. Misschien brengen we zelfs een kleine opstand of revolutie op gang om alles maar zoveel mogelijk naar de kloten te helpen (...) Als V en ik het door stom geluk overleven en kunnen ontsnappen, gaan we ergens naar een of ander eiland of misschien wel Mexico, Nieuw-Zeeland of een andere exotische plek waar de Amerikanen ons niet kunnen pakken. Als zo'n plek niet bestaat, dan kapen we een heleboel bommen en laten een vliegtuig neerstorten op NYC met ons erin en wij schieten dan in het wilde weg terwijl we neerstorten. Gewoon iets om nog meer verwoesting aan te richten.*
>
> EEN 5E-KLASSER

Dit citaat werd niet geschreven door een lid van al-Qaida of een andere terroristische groepering. Het werd geschreven door een jongen uit de bovenbouw van Columbine High School, die uit een stabiel gezin kwam, goede cijfers haalde en de wereld wilde vernietigen. Zijn naam was Eric Harris. Dit is een boek over schoolschutters. Wie zijn zij? Wat zijn hun drijfveren? Waarom denken ze er überhaupt over na om zulke afgrijselijke dingen te doen? De feiten over de aanslagen zijn gemakkelijk te weten te komen: welke vuurwapens er werden gebruikt, hoe ze daaraan kwamen, wie er werden neergeschoten, enzovoorts. Wat in al die mediaverslagen echter bijna niet te vinden is, is inzicht in de gedachten van de schutters en waarom zij die moorden pleegden. In de nasleep van schietpartijen op scholen – of het nu Columbine, Virginia Tech of elders was – wordt in actualiteitenrubrieken en aan de eettafel steeds dezelfde vraag gesteld: waarom doen mensen dit? Dit boek probeert die vraag te beantwoorden door te kijken naar de psychologie van de daders van massale schietpartijen op scholen.

Wat is nu precies een massale schietpartij op een school? Deze vindt plaats wanneer leerlingen of voormalige leerlingen hun eigen school aanvallen. Deze aanslagen zijn voor de buitenwereld zichtbare daden, gepleegd voor het oog van anderen. Hoewel sommige mensen worden neergeschoten omdat de schutters een wrok tegen hen hadden, worden anderen willekeurig neergeschoten of als symbolen van de school (zoals een directeur).

Tot dit soort schietpartijen behoort niet een vechtpartij tussen twee mensen waarbij de een de ander neerschiet. Gericht geweld met vuurwapens dat te maken heeft met bendes, drugshandel of onenigheid over verkering, zijn geen massale schietpartijen. Hoe alarmerend deze gebeurtenissen ook mogen zijn, zij zijn niet opgenomen in dit boek, zelfs niet als ze plaatsvonden op het terrein van de school.

Dit boek richt zich ook niet op schietpartijen waarbij een volwassene een school binnendringt en kinderen ombrengt. In 2006 bijvoorbeeld, gijzelde de 32-jarige Carl Charles Roberts een groep meisjes in een Amish-schoolgebouw in Pennsylvania. Hij schoot er tien neer, van wie er vijf overleden. Roberts was een volwassene die geen connecties had met de school en het is niet bekend waarom hij deze school uitkoos als doelwit van zijn actie. Hoewel hij een massamoord pleegde op een school, wordt zijn handelwijze niet gezien als een massale schietpartij op school volgens de definitie van dit boek, omdat hij geen leerling was die zijn eigen school aanviel.

Het is belangrijk om onderscheid te maken tussen de schietpartijen die in dit boek worden besproken en andere vormen van schoolgerelateerd dodelijk geweld. Sommige onderzoeken naar geweld op scholen kijken naar alle vuurwapengerelateerde dodingen op scholen. Het is echter twijfelachtig om aan te nemen dat de verschillende soorten aanslagen worden gepleegd door soortgelijke personen of dezelfde factoren als aanleiding hebben. Het meetellen van zowel wilde, massale als gerichte acties in hetzelfde onderzoek vertroebelt het beeld en maakt het moeilijk om zinvolle conclusies te trekken over welk persoonstype een massale schietpartij op een school pleegt. Door de focus in dit boek uitsluitend te richten op de wilde, massale aanvallen, is het makkelijker om patronen te herkennen.

Massale schietpartijen op scholen gingen in de jaren negentig van de vorige eeuw deel uitmaken van de Amerikaanse cultuur. Ze zijn als terroristische aanslagen: statistisch gezien komen ze zelden voor en ze worden gepleegd door een handvol mensen die een schokgolf teweegbrengen. De 10 schutters in dit boek brachten in totaal 74 mensen om (onder wie zichzelf) en verwondden er 92. De schade reikt natuurlijk veel verder dan deze cijfers. De families en vrienden van de slachtoffers werden getroffen door verdriet en afschuw. Hele scholen en gemeenschappen raakten ontredderd. In het hele land vragen scholieren, ouders en schoolmedewerkers zich af of hun school nog wel veilig is. Naar aanleiding van de aanslagen hebben scholen in het hele land procedures en beleid ingevoerd in een poging de veiligheid te waarborgen.

Grootschalige aanslagen op scholen en universiteitscampussen lijken misschien een recent fenomeen, maar dat is niet zo. Enkele van de volgende voorbeelden passen niet in de definitie van massale schietpartijen op scholen, maar zij tonen wel aan dat massageweld op scholen niet nieuw is. De dodelijkste schietpartij op een school in de Verenigde Staten vond al plaats in 1927, toen de 55-jarige Andrew Kehoe zijn vrouw vermoordde en vervolgens dynamiet gebruikte om een school in Bath, Michigan, op te blazen. In totaal bracht Kehoe 45 mensen om en verwondde er 58, voornamelijk kinderen. Het totale aantal slachtoffers was meer dan twee keer zo groot als op Virginia Tech in 2007.

Bijna veertig jaar later, in 1966, ging Charles Whitman, een 25-jarige student aan de Universiteit van Texas, als een uitzinnige tekeer. Eerst bracht hij zijn vrouw en moeder om, daarna verschanste hij zich als sluipschutter in een toren op de campus en schoot 45 mensen neer, van wie er 14 overleden. Ook hier was het aantal slachtoffers hoger dan bij de aanslag op Columbine High School in 1999.

De jaren zeventig en tachtig gingen niet voorbij zonder schietpartijen op scholen. In 1979 opende tiener Brenda Spencer het vuur op een lagere school tegenover haar huis in San Diego, Californië. Ze doodde twee volwassenen en verwondde acht kinderen en een politieagent. Tien jaar later, in 1989, opende de 26-jarige Patrick Purdy het vuur op het speelplein van een basisschool in Stockton, Californië. Hij doodde 5 kinderen en verwondde 29 kinderen en een leerkracht.

Ondanks deze geschiedenis van veelvoudige moord op scholen, werd 'schietpartij op school' pas een algemeen gebruikte term aan het einde van de jaren negentig. In het schooljaar 1997-1998 vond in korte tijd een golf van wilde, massale aanslagen op scholen plaats.

1 oktober 1997	Luke Woodham schiet 9 mensen neer in Pearl, Mississippi.
1 december 1997	Michael Carneal schiet 8 mensen neer in West Paducah, Kentucky.
15 december 1997	Joseph Colt Todd schiet 2 mensen neer in Stamps, Arkansas.

24 maart 1998	Andrew Golden en Mitchell Johnson schieten 15 mensen neer in Jonesboro, Arkansas.
24 april 1998	Andrew Wurst schiet 4 mensen neer in Edinboro, Pennsylvania.
21 mei 1998	Kip Kinkel schiet 27 mensen neer in Springfield, Oregon.

Waarin verschilden de schietpartijen aan het einde van de jaren negentig van de eerdere incidenten? De recente aanslagen werden gepleegd door jonge scholieren op hun eigen school. Andrew Kehoe was 55 jaar oud. Charles Whitman was 25 en Patrick Purdy was 26. Daarentegen was Michael Carneal 14, Mitchell Johnson 13 en Andrew Golden 11. Dit waren kinderen die moordenaars werden. Zij waren niet alleen jong, maar ze knalden hun leeftijdsgenoten neer – hun eigen klasgenoten. Dat waren soms de kinderen met wie ze waren opgegroeid sinds de kleuterschool, met wie ze in de pauze speelden, en in sommige gevallen de meisjes voor wie ze warme gevoelens hadden. Hier was geen sprake van het ombrengen van de vijand in een oorlog of het neerschieten van leden van een rivaliserende bende. Dit waren gevallen van kinderen die zonder een duidelijke reden andere kinderen vermoordden. Mensen vol verbazing achterlatend: 'Waarom?'

OP ZOEK NAAR ANTWOORDEN

Veel antwoorden op de vraag waarom schietpartijen op scholen plaatsvinden, zijn al gegeven. Sommige zijn gebaseerd op onderzoek; andere zijn de uitspraken van nieuwsmakers en journalisten in reactie op de schietincidenten. De meest gangbare verklaringen richten zich op zaken als de invloed van geweldadige videogames en films, afwijzing door leeftijdsgenoten, depressiviteit en zelfmoordneigingen, de gemakkelijke verkrijgbaarheid van vuurwapens, bijwerkingen van psychiatrische medicatie, de impact van pesten en de gevolgen van het feit dat iemand een eenling is die niet betrokken is op school en onvoldoende sociale contacten heeft.

Na de schietpartij volgt meestal een korte periode met enorm veel media-aandacht. Veel van de eerste informatie die dan wordt gegeven is niet correct en tegen de tijd dat er nauwkeuriger informatie vergaard is, hebben de media zich al op andere verhalen gericht. Hierdoor bereiken de betrouwbare versies van de gebeurtenissen vaak niet het publiek. Daarom moeten we verder kijken dan de eerste conclusies en genuanceerder kijken naar de factoren waarvan vaak wordt gezegd dat die bijdragen aan schietpartijen op scholen.

Uitzinnige aanslagen zijn te complex om te worden toegeschreven aan slechts één oorzaak. Daarom dient elke zinvolle benadering te erkennen dat er meerdere invloeden zijn. Enkele van de gegeven verklaringen zijn gebaseerd op foutieve informatie en dragen daarmee weinig bij aan ons begrip van de schietpartijen. Andere zijn naar mijn mening echter 'factoren die niet verklaren'. Met andere woorden: deze factoren kunnen wel een bijdrage leveren, maar verklaren op zichzelf niet waarom de schietpartijen plaatsvinden.

Een vaak geciteerde factor bij schietpartijen op scholen is bijvoorbeeld de beschikbaarheid van vuurwapens, of wat soms wel de Amerikaanse 'vuurwapencultuur' wordt genoemd. Veel schrijvers hebben gekeken naar de locatie van de uitgevoerde schietpartijen en geprobeerd de mate van vuurwapenbezit of de houding tegenover wapenbeperkingswetten in een bepaald gebied in verband te brengen met het zich voordoen van schietpartijen op scholen. De beschikbaarheid van vuurwapens verklaart deze schietincidenten echter niet. In feite is het zo dat wanneer schietpartijen plaatsvinden in gebieden waar wapenbezit gebruikelijk is, het misbruik van vuurwapens als zeer uitzonderlijk moet worden gezien. Als elke tiener een vuurwapen bezit of er gemakkelijk aan kan komen en vrijwel geen van hen pleegt een moord, dan wijken schoolschutters duidelijk af. De schuld voor hun daden kan dan niet worden gegeven aan de cultuur, omdat zij handelen tegen de heersende sociale norm dat je een vuurwapen hoort te gebruiken in overeenstemming met de wet.

Psychofarmaca worden ook gezien als boosdoener. Sommige mensen beweren dat deze medicijnen zulke krachtige bijwerkingen hebben, dat ze kinderen aanzetten tot moord. Hoewel alle medicijnen bijwerkingen hebben, wordt dit bij psychiatrische medicatie vaak overdreven ten opzichte van het beschikbare bewijs. Michael Carneals destructieve daad werd bijvoorbeeld door sommige mensen toegeschreven aan psychiatrische medicatie; ik heb echter geen bewijs gevonden dat Michael ten tijde van de aanslag medicijnen gebruikte. Ook werd wel beweerd dat zowel Andrew Golden als Mitchell Johnson psychofarmaca gebruikten. Volgens een team van onderzoekers onder leiding van dr. Katherine Newman, die uitvoerig onderzoek deed naar de schietpartij in Jonesboro, is er echter 'geen bewijs dat een van de jongens enige vorm van medicatie gebruikte'.[1]

Ook de aanslag van Kip Kinkel zou te wijten zijn aan Prozac, dat hij ten tijde van de schietpartij zou hebben gebruikt. Dit is niet juist. Kip had wel een korte periode Prozac gebruikt, maar zo'n acht maanden voor het schietincident was hij daarmee gestopt. Bovendien beschreef hij de zomer waarin hij Prozac gebruikte als de beste zomer ooit. Hij was vrolijker, minder gauw boos en de stemmen in zijn hoofd waren duidelijk minder. Helaas stopten zijn ouders de medicatie na slechts drie maanden. Misschien dachten ze dat Kip deze niet meer nodig had, omdat het zo goed met hem ging. Als dat zo is, realiseerden ze zich niet dat juist Prozac het verschil uitmaakte. De ironie is dat als hij zijn medicijnen was blijven gebruiken, hij misschien nooit tot de moorden was overgegaan.

Niettemin is het waar dat Eric Harris het antidepressivum

Fevarin gebruikte ten tijde van de aanslag op Columbine High School. Als je echter het dagboek van Eric leest, is het duidelijk dat hij het idee voor de schietpartij al had voordat hij Fevarin begon te gebruiken. En als je het dagboek van Dylan Klebold leest, Erics mededader, vind je maanden voordat Eric ook maar enige medicatie gebruikte, al verwijzingen naar de schietpartij.

Sommige mensen beweren dat, hoewel Eric wellicht moorddadige gedachten had voordat hij met Fevarin begon, de medicatie hem het laatste zetje gaf. Daar ben ik het niet mee eens. Moord bestaat al sinds mensenheugenis zonder dat enige psychiatrische medicatie mensen een laatste zetje gaf. Medicatie is niet noodzakelijk voor moord, woede is voldoende. En Eric zat vol woede.

Eric was geen doorsneetiener die een enorm, woedend, moordzuchtig monster werd na het nemen van Fevarin. Hij had geen bijwerkingen van medicatie nodig om moordzuchtig te zijn; dat was hij ook zonder die bijwerkingen. Hoe meer we te weten komen over het verleden van Eric, des te beter zien we dat de aanslag geen afwijking was die werd veroorzaakt door Fevarin, maar het resultaat van zijn persoonlijkheid.

Men beweert ook dat Jeffrey Weise, die in 2005 in Red Lake, Minnesota, tot schieten overging, hiertoe werd aangezet door Prozac. Jeffrey had wel Prozac voorgeschreven gekregen, maar het is niet duidelijk of hij dat nog steeds gebruikte op het moment van de aanslag. Zelfs als hij nog steeds het medicijn gebruikte, hoeft dat niet te betekenen dat Prozac de oorzaak was van zijn daad. Jeffrey worstelde met zelfmoordneigingen en had minstens één poging daartoe ondernomen voordat hij medicijnen kreeg. Hij beschreef zijn leven als 'zestien jaar van opgekropte woede'. Vanwege het risico op zelfmoord kreeg hij Prozac, een antidepressivum. Net als bij Eric Harris zouden we kunnen zeggen dat de bijwerkingen van Prozac zo krachtig waren, dat zij Jeffrey tot moord aanzetten. Een andere opvatting is echter dat de Prozac zo zwak was, dat deze geen invloed had op Jeffreys woede of depressiviteit. Hoewel het mogelijk is dat bijwerkingen een of andere rol speelden in de handelwijze van Jeffrey, kunnen we dat niet vaststellen. Mede gezien het verleden van de jongen, is er geen reden om aan te nemen dat hij de moorden niet had kunnen plegen zonder Prozac.

De meeste schoolschutters die we in dit boek gaan onderzoeken, gebruikten geen psychiatrische medicatie. Dergelijke medicatie kan inderdaad ernstige bijwerkingen hebben, maar er is geen reden om te denken dat Eric Harris en Jeffrey Weise de moorden niet hadden kunnen plegen zonder de bijwerkingen van de medicijnen. Hun geweld kan worden opgevat als een gevolg van hun persoonlijkheid en levensgeschiedenis. Het richten van de aandacht op medicatie is in zoverre interessant, dat slechts twee van de tien in dit boek onderzochte schutters medicijnen gebruikten, terwijl minstens acht van de tien alcohol, marihuana en mogelijk andere drugs gebruikten. Hoewel psychiatrische medicijnen soms de schuld krijgen van massale schietincidenten, is er weinig aandacht geschonken aan de mogelijke invloed van drugs, hoewel die veel vaker werden gebruikt door de schoolschutters dan voorgeschreven medicijnen.

Een andere factor die schietpartijen op scholen in de hand zou werken, is de mate waarin de schutters niet betrokken waren bij hun school. Van de schutters wordt vaak gedacht dat het weinig betrokken jongelui zijn die zich verborgen houden aan de rand van de schoolcultuur. Dat beeld is misleidend. Qua schoolprestaties waren de schutters gemiddelde tot bovengemiddelde leerlingen. Het waren geen kinderen die van school waren gestuurd vanwege slechte schoolresultaten. Eric Harris was bijvoorbeeld een trouwe leerling die goede cijfers haalde, zelfs terwijl hij plannen maakte om zijn school te verwoesten. Erics leraren waardeerden zijn interesse en motivatie. Een aantal vermeldde zijn 'positieve houding en goede samenwerking'.[2] Op een voortgangsrapport schreef één leerkracht: Eric doet het fantastisch![3] In plaats van dat hij school haatte, schreef

Eric op zijn website dat hij school leuk vond (maar hij had een hekel aan huiswerk). Waarom vond Eric school zo fijn? Eén reden is dat hij daar veel vrienden had, maar ook leuke lessen volgde, zoals bowlen en video's maken. Bovendien ging Eric prat op zijn intelligentie en de school was een plek waar hij daarvoor erkenning kreeg.

Veel van de schutters waren sportief en deden mee aan buitenschoolse activiteiten. Kip Kinkel zal in het American footballteam van zijn school, Mitchell Johnson speelde American football, honkbal en basketbal op zijn school en Eric Harris speelde in het voetbalteam van Columbine en was betrokken bij zaalvoetbal en volleybal. Zowel Andrew Golden als Michael Carneal speelde in de schoolband. Dylan Klebold en Eric Harris behoorden tot het Rebel News Network op Columbine en waren assistent in het computerlokaal. Dylan was betrokken bij de theaterafdeling, waar hij de technische aspecten van de producties beheerde. Ook hielp hij bij het onderhoud van de webserver van de school.

Kortom, het beeld van schoolschutters als afzijdige leerlingen die geen band hadden met of zich niet betrokken voelden bij hun school, is niet juist. De meesten deden goed mee in de klas en namen deel aan diverse buitenschoolse activiteiten.

Geweld op televisie, in films, in video- en computergames en in boeken wordt vaak genoemd als een oorzaak van schietpartijen op scholen. Dit is een ingewikkeld vraagstuk. Aan de ene kant komen miljoenen kinderen in aanraking met geweld in de media zonder een massamoordenaar te worden. Geweld in de media kan de schietpartijen niet verklaren, omdat de overgrote meerderheid van de mensen die blootgesteld worden aan mediageweld, geen moordenaar wordt.

Aan de andere kant zijn de jongelui die tot schieten overgaan, vaak wel gefascineerd door of veel bezig met geweld in de media. Ze spelen niet alleen gewelddadige videogames; ze raken erdoor geobsedeerd. Ze kijken niet alleen naar gewelddadige films; de films worden hun gewenste realiteit. Van Eric Harris en Dylan Klebold wordt gezegd dat zij bijna de hele dialoog uit de film *Natural Born Killers* uit hun hoofd kenden. NBK, de beginletters van de titel, werd zelfs de codenaam voor hun aanslag op de school. Kip Kinkels ouders maakten zich dermate zorgen om zijn obsessie met gewelddadige films, dat ze het kabelabonnement hebben opgezegd. Een paar weken voor de aanslag van Jeffrey Weise had hij met wat vrienden naar de film *Elephant* gekeken. *Elephant* gaat over een schietpartij op een school en Jeffrey spoelde door naar zijn favoriete stuk: de scènes van de schietpartij.

Welke invloed heeft geweld in de media op schoolschutters? Het legitimeert geweld en geeft hen rolmodellen voor moord. Het kan zelfs richtlijnen of scenario's bieden die de moordenaars imiteren. Toen Barry Loukaitis in 1996 zijn wiskundeklas in Moses Lake, Washington, binnenliep, schoot hij zijn lerares en drie klasgenoten neer en gijzelde daarna de klas. Hij zei: 'Dit is beslist boeiender dan algebra, of niet soms?'[4] Dit is een citaat uit het boek *Rage*, (onder een pseudoniem) geschreven door Stephen King, waarin een leerling gaat schieten in zijn wiskundeklas. Dit was een geval van *life imitating art*. Natuurlijk werd Barry geen moordenaar omdat hij dat boek had gelezen; in zijn familie bestond een lange geschiedenis van psychische aandoeningen en stoornissen. Niettemin was de specifieke actie van Barry afgeleid van wat hij had gelezen. Het is misschien het vermelden waard dat na de aanslag van Michael Carneal een exemplaar van *Rage* werd gevonden in zijn schoolkluisje.[5]

Geweld in de media kan mensen ook ongevoeliger maken. Bloed, moord en verminking worden vermaak. En dat niet alleen, maar veel televisieprogramma's en films suggereren dat geweld een manier is om status te krijgen. Degenen die worden bewonderd, degenen die het meeste aanzien hebben, zijn zij die de meeste mensen ombrengen. Voor jongens die zich minderwaardig voelen, is dat een krachtige boodschap.

Ten slotte kan het ombrengen van mensen in videogames, of door het kijken hiernaar in films als *Natural Born Killers*, dienen als een repetitie voor het echte werk. Na duizenden mensen te hebben gedood in videogames of in hun verbeelding, kunnen de schoolschutters ongevoeliger zijn geworden voor geweld en werd het voor hen gemakkelijker om de trekker daadwerkelijk over te halen.

Daarom bestaat er geen eenvoudig verband tussen geweld in de media en moord. Als dat er wel zou zijn, dan zouden de miljoenen mensen die gewelddadige videogames spelen of gewelddadige films kijken allemaal moordenaars worden. Toch kunnen de gewelddadige beelden en inhoud van grote invloed zijn op jonge mensen die al uit hun evenwicht en wanhopig zijn.

Speelt sociale afwijzing een rol in schietpartijen op scholen? Wellicht, maar afwijzing op zich verklaart niet waarom de schutters onschuldige mensen neerknalden. Miljoenen kinderen ervaren afwijzing en mislukking en worden niet gewelddadig. Bovendien, wanneer we de schoolschutters nader bekijken, was het niet één enkele gebeurtenis die hun actie uitlokte. Eric Harris en Dylan Klebold waren al meer dan een jaar bezig met het beramen van hun aanslag. Er is geen bewijs dat een bepaald voorval van afwijzing of afgang achter hun plannen zat om de school op te blazen. Evenzogoed vertelde Andrew Golden zijn idee voor een schietpartij voor het eerst aan Mitchell Johnson drie maanden voordat zij de aanslag pleegden. Er is geen directe gebeurtenis in het leven van Andrew vastgesteld die hem tot moord zou hebben aangezet.

Dit betekent niet dat ervaringen van afwijzing, mislukking of andere situatiegebonden stress geen rol spelen in de schietpartijen. Zo vonden bijvoorbeeld vele stressvolle gebeurtenissen plaats in de weken voorafgaand aan de aanslag van Evan Ramsey in 1997 in Bethel, Alaska. Zijn vriendin maakte het uit en verhuisde. Zijn vader, die zelf tien jaar in de gevangenis had gezeten voor een schietincident, belde Evan op en vertelde dat hij nu een vrij man was. Evan had een conflict met een medewerker van de school, waardoor hij kwaad was. Bovendien werd de oudere broer van Evan slechts vijf dagen vóór de schietpartij gearresteerd in verband met een gewapende overval. Al deze gebeurtenissen waren de doorslaggevende stress in Evans lange voorgeschiedenis van trauma en misbruik. Hoewel het dus juist is om te zeggen dat Evan afwijzing had meegemaakt kort voordat hij zijn schietpartij pleegde, zou het zeer misleidend zijn om een direct verband te leggen tussen het afgewezen zijn door zijn vriendin en de schietpartij. Vele andere factoren speelden een rol.

Een duidelijker verband kan wel worden gelegd tussen schietpartijen op scholen en depressie. Van de tien schutters die in dit boek besproken worden, waren er negen depressief met zelfmoordgedachten. De meesten voelden zich een mislukkeling en waren jaloers op hun medescholieren die gelukkiger en succesvoller leken. Deze jaloezie groeide vaak uit tot haat, woede en moordzuchtige gedachten. De combinatie van zelfmoord- en moordneigingen is bijzonder gevaarlijk, omdat het moeilijk is om een moord te voorkomen wanneer de moordenaar er niets om geeft of hij blijft leven of sterft. Het is vergelijkbaar met iemand die een zelfmoordaanslag wil plegen, proberen tegen te houden.

Ondanks het feit dat depressie bij schoolschutters veelvuldig voorkomt, biedt dit op zich geen verklaring voor de schietpartijen. Depressiviteit en zelfmoordgedachten komen veel voor onder adolescenten, maar toch pleegt de overgrote meerderheid van de depressieve jongeren geen moord. De meesten lukt het om hun moeilijkheden te overwinnen zonder zichzelf of anderen om te brengen. Depressie is een veelvoorkomend kenmerk van schoolschutters, maar onderscheidt de schutters niet van andere depressieve tieners. Nogmaals, vele andere invloeden moeten in overweging worden genomen.

Verder wordt dikwijls gezegd dat schoolschutters eenlingen zijn, wat vaak gezien wordt als een factor die bijdraagt in de moordpartijen. Deze bewering is echter niet juist. Hoewel negen van de tien besproken schutters depressief waren, was maar een van de tien een eenling. Alle anderen hadden vrienden en kennissen met wie ze allerlei sociale activiteiten ondernamen. Ze gingen met elkaar uit, belden elkaar op, speelden videogames, haalden kattenkwaad uit, zaten met hun vrienden in sportteams, enzovoorts. Ze hadden misschien niet het sociale succes dat ze wensten, vooral niet bij de meisjes, maar het waren geen eenlingen.

Hoe misleidend zo'n bewering kan zijn, is goed te zien in het geval van Eric Harris en Dylan Klebold, die vaak eenlingen zijn genoemd ondanks alle bewijzen die dit tegenspreken. Ten eerste konden ze geen eenlingen zijn, omdat ze elkaars beste vrienden waren. Zelfs als ze verder niemand anders hadden gehad, hadden ze elkaar. Maar ze hadden wel degelijk andere vrienden – en nog veel ook. Tot hun sociale activiteiten behoorden bowlen, paintballen, een denkbeeldige honkbalcompetitie bijhouden, het spelen van het gezelschapsspel *Dungeons and Dragons* en videogames, spelen in het buurtvoetbalteam, werken in een pizzeria met hun beste vrienden, het maken van films met klasgenoten, poolbiljart spelen, naar de bioscoop gaan, naar feestjes gaan en nog meer. Ze werden dronken met hun vrienden, gingen met hen schieten in de bergen en voerden gezamenlijk kleine criminele activiteiten uit.

Hoewel de opvatting dat schoolschutters altijd eenlingen zijn onjuist is, voelden veel van de schutters zich wel heel eenzaam. Zelfs Dylan, die omging met veel leeftijdsgenoten, voelde zich geïsoleerd. Hij had wel contacten, maar zij gaven hem niet de emotionele steun die hij nodig had. Hij was ervan overtuigd dat niemand hem echt kende en dat als ze hem wel echt leerden kennen, ze hem zouden afwijzen. Hij voelde zich niet geliefd en onaantrekkelijk. Kip Kinkel, Michael Carneal,

Jeffrey Weise en anderen hadden soortgelijke gevoelens van wanhopige eenzaamheid. Ze keken vol afgunst naar hun leeftijdsgenoten die het leven leken te leiden dat zij ook voor zichzelf wensten. Dus hoewel ze geen eenlingen waren, voelden ze zich wel wanhopig alleen.

De kwestie die de meeste aandacht heeft gekregen als factor die een rol speelt in schietpartijen op scholen, is pesten. Zo zouden schoolschutters het slachtoffer zijn van pesterij en hun mishandeling willen wreken. Het is begrijpelijk dat dit idee bij veel mensen heeft postgevat. Het idee van gekwetst zijn en dan wraak willen nemen, kennen de meeste mensen wel. Als een scholier zijn klasgenoten aanvalt, lijkt het logisch te denken dat hij daartoe werd aangezet. In werkelijkheid is deze uitspraak echter niet juist. De situatie is veel ingewikkelder.

Voordat we in detail ingaan op pesten in relatie tot schietpartijen op scholen, wil ik een aantal algemene opmerkingen maken. Ten eerste, de geografische spreiding van de schietpartijen betwist het idee dat pesten daarvoor de aanleiding is. Schietpartijen vonden plaats in Red Lake, Minnesota; Bethel, Alaska; Edinboro, Pennsylvania; West Paducah, Kentucky; en Jonesboro, Arkansas. Waarom niet in New York City? Chicago? Los Angeles? Detroit? Als pesten de oorzaak zou zijn, wat vertelt de geografie van de schietpartijen ons dan? Er wordt absoluut gepest op scholen in steden. Toch vonden bijna alle schietpartijen plaats in kleine plaatsen, in de buitenwijken van grotere steden of op het platteland. Het feit dat er in de grote steden geen schietpartijen op scholen hebben plaatsgevonden, suggereert dat zij niet louter een reactie zijn op pesterijen.

Ten tweede is het moeilijk aan te nemen dat de schietpartijen worden gepleegd uit wraak voor gepest zijn, omdat de daders zelden iemand neerschoten die hen had getreiterd. Wanneer wel op specifieke slachtoffers werd gemikt, waren dit eerder meisjes die de schutter hadden afgewezen dan pestkoppen die hem in elkaar hadden geslagen. Meestal echter openden de schutters het vuur op groepen mensen, zonder te proberen om iemand in het bijzonder te doden. Hoe kunnen de aanslagen dan wraak zijn voor pesterij, wanneer de schutters vooral willekeurige mensen neerknalden?

Laten we daarnaast het vermeende verband tussen gepest worden en schietpartijen eens vanuit andere invalshoeken bekijken. In het belang van deze discussie moeten we eerst 'pesten' definiëren. Wanneer mensen het hebben over pesten, kunnen ze verschillende soorten gedrag bedoelen: lichamelijk geweld, bedreiging en intimidatie, verbale vijandigheid, het verspreiden van roddels of het buitensluiten van leeftijdsgenoten. Hoewel al dit gedrag pijnlijk kan zijn, wil ik onderscheid maken tussen plagen enerzijds en lichamelijke agressie en intimidatie anderzijds. De term pesten zoals ik die hier gebruik, wordt gedefinieerd door drie elementen.

1. Degene die pest heeft meer macht dan het slachtoffer. Dat kan zijn omdat hij groter is, sterker is, meer zelfvertrouwen heeft of groter is in aantal (dat wil zeggen: meerdere kinderen die samenspannen tegen één slachtoffer).
2. Het pesten gebeurt middels lichamelijke mishandeling of intimidatie via bedreigingen. Het slachtoffer vreest hierdoor voor zijn veiligheid. Dat betekent dat geplaagd worden om je kleding geen pesten is.
3. Het pesten is een gedragspatroon. Eén keer geduwd worden vormt geen patroon van lichamelijke mishandeling.

Zodra de schuld voor schietpartijen op scholen wordt gelegd bij pesten, ontstaat er één probleem: sommige schutters werden helemaal niet gepest. In een aantal gevallen waren juist de schutters de treiteraars. Zo vielen Kip Kinkel en Andrew Golden hun leeftijdsgenoten lastig. Zij waren de daders van bedreigingen en beledigingen, niet de slachtoffers. Zij werden gezien als enge, intimiderende jongens die je beter kon ontlopen.

Toch waren de schutters, ook degenen die zelf anderen lastigvielen, soms het mikpunt van beledigingen en plagerijen. Dit kan hebben bijgedragen aan hun depressie en woede. Plagen op zich kan echter niet de oorzaak zijn van de schietpartijen. Als dat zo zou zijn, dan zou er elke dag op elke school wel een moord worden gepleegd.

Bovendien, het feit dat sommige schutters werden gepest, betekent niet dat zij onschuldige slachtoffers waren. Sommigen gaven zelf aanleiding voor het gepest worden door zich provocerend of vijandig te gedragen. Ze waren arrogant, onhebbelijk of beledigend. Als andere kinderen zeiden dat ze 'moesten kappen' of hen op hun beurt beledigden, voelden zij zich het slachtoffer. Zo vond Mitchell Johnson het leuk om zijn leeftijdsgenoten te intimideren en indruk te maken door zich stoer op te stellen. Hij blufte dat hij in een bende zat en gaf op school bendesignalen. Toen zijn klasgenoten daar niet intrapten, plaagden ze hem dat hij alleen maar deed alsof en vervolgens voelde hij zich het slachtoffer. Toch was hij degene die bekend stond om zijn dreigende en intimiderende gedrag.

Zo voelde ook Michael Carneal zich het slachtoffer omdat hij door zijn leeftijdsgenoten werd bespot en lastiggevallen. Anderen zagen dit echter anders. Zowel leerlingen als leerkrachten beschreven Michael eerder als aanstichter dan als slachtoffer. Ze zeiden dat zijn eigen gedrag vaak zo hinderlijk en vervelend was, dat hij zijn klasgenoten tegen zich in het harnas joeg en zelf de oorzaak was dat hij slecht behandeld werd.

Diezelfde dynamiek vond plaats bij Eric Harris en Dylan Klebold op Columbine High School, waar zij werden geplaagd in reactie op hun eigen provocerende gedrag. Daarentegen werden zij in de korte nieuwsberichten over Columbine als slachtoffers gepresenteerd van een vergiftigde cultuur onder medescholieren, waarin zij voortdurend werden lastiggevallen. Deze eenzijdige visie heeft zich vastgezet in de hoofden van vele mensen, waardoor vaak wordt aangenomen dat pesten de voornaamste oorzaak is van schietpartijen op scholen. Omdat deze uitspraak de afmeting van een mythe heeft aangenomen, is het noodzakelijk om preciezer te kijken naar wat er echt gebeurd is. Op basis van het beschikbare bewijs is de mate waarin Eric en Dylan werden gepest overdreven en is de manier waarop zij andere leerlingen lastigvielen en intimideerden vergoelijkt of gebagatelliseerd.

Eric en Dylan hadden veel vrienden, maar zij riepen vaak zeer negatieve reacties op bij hun leeftijdsgenoten. Als Eric en Dylan bijvoorbeeld bij het bowlen een strike gooiden, brachten zij de nazigroet en riepen: 'Heil Hitler!' Zij werden dan tot de orde geroepen door hun leeftijdsgenoten.[6] Dat is niet verwonderlijk, want nazistisch gedrag in het openbaar kan vijandige reacties oproepen.

Bovendien hadden ze allebei een opvliegend karakter, waarbij Eric regelmatig in woede uitbarstte, tegen muren sloeg of een gevecht uitlokte, en Dylan tegen leraren vloekte, dingen door de klas gooide en de deur dichtsmeet als hij naar buiten stormde.[7] Ze bedreigden en intimideerden medescholieren en bouwden een gewelddadige reputatie op die sommige vrienden wegjoeg en waardoor anderen met een grote boog om hen heen liepen.[8] Ze vernielden huizen van leerlingen en zetten explosieven in elkaar die ze tot ontploffing brachten. Ze vervreemdden zich van hun leeftijdsgenoten door hun bewondering voor Hitler en de nazi's, hun uitspraken over het ombrengen van zwarte mensen en Joden, hun fascinatie voor vuurwapens en explosieven en hun ruziezoekende, vijandige gedrag. Het feit dat Eric en Dylan werden geplaagd of lastiggevallen, moet worden gezien binnen de context van wie zij waren, wat ze op school en in hun buurt deden, en de reputatie die ze zelf opbouwden.

Dit betekent niet dat Eric en Dylan nooit onschuldig het slachtoffer waren van plagerijen. Toen ze in de vijfde klas zaten (het jaar vóór de aanslag) was er een groep sportievelingen die ernstige gedragsproblemen had en die veel leerlingen het leven zuur maakte. Hoewel Eric en Dylan, net als vele anderen op school, door deze sportievelingen kunnen zijn getreiterd, zijn er geen aanwijzingen dat zij het gerichte mikpunt waren voor mishandeling. Integendeel, veel leerlingen vertelden dat zij nooit hadden gezien dat Eric en Dylan ook maar één keer waren lastiggevallen.[9] Welke plagerijen er ook plaats hebben gevonden, deze konden nooit zo heftig zijn geweest als de media het voor deden komen.

Maar zelfs als we van de hypothese uitgaan dat schoolschutters onschuldige slachtoffers waren van pesten, zou dit niet kunnen verklaren waarom zij hun aanslagen pleegden. Zeggen dat schutters hun massamoord begingen omdat zij werden gepest, gaat voorbij aan het feit dat miljoenen scholieren elke dag worden gepest en toch geen moord plegen. De ervaring van gepest worden onderscheidt het kind dat een moordenaar wordt niet van de miljoenen gepeste kinderen die dat niet worden. Er is wel gezegd dat de mate waarin er op Columbine High School gepest werd zo buitensporig was, dat de school een vergiftigde cultuur had. Zelfs als dat zo was, verklaart dit niet waarom van die duizenden leerlingen die deze vergiftigde cultuur meemaakten, het juist Eric Harris en Dylan Klebold waren die tot moorden overgingen.

Tenslotte leidt een vergiftigde cultuur op school niet automatisch tot moord. Er waren scholieren die niet gelukkig waren op Columbine High School omdat ze gepest werden; bij sommige grepen hun ouders in, andere werden overgeplaatst naar andere scholen en weer andere stopten met school. De school opblazen en iedereen die binnen was ombrengen, was niet de enige optie.

Deze argumenten zijn niet bedoeld om de impact die plagen en pesten op iemand kunnen hebben, te ontkennen. Het punt is dat er geen eenvoudige relatie bestaat tussen gepest worden en schietpartijen op scholen. Als er al enig verband bestaat, is het een complexe relatie die van geval tot geval verschilt. Wat we nodig hebben is inzicht in waarom sommige kinderen zo fragiel en kwetsbaar zijn, dat gepest worden – naast andere factoren – zou kunnen bijdragen aan hun beslissing om een massamoord op school te plegen.

Tot slot gaat de focus op pesten voorbij aan zoveel andere zaken. De schutters in dit boek waren niet altijd boos omdat ze gepest werden. Soms waren ze boos op leerkrachten of directeuren die hen gestraft hadden. Soms waren ze boos op meisjes die hen hadden afgewezen. En vaak waren ze boos op leeftijdsgenoten op wie ze jaloers waren. Buiten deze dynamiek werden de schutters beïnvloed door hun familiegeschiedenis, persoonlijke verleden, psychische problemen en persoonlijkheid.

Wat vaak ontbreekt in het commentaar op schoolschutters, is een grondige bestudering van de daders zelf. Wat voor mensen zijn zij? Wat voor soort problemen hebben ze? Wat gaat er in hun hoofd om? Bovendien, als de aanslagen geen vergelding zijn voor pesterij, hoe kunnen we de jongeren die een massamoord plegen dan begrijpen? Wat beweegt hen dan?

Het volgende ligt wellicht voor de hand, maar moet worden gezegd: schoolschutters zijn gestoorde individuen. Het zijn geen gewone kinderen bij wie gepest worden leidt tot wraak. Het zijn geen gewone kinderen die te veel videogames hebben gespeeld. Het zijn geen gewone kinderen die alleen maar beroemd wilden worden. Het zijn simpelweg *geen gewone kinderen*. Dit zijn kinderen met ernstige psychische problemen en dit feit wordt vaak weggelaten of gebagatelliseerd in de berichten over schoolschutters.

Als schoolschutters een complex fenomeen zijn, waarom wordt er dan vooral gekeken naar simplistische verklaringen zoals pesten? Eén reden daarvoor is dat er direct na de schietpartij geen gedetailleerde informatie over de dader beschikbaar is. Het kan maanden of jaren duren voordat relevante details openbaar worden gemaakt en tegen die tijd is het gebeurde geen voorpaginanieuws meer. Als gevolg daarvan bereikt de gedetailleerde informatie niet zo'n groot publiek als de aanvankelijke berichtgeving.

Een ander punt is dat de meeste mensen niet werkzaam zijn in de geestelijke gezondheidszorg en er dus niet van hen kan worden verwacht dat zij weten wat een persoonlijkheidsstoornis, depressie, trauma of psychotische stoornis is. Bovendien is men soms achterdochtig bij berichten over psychose. Mensen denken vaak dat criminelen hallucinaties of waandenkbeelden verzinnen om te voorkomen dat ze schuldig worden bevonden.

Toch is er nog een andere reden voor de triomf van de snelle berichtgeving. Simpel gezegd kunnen we allemaal het concept van wraak begrijpen. Wanneer men tot slachtoffer is gemaakt, lijkt dat een plausibele verklaring voor een schietpartij op school. Om welke andere reden zou iemand namelijk mensen op school neerschieten? Oppervlakkig gezien lijkt zo'n verklaring te kloppen, maar zij vertelt ons natuurlijk niet waarom miljoenen andere geplaagde of gepeste scholieren geen moord plegen. Toch kan iedereen zich een behoefte aan vergelding voorstellen.

Hoe kunnen we – afgezien van het concept wraak – een elfjarige jongen begrijpen die een massamoord pleegt, gewoon omdat hij zijn leraren beu is? Of een student die denkt dat hij in de voetsporen van Mozes en Jezus treedt door een bloedbad aan te richten? Hoe kunnen wij het idee bevatten van een scholier die een natuurlijke selectie op gang wil brengen door ongeschikte mensen van deze planeet te verwijderen? Hij moet absoluut het slachtoffer zijn geweest van afschuwelijke pesterij.

Wanneer vragen worden gesteld over plagen, is het antwoord vaak: 'Ja, ik werd geplaagd.' Dus daar richten we ons op, omdat dit betekenis geeft aan een daad die anders zinloos lijkt. Wraak is begrijpelijk. Een tiener uit een goed nest die Hitler verafgoodt en fantaseert over het uitroeien van de mensheid, begrijpen we niet. Maar hoewel wraak plausibel lijkt, is plagen niet de oorzaak van moord; niet op zichzelf beschouwd. Er was iets mis in de geest van de schoolschutters.

DE SCHUTTERS

De volgende tien schoolschutters werden uitgekozen, omdat er genoeg informatie beschikbaar was om hen en hun daden te analyseren. In het geval van schoolschutters die niet in detail zijn vermeld, was er te weinig informatie of was deze te inconsistent om hieruit zinnige conclusies te trekken. Dit zijn de tien schutters die worden besproken:

EVAN RAMSEY, 16 JAAR, UIT BETHEL, ALASKA. Evan was suïcidaal. Toen hij vrienden vertelde dat hij zelfmoord wilde plegen, moedigden zij hem aan om anderen op school om te brengen. Met hun aanmoediging kwam hij tot een zwarte lijst. Op 19 februari 1997 ging Evan naar school en schoot een leerling en de directeur neer. Beiden overleden. Ook verwondde hij twee andere scholieren. Evan zette een pistool onder zijn kin om zelfmoord te plegen, maar kon zich er niet toe brengen om de trekker over te halen. Evan zit in de gevangenis.

MICHAEL CARNEAL, 14 JAAR, WEST PADUCAH, KENTUCKY. Michael had het over 'iets groots' dat zou gaan gebeuren op de maandag na Thanksgiving. Op 1 december 1997 ging Michael naar school met vijf vuurwapens: een revolver, twee geweren en twee pistolen. Hij schoot drie meisjes dood en verwondde vijf andere scholieren. Michael schreeuwde dat iemand hem moest doodschieten, maar deed geen poging zichzelf om te brengen. Hij zit in de gevangenis, waar hij in ieder geval twee maal heeft geprobeerd zelfmoord te plegen.

ANDREW GOLDEN, 11 JAAR, EN MITCHELL JOHNSON, 13 JAAR, JONESBORO, ARKANSAS. Op 24 maart 1998 stelden de jongens zich verdekt op en voerden een aanslag uit terwijl leerlingen en leerkrachten het gebouw uit liepen nadat Andrew een brandalarm had doen afgaan. Ze doodden vier meisjes en een lerares en verwondden negen andere scholieren en één andere leerkracht. Andrew en Mitchell waren te jong om als volwassenen te worden berecht in Arkansas maar werden wel veroordeeld als minderjarigen. Ze zaten tot hun 21e gevangen. Beiden zijn nu vrij man.

ANDREW WURST, 14 JAAR, EDINBORO, PENNSYLVANIA. Op 24 april 1998 ging Andrew naar een dansavond op school. Voor hij wegging, legde hij thuis een afscheidsbrief neer en pakte hij een pistool. Tijdens de dansavond schoot hij één leraar dood en verwondde een andere leerkracht en twee scholieren. Andrew zit gevangen.

KIP KINKEL, 15 JAAR, SPRINGFIELD, OREGON. Op 20 mei 1998 werd Kip geschorst vanwege vuurwapenbezit op school. Later die dag vermoordde hij zijn ouders. De volgende dag ging hij naar school en doodde 2 scholieren en verwondde er 25. Kip was van plan zichzelf om te brengen, maar werd door medescholieren onderuitgehaald voordat hij die kans kreeg. Hij riep dat iemand hem moest doden. Kip zit de rest van zijn leven in de gevangenis.

ERIC HARRIS, 18 JAAR, EN DYLAN KLEBOLD, 17 JAAR, JEFFFERSON COUNTY, COLORADO. Op 20 april 1999 voerden Eric en Dylan een complexe aanslag uit met een reeks bommen en vuurwapens. Ze hadden meer dan een jaar gewerkt aan de planning van de aanslag. Omdat de meeste bommen niet ontploften, moesten Eric en Dylan improviseren. Ze begonnen buiten de school te schieten, gingen vervolgens het gebouw binnen en gingen door met schieten. Ze doodden 12 scholieren, 1 leraar en verwondden 23 leerlingen. Eric en Dylan pleegden zelfmoord in Columbine High School.

JEFFREY WEISE, 16 JAAR, RED LAKE, MINNESOTA. Op 21 maart 2005 doodde Jeffrey zijn grootvader, die politieagent was. Hij vermoordde ook de vriendin van zijn opa. Daarna reed Jeffrey in de surveillancewagen van zijn opa naar school, waar hij een beveiligingsbeambte, een lerares en vijf leerlingen doodschoot. Hij verwondde zeven andere scholieren en pleegde daarna zelfmoord in de school.

SEUNG HUI CHO, 23 JAAR, VIRGINIA POLYTECHNIC INSTITUTE AND STATE UNIVERSITY, BLACKSBURG, VIRGINIA. In de vroege morgen van 16 april 2007 vermoordde Seung twee studentes in een studentenflat. Hierna stuurde hij een pakketje met een 'multimediamanifest' naar NBC News. Vervolgens ging Seung naar een lesgebouw waar hij 32 mensen ombracht, onder wie studenten en docenten, en 17 anderen verwondde. Seung pleegde daarna zelfmoord.

Zij vormen een opmerkelijk gevarieerde groep. De leeftijd varieert van 11 tot 23 jaar. De meesten zijn blank, maar Jeffrey Weise was een Amerikaanse indiaan, Evan Ramsey is ten minste half Amerikaans indiaan en Seung Hui Cho was Koreaan. Op drie na kwamen ze uit een solide en compleet middenklassegezin. De meesten doodden alleen mensen op school, maar Kip Kinkel en Jeffrey Weise brachten ook familieleden om. De meesten waren suïcidaal, ook als ze zich overgaven of werden tegengehouden voordat zij zichzelf konden ombrengen. Daarentegen waren Andrew Golden en Mitchell Johnson van plan geweest om te ontsnappen in een busje dat ze hadden gevuld met eten en kleding. Zoals we zullen zien, leden sommigen aan schizofrenie; anderen waren bij hun volle verstand.

Terwijl ik deze schutters een voor een bestudeerde, realiseerde ik mij dat bepaalde schutters sommige eigenschappen met elkaar gemeen hadden. Er bestaan vele parallellen in hun familiegeschiedenis, persoonlijkheid en psychische problemen. Voortbouwend op dat inzicht begon ik de schutters in verschillende categorieën in te delen. Binnen elk type hebben de schutters vele kenmerken gemeen. Over de diverse groepen heen hebben de schutters weinig met elkaar gemeen. Op basis van mijn onderzoek zijn er drie verschillende typen school-schutters: psychopathische, psychotische en getraumatiseerde.[10] Dit boek definieert deze termen en illustreert de drie typen. Het boek bevat drie onderdelen die overeenkomen met de drie typen, plus aanvullende hoofdstukken waarin achtereenvolgens worden besproken: de typologie, potentiële school-schutters die werden tegengehouden voordat zij hun moorden konden plegen en manieren om schietpartijen op scholen te voorkomen.

We beginnen met de psychopaten.

PSYCHOPATHISCHE SCHUTTERS

[2] 'Ik ben de wet'

Twee jongeren met psychopatische trekken

In 1954 schreef William March zijn roman *The Bad Seed* (in het Nederlands uitgebracht onder de titel *De kiem van het kwaad*, vertaling Theo M. Eerdmans, Arbeiderspers, Amsterdam, 1982) over een schattig klein meisje dat een koelbloedige moordenares is. Ze weet hoe ze lieftalligheid moet spelen en de volwassenen om haar heen kan charmeren. Zodra ze dat echter nodig vindt, kan ze een moord plegen zonder enige gedachte aan haar slachtoffer of een schuldgevoel over haar daden. Dit meisje is een psychopate.

Wat is een psychopaat? Psychopaten worden gekenschetst door een cluster van persoonlijkheidskenmerken. Ten eerste zijn ze extreem narcistisch. Narcisme draait om twee gerelateerde begrippen: egotisme en egocentrisme. Egotisten vinden dat zij superieur zijn aan andere mensen. Egocentrische mensen houden bij het vervullen van hun eigen wensen nauwelijks of geen rekening met de behoeften van de mensen in hun omgeving. Ze zijn zo op zichzelf gericht, dat zij geen empathie hebben voor anderen. Ten tweede moeten psychopaten niets hebben van moraliteit – ze hebben geen boodschap aan traditionele ideeën over goed en fout – omdat moraliteit een belemmering vormt voor het tegemoetkomen aan hun eigen behoeften. Als gevolg van hun gebrek aan empathie en geweten ervaren ze geen schuld of wroeging. Ze doen wat ze moeten doen om zichzelf tevreden te stellen, zonder zich te bekommeren om de consequenties voor anderen. In wezen zijn het mensen zonder geweten.

Diverse andere kenmerken van psychopaten zijn het opmerken waard. Over het algemeen hebben ze problemen met het beheersen van hun boosheid. Omdat psychopaten zo volledig in beslag worden genomen door het tegemoetkomen aan hun eigen behoeften, reageren ze uitermate boos wanneer hun verlangens worden tegengewerkt. Gewone dagelijkse frustraties kunnen razernij opwekken en vanwege hun gebrek aan empathie en geweten, kan hun woede gevaarlijk zijn.

Ondanks deze eigenschappen zijn psychopaten vaak zeer bedreven in het maken van een goede indruk. Op anderen kunnen ze charmant, innemend of charismatisch overkomen. Door hun narcisme kunnen ze zichzelf zeer zelfverzekerd presenteren. Hun vermogen om innemend te zijn, wat psychopaten vaak gebruiken om van anderen te profiteren door hun vertrouwen te winnen, noemt dr. Robert Hare 'impression management'.[1]

Hoewel niet alle psychopaten sadisten zijn, waren de psychopathische schoolschutters die we hier bespreken dat wel. Sadisten ontbreekt het niet alleen aan empathie, maar ze zijn ook op zoek naar mogelijkheden om macht te hebben over anderen. Sadisten krijgen een kick en een gevoel van voldoening wanneer zij anderen laten lijden.[2]

EÉN PLUS ÉÉN IS EEN MILJOEN

In 1998 was Jonesboro, Arkansas, een economisch welvarende plaats met 55.000 inwoners en een laag misdaadcijfer. Mensen hielden van de stad omdat het een veilige, hechte gemeenschap was. Andrew Golden, beter bekend als Drew, groeide daar op, evenals zijn vader. Beide ouders waren postdirecteur. Zijn moeder, Pat Golden, had zich laten steriliseren nadat ze in een eerder huwelijk twee kinderen had gekregen. Toen ze met de vader van Drew trouwde, wilde het stel heel graag samen een kind en Pat liet de sterilisatie ongedaan maken. Drew was het enige kind van het echtpaar en tevens hun oogappel. Een vriend van de familie zei dat hij 'het middelpunt van hun wereld' was.[3]

Vuurwapens speelden een belangrijke rol in Drews familie. Zijn opa van vaderskant werkte voor de Commissie voor Visserij en Jacht van de staat en ging regelmatig jagen. De ouders van Drew waren leiders van de Jonesboro Practical Pistol Shooters Association. Vanwege de affiniteit van het gezin met vuurwapens, had Drew deze al op zeer jonge leeftijd in handen. 'Voor zijn zesde verjaardag had hij een geweer gekregen en hij had ook andere wapens. Drew was gefascineerd, mogelijk geobsedeerd, door wapens; sommige leraren zeggen dat het zijn favoriete speelgoed was als kind. Het jaar van de schietpartij tekende hij twee geweren toen hem bij maatschappijleer werd gevraagd om iets te tekenen wat zijn familie symboliseerde; voor het vak Engels presenteerde hij zelfs een sketch over vuurwapens'.[4]

Een interesse voor wapens was evenwel niet ongebruikelijk in zijn woonplaats. Daarbij was Drew een lieve jongen, tenminste wanneer hij dat zelf wilde zijn. In de buurt van zijn ouders zou hij een lief kind zijn geweest. Hij vloekte als een ketter, maar zijn vader en grootvader vonden dat vertederend en lachten erom. Op school was hij zo'n beetje de lolbroek van de klas, maar dat leverde geen ernstige disciplineproblemen op. In de buurt deed Drew de karakteristieke dingen, zoals honkbal spelen en racen met skelters. Voor zijn familie moet hij een normale jongen hebben geleken.

Als hij echter niet in de buurt was van zijn ouders of leerkrachten, liet Drew een andere kant van zichzelf zien. Buren beschreven hem als 'een duiveltje', 'gemeen' en 'kwaadaardig'. Hij gedroeg zich vijandig, agressief en bedreigend tegenover andere kinderen. Hij sloeg meisjes en schold zijn leeftijdsgenootjes uit. Hij dreigde hen neer te schieten met zijn luchtbuks. Om andere kinderen te intimideren reed hij op zijn fiets rond met een mes aan zijn been gebonden. En dan hield hij zich ook nog bezig met katten.

Katten leken te verdwijnen zodra Drew in de buurt was. Hij doodde een kat door hem uit te hongeren in een ton. Van jonge poesjes duwde hij de kopjes door harmonicagaas. Hij schoot met vuurpijltjes en kunststof kogeltjes op katten, bond er een vast aan een waslijn en beschoot deze met kunststof kogeltjes en sneed de keel van andere katten door.[5]

Het is niet verwonderlijk dat ouders tegen hun kinderen zeiden niet met Drew te spelen, maar zijn eigen familie onderkende deze kant van hem niet. Hij werd verwend en niet gestraft. Toen Drew herrie schopte op school en ervan langs kreeg, schreeuwde zijn grootvader niet tegen de jongen maar tegen de leraar. Bij een ander incident sprak een leerkracht Drew aan op zijn storende gedrag. Drew klaagde hierover bij zijn ouders en in plaats van die leerkracht te steunen en Drew te vertellen dat hij zich moest gedragen, lieten ze hem uit de klas van die docent halen. Het lijkt erop dat zijn ouders geen reden zagen om zich zorgen te maken over Drew – tot 24 maart 1998, toen Drew en zijn vriendje Mitchell Johnson een massamoord pleegden. Mitchell was dertien en Drew elf jaar oud.

De aanslag was verbazingwekkend goed gepland voor kinderen van hun leeftijd. De ochtend van 24 maart vertelde Mitchell zijn moeder dat hij de bus had gemist maar dat hij een lift zou krijgen van zijn stiefvader. Zij wist niet dat die al naar zijn werk was. Mitchell nam de sleutels van het busje van zijn stiefvader en reed weg. Ondertussen waren de ouders van Drew naar hun werk gegaan en miste Drew met opzet de schoolbus. Hij verstopte zich in de bosjes en wachtte totdat Mitchell hem oppikte met het busje. Vervolgens namen de jongens vuurwapens mee uit het huis van Drew en dat van zijn grootvader: een arsenaal van elf vuurwapens en honderden patronen. Drew was ondanks zijn elf jaar al een ervaren schutter en een verwoed jager.

Anders dan bij de meeste schietpartijen, waren de jongens niet van plan zichzelf te doden of te laten doden in een vuurgevecht. In plaats daarvan wilden ze er na het schieten vandoor gaan. Zij laadden het busje vol met eten en kleding en maakten een plan om vanaf een afstand te schieten. Op het moment dat de lunchpauze afgelopen was, ging Drew de school binnen, drukte op het brandalarm en verschanste zich als een sluipschutter tussen de bomen bij de school. Hij en Mitchell wachtten tot iedereen naar buiten kwam en openden toen het vuur. Toen ze met schieten stopten, vluchtten ze naar het busje, waar ze werden tegengehouden door de politie. De jongens werden gearresteerd, berecht en in de gevangenis gezet. Omdat ze zo jong waren, konden ze echter niet als volwassenen terechtstaan. Daarom werden ze tot hun 21e verjaardag vastgehouden en vervolgens vrijgelaten.

Waar haalt een elfjarige jongen het idee vandaan om een massamoord te plegen? Hoewel al verschillende schietpartijen op scholen hadden plaatsgevonden, is er wellicht één die in het bijzonder van invloed is geweest op Drew, die het brein achter de aanslag lijkt te zijn geweest. In zijn verklaring zei Mitchell dat Drew rond de Kerst van 1997 voor het eerst met hem had gesproken over de aanslag. Kort voor Kerstmis, op 15 december, had Joseph Todd twee scholieren neergeschoten op zijn school in Stamps, Arkansas. Hoewel niet bewezen is dat Drew hiervan afwist, zijn er redenen om aan te nemen dat deze gebeurtenis het plan van de jongen kan hebben beïnvloed. Het incident vond plaats in dezelfde staat en moet op televisie zijn geweest en in de kranten hebben gestaan. Drew vertelde zijn idee voor de aanslag voor het eerst aan Mitchell kort na de schietpartij van Todd. Ook voerden alle drie de jongens hun actie uit vanaf een verborgen, beschutte plek. Joseph Todd ging de school niet in om mensen om te brengen; hij verborg zich in een bosje bij de school en knalde de mensen vanaf een afstand neer. Dat is precies wat Drew en Mitchell ook deden.

Waarom schoten twee jongens op hun klasgenoten en leerkrachten? Wat was er mis met Drew? Werd hij mishandeld?

Juist het tegenovergestelde is waar. Drew werd bemind en verwend. De primaire motivatie die Drew had voor de aanslag, was dat hij woedend was op de leraren. Hij had tegen Mitchell gezegd dat hij 'hun gezeik zat was'.[6] Maar als hij boos was op zijn leraren, waarom schoot hij dan ook scholieren neer? Werd Drew gepest? Nee, hij was degene die andere kinderen bedreigde en intimideerde; hij was geen slachtoffer. Was hij niet betrokken bij de school? Toch wel, want hij deed goed mee in de klas, wist zich over het algemeen te gedragen en speelde trompet in de schoolband. Werd Drew buitengesloten of sociaal geïsoleerd? Nee, hij had vrienden en was begonnen met uitgaan. Schoot Drew ook gericht op meisjes die hem hadden afgewezen? Mogelijk. Een van de gewonden was een meisje dat het had uitgemaakt met hem.

Door het feit dat veertien van de vijftien slachtoffers van het vrouwelijk geslacht waren (twaalf leerlingen en twee leraressen) ga je je afvragen of Drew en Mitchell mikten op meisjes en vrouwen. Het geslacht van de slachtoffers was echter simpelweg het gevolg van hun schootsveld. De klassen die door de deuren naar buiten kwamen aan de kant waar Drew en Mitchell zich hadden verschanst, bestonden voornamelijk uit meisjes. Er is geen aanwijzing dat de jongens dit feit hadden meegenomen bij het maken van hun plannen.

Hoe kunnen we Drews moordzuchtige woede begrijpen? Hoewel sommige professionals binnen de geestelijke gezondheidszorg aarzelen om een kind 'psychopaat' te noemen, vertoonde Drew een aantal eigenschappen die kenmerkend zijn voor psychopaten. Hij was bedreven in *impression management*; hij gedroeg zich goed in het gezelschap van zijn ouders en leerkrachten. Hoewel hij af en toe op school werd berispt voor zijn grappenmakerij, waren leraren zich niet bewust van zijn gemene gedrag en wreedheid tegenover dieren.

Psychopaten vinden het ook bijzonder moeilijk om hun boosheid te beheersen. Dat kwam duidelijk naar voren in

Drews gedrag tegenover leeftijdsgenoten in de buurt, tegen wie hij vloekte en schreeuwde en die hij dreigde neer te schieten met zijn luchtbuks. Een ander facet van psychopathie is een opgeblazen gevoel van eigenwaarde. Drew leek te denken dat schoolregels niet voor hem golden, omdat hij boven de gewone regels van de maatschappij stond. Dat was te zien aan hoe hij reageerde op straffen op school, waar hij de klas werd uitgestuurd door een leraar die van hem verwachtte dat hij zich aan de regels hield. Een andere mogelijke aanwijzing voor zijn opgeblazen eigenwaarde was het feit dat een van de vermoorde kinderen een meisje was dat met Drew was omgegaan maar het had uitgemaakt. Het is mogelijk dat zijn narcisme hierdoor zo was gekrenkt, dat hij het gerechtvaardigd vond om haar te doden.

Drews meest verontrustende eigenschap was echter zijn sadisme. Sadisten genieten van pijnigen en het kijken naar het lijden van mensen en dieren. Voorafgaand aan de schietpartij was Drews meest gemene gedrag het martelen en doden van katten: dit was sadistisch.

Los van zijn sadisme roept het gedrag van Drew tijdens zijn rechtszaak vragen op over zijn vermogen om schuld te voelen voor zijn daden of empathie voor zijn slachtoffers. Terwijl Mitchell Johnson schuld bekende op de beschuldigingen van moord en in het openbaar zijn excuses aanbood, ontkende Drew zijn schuld en bood hij ook geen excuses aan. Wellicht deed hij dat op advies van zijn advocaat, in de hoop een veroordeling te ontlopen. Maar zelfs nadat Drew schuldig was bevonden, maakte hij geen excuses.

Journalisten die bij het proces aanwezig waren, zagen een zorgwekkend gebrek aan emoties bij de jongen. Een van hen zei dat Drew 'bijna zorgeloos leek tijdens de rechtszittingen'.[7] Een ander zei dat 'Drew niet geïnteresseerd leek in de gang van zaken'.[8] Weer een ander maakte opmerkingen over het verschil tussen Mitchell en Drew: 'Een van de jonge moordenaars zat gisteren in de rechtbank terwijl hij ontspannen rondkeek en zelfs naar zijn ouders glimlachte. Drew Golden leek zich nergens druk om te maken terwijl hij luisterde naar de tenlastelegging van meervoudige moord. Zijn dertienjarige vriend Mitchell Johnson daarentegen barstte in snikken uit.'[9]

Het gedrag van Drew in de rechtszaal suggereert dat hij geen geweten en empathie heeft. Als dat klopt, dan bewijst dit opnieuw dat de jongen psychopathisch is.

Tot slot lijkt de aanslag zelf – bij gebrek aan andere krachten –psychopathisch. Het was moord met voorbedachten rade door iemand die in het volle bezit was van zijn geestelijke vermogens. Drew hoorde geen stemmen die hem opdroegen mensen neer te schieten. Hij was niet paranoïde of verward over de realiteit. Ook zat hij niet vol woede vanwege mishandelingen thuis of pesterij door zijn leeeftijdsgenoten. Hij was niet suïcidaal en niet van plan om tijdens de aanslag te sterven. De enige aanwijzingen voor een motief die aan het licht zijn gekomen, zijn zijn boosheid op leraren voor het stellen van normale grenzen aan zijn gedrag en de mogelijke boosheid op een meisje omdat ze het uitmaakte. Het lijkt erop dat in Drews hoofd één plus één een miljoen is: berispt worden door leraren en afgewezen worden door een meisje rechtvaardigen moord.

Welke eigenschappen van een psychopathische schutter vertoonde Drew? Narcisme, een gebrek aan geweten, woedebeheersingsproblemen, indruk proberen te maken, sadisme en een gebrek aan wroeging. Hoewel deze kenmerken verontrustend zijn bij een kind van elf, kunnen ze nog erger zijn in een oudere, meer ontwikkelde moordenaar. Iets meer dan een jaar na de aanslag van Drew was een andere psychopathische schutter de leider in een nog dodelijker schietpartij. (*De feiten uit deze paragraaf zijn afkomstig uit het onderzoek van Katherine Newman.*[10])

GODDELIJKHEID NASTREVEN

Eric Harris kon niet goed spellen en dat wist hij. We weten dat omdat Eric op zijn website schreef over zijn nachtelijke avonturen van vandalisme, diefstal en andere streken. In één aantekening zei hij: 'Dus we pakten wat souvaniers (ik weet 't, verkeerd gespeld) en gingen naar huis.'[11] Op een ander moment schreef hij: 'Dus we pakten wat leuke souvoniers (bijna goed gespelt) mee.'[12] Elders heeft Eric het over JonBenét Ramsey als 'Jon binee of hoe je haar verrekte naam Ramsee ook schrijft.'[13] Tot slot, op een bladzijde van zijn schoolagenda met aanwijzingen over spelling, had Eric naast het kopje 'Spellingregels' het woord 'klote' geschreven.[14]

Hij was zich ervan bewust dat hij slecht was in spellen. Uiteindelijk stonden de citaten over souvenirs en JonBenét Ramsey op zijn website, waar mensen ze konden zien. Waarom vond hij het een probleem dat hij niet goed kon spellen? Omdat Eric, ondanks dat hij probeerde zichzelf te blijven zien als een superieur wezen, zich vanbinnen onzeker en kwetsbaar voelde. Het is moeilijk een illusie van superioriteit te handhaven wanneer je niet eens de woorden kunt spellen die je wilt gebruiken. Maar Eric vond een oplossing: hij wees het hele concept van spelling van de hand: 'Spellen is stom (…) ik zeg spel het zoals het klinkt.'[15]

Wat is de oplossing wanneer je identiteit wordt bedreigd? Elimineer de bedreiging.

Wayne en Kathy Harris leken succesvol in het leven: een ongeschonden huwelijk, goede banen en middenklasse inkomens. Bij hen thuis was er geen alcoholisme, huiselijk geweld of kindermishandeling. Hun twee kinderen, Kevin en Eric, waren slimme jongens die het goed deden op school.

Als kind lijkt de grootste stress voor Eric te zijn geweest, dat het gezin vanwege het werk van meneer Harris in het leger diverse malen verhuisde. Eric klaagde over alle keren dat hij bij zijn vrienden werd weggehaald en gedwongen was een nieuwe start te maken als het nieuwe kind in de buurt, en hoe moeilijk dat voor hem was.[16] Andere factoren kunnen echter ook een rol hebben gespeeld bij de vorming van het zelfbeeld van Eric.

Eric werd geboren met twee lichamelijke onvolkomenheden. Het eerste was een probleem met zijn benen waarvoor Eric minstens tien keer naar de dokter moest voordat hij negentien maanden oud was.[17] Een medisch probleem op jonge leeftijd kan grote invloed hebben op het zelfbeeld van een kind. Misschien kon Eric niet zo vroeg lopen als zijn leeftijdsgenoten; misschien kon hij minder goed bewegen net op het moment dat hij de leeftijd bereikte om te leren lopen. Misschien werd hij geplaagd, schaamde hij zich of voelde hij zich tekortschieten.

Alsof één aangeboren afwijking nog niet genoeg was, had Eric er nog een: *pectus excavatum*, oftewel een ingevallen borstbeen. Toen Eric twaalf jaar oud was, werd hij hieraan geopereerd. Daarbij werd een stalen steun geïmplanteerd die zes maanden later werd verwijderd, toen hij dertien was.[18] Dus juist toen Eric zijn kindertijd ontgroeide en in de adolescentie terechtkwam, kreeg hij te maken met die fysieke afwijking van zijn borst en de borst speelt een belangrijke rol ten aanzien van mannelijkheid. Ondanks de operatie ontwikkelde de borst van Eric zich blijkbaar niet goed; aanwijzingen voor pectus excavatum werden opgemerkt bij zijn autopsie.[19] Eric moest tijdens zijn adolescentiejaren dus leren omgaan met zijn onvolmaakte lichaam.

De relatie met zijn lichaam kan zijn bemoeilijkt door het feit dat hij opgroeide in een sportief gezin van een militair, en zowel atleten als soldaten moeten lichamelijk fit zijn. Als kind was Eric klein voor zijn leeftijd en hij had twee aangeboren afwijkingen; hij kon dus gemakkelijk denken dat hij zich niet kon meten met de rest van het gezin. We zien iets van zijn onzekerheid in een beschrijving van Eric op elf- of twaalfjarige leeftijd. Op dat moment woonde hij in Plattsburgh, New York.

Een voormalig teamlid herinnerde zich dat Eric zei dat hij niet van honkbal hield en het alleen speelde omdat zijn vader dat wilde.[20] Bovendien herinnerde iemand zich dat toen Eric aan slag was, hij zo verlegen was dat hij niet wilde slaan, omdat hij bang was uit te gaan en zijn teamgenoten teleur te stellen.[21] Hier zien we Erics pogingen om een atleet te zijn, maar ook zijn gevoel tekort te schieten.

Erics onvolmaakte lichaamsbouw is interessant in het licht van zijn latere sympathie voor Hitler en de nazi's. Door zichzelf te verdiepen in de nazi-ideologie, omarmde Eric een ideologie van biologische superioriteit. Op die manier was hij nog steeds superieur aan anderen, ongeacht wat er mis was met zijn lijf, maar gewoon vanwege zijn ras. In een onderzoek onder een groep neonazi's ontdekte psycholoog Raphael Ezekiel dat velen van hen, net als Eric, aanzienlijke medische problemen hadden gehad in hun kinderjaren. De groepsleden waren zwakke fysieke soortgenoten die blijkbaar op zoek waren naar een ideologie van superioriteit om op die manier hun ontoereikende identiteiten te versterken.[22]

Naast de ideologie van superioriteit gaven de nazi's Eric ook een voorbeeld voor hypermannelijkheid. Het macho, militaristische imago van de nazi's had aantrekkingskracht op Eric, die klein was, een ingevallen borst had en zich zwak en ontoereikend voelde. Zich identificeren met nazi's was een manier om voor zichzelf een imago op te bouwen van sterke, stoere mannelijkheid. Een klasgenoot zei dat Eric op school gevechtslaarzen met stalen neuzen aan had en 'meer bezig was met vechten dan iedereen die ik ooit heb gezien'.[23] Eric was ook bezeten van vuurwapens, wat werd gemotiveerd door zijn behoefte aan een gevoel van persoonlijke macht. Zonder wapens was hij een magere knul met een ingevallen borst. Met wapens voelde hij zich onoverwinnelijk. De dag waarop hij zijn eerste vuurwapens kocht schreef hij: 'Ik voel me zelfverzekerder, sterker en meer als God.'[24]

Het is ook opmerkelijk dat Eric over zichzelf schreef als dat 'raar uitziende Eric JOCH'.[25] Waarom schreef hij 'JOCH' met hoofdletters? Voelde hij zich een jochie omdat hij zo klein was? Was dit een aanwijzing dat hij vond dat hij er niet in was geslaagd om een man te worden, ondanks zijn pogingen om een macho imago te laten zien? Tussen Erics papieren zit een tekening van een denkbeeldig mensachtig wezen met horens. De grote horens suggereren extreme viriliteit. Het opmerkelijke van deze figuur is, dat hij een enorme borstkas heeft; precies het element dat Eric miste.[26]

We kunnen nog verder speculeren. Eric fantaseerde graag over het steken van een mes in de borstkas van een ander. Projecteerde hij zijn zelfhaat op iemand anders? Niet lang na zijn borstoperatie kocht Eric GI Joe gevechtspoppetjes van een vriend. Hij vond het leuk om heet gemaakte paperclips in de borst van die poppetjes te prikken.[27] Hij vond het ook leuk om met een luchtbuks op de poppetjes te schieten. Wat was de betekenis hiervan? Was hij bezig zijn gevoelens over zijn onvolmaakte lichaam uit te ageren? Was dit symbolische zelfverminking?

Misschien waren deze daden wel uitingen van Erics woede en haat tegenover zichzelf. Een paar jaar later uitte hij zijn woede en haat tegenover de wereld. Op 20 april 1999 voerden Eric Harris en Dylan Klebold een vreselijke aanslag uit op Columbine High School in Jefferson County, Colorado. Ze doodden 13 mensen, verwondden er 23 en doodden daarna zichzelf.

Er zijn twee tegenstrijdige opvattingen over Eric Harris. De ene is dat hij een buitengesloten, eenzame jongen was die zodanig werd gekweld door leeftijdsgenoten dat hij overging tot een daad van wraakzuchtig geweld. De andere opvatting is dat hij in wezen een kwaadaardig monster was. Dat is een pejoratief etiket, maar geen verklaring. Om Eric te begrijpen moeten we verder kijken dan de etiketten, naar de werking van zijn geest. Zodra we dat doen, merken we dat beide opvattingen – de miskende eenling en het kwaadaardige monster – niet toereikend zijn.

De opvatting van Eric als een eenzaam slachtoffer van pesterij is niet alleen ontoereikend, maar ook grotendeels onjuist. Zoals opgemerkt in hoofdstuk 1 was Eric geen eenling. Hij had gedurende zijn hele middelbareschooltijd in Colorado gewoond, had diverse groepen vrienden en ondernam allerlei dingen met zijn leeftijdsgenoten. Hij had een zeer sociaal leven en zowel jongens als meisjes mochten hem graag. Op 9 april 1999, slechts elf dagen voor de aanslag, nam een groep van zijn vrienden hem mee uit eten om zijn achttiende verjaardag te vieren.

Maar hij werd toch geplaagd? Ja, dat klopt, maar dat gold voor meer kinderen op Columbine, en ook overal elders. En pesten? Na het lezen van duizenden pagina's verhoorverslagen van bijna alle leerlingen van Columbine High School vond ik maar één vermelding van een incident waarbij Eric lichamelijk was lastiggevallen en dat bestond uit tegen de schoolkluisjes geduwd worden.[28]

Hoewel Eric beweerde dat hij wraak nam op mensen die hem slecht behandeld hadden, is deze verklaring om een aantal redenen twijfelachtig. Ten eerste was Eric van plan om de school op te blazen en daarbij mensen te doden, ongeacht of zij hem hadden lastiggevallen of niet. Ten tweede had Eric een zwarte lijst gemaakt van leerlingen uit de klas van 1998 die 'het verdienden te sterven'. Hij pleegde de aanslag echter niet in 1998. Tegen de tijd dat hij in actie kwam, zat niemand van die lijst nog op de school. Ten slotte vertelde Eric de leerlingen die hij neerschoot in de bibliotheek van de school, dat dit de vergelding was voor alles wat ze hem hadden aangedaan. De waarheid is echter dat hij scholieren neerknalde die hem nooit iets hadden aangedaan. De zogeheten wraak was een rationalisatie.

Om Eric te begrijpen is het noodzakelijk om te weten wat hij van plan was met zijn school. De aanslag op Columbine High

School moest niet zomaar een schietpartij op een school zijn, maar eerder een groots opgezette bomaanslag. Eric en Dylan plaatsten bommen in de kantine die tijdens het drukste moment van de lunchpauze moesten afgaan. Als de bommen wel waren geëxplodeerd, waren waarschijnlijk alle 660 mensen in de kantine omgekomen.[29] De volgende fase van de aanslag was ofwel mensen neerschieten zodra ze naar buiten vluchtten, ofwel het gebouw ingaan en iedereen neerschieten die levend werd aantroffen. Verder hadden Eric en Dylan bommen in hun auto's die moesten afgaan nadat ouders, media, politie en reddingswerkers waren gearriveerd, waarbij mogelijk nog honderden doden waren gevallen.[30]

In tegenstelling tot de eerste berichtgeving was de aanslag niet gericht op atleten, christenen, minderheden of andere specifieke groepen of personen. De aanslag die ze gepland hadden zou een enorm aantal mensen hebben gedood; er waren geen specifieke doelen. Zelfs de vrienden van Eric en Dylan zouden het slachtoffer zijn geworden. Eric beraamde een nietsontziende aanslag op de school en op iedereen die zich in het gebouw bevond.

Hoe afschuwelijk de geplande aanslag ook was, door alleen te kijken naar de aanslag wordt de omvang van Erics moordzuchtige gedachten genegeerd. Zijn fantasieën van geweld waren grenzeloos en gingen veel verder dan de scholieren die hij niet mocht. Soms dacht hij erover om heel Denver of een aantal wijken te vernietigen: 'God ik wil alles in deze hele klotebuurt in brand steken en met de grond gelijkmaken (…) stel je DAT eens voor, jullie klootzakken, stel je half Denver eens voor in brand alleen door mij en VoDkA [Dylans bijnaam]. Napalm tegen de wolkenkrabbers en autogarages die de lucht in vliegen door exploderende benzinetanks (…) o man dat zou geweldig zijn.'[31]

Een paar jaar vóór de aanslagen van 11 september 2001 droomde Eric over een soortgelijke aanslag op New York: '(…) dan kapen we een heleboel bommen en laten een vliegtuig neerstorten op NYC met ons erin en wij schieten dan in het wilde weg terwijl we neerstorten. Gewoon iets om nog meer verwoesting aan te richten.'[32] Eric dacht er zelfs over om bijna iedereen op aarde te elimineren: 'Hmm, dacht net of ik alle mensen dood wil of misschien alleen de tussen aanhalingstekens "geciviliseerde, ontwikkelde en bekende" plaatsen op Aarde, misschien kleine stammen inboorlingen in het regenwoud of zo met rust laten. Hmm, ik zal er eens over nadenken.'[33]

Het is moeilijk om dit te lezen zonder te worden getroffen door de omvang en intensiteit van Erics verlangen naar vernietiging. Hij werd door veel meer in beslag genomen dan sporters of jongeren die hij niet mocht. Er was weinig verband tussen het geplaagd worden op school en het willen opblazen van de binnenstad van Denver of het laten neerstorten van een vliegtuig op New York City. Maar wat dacht Eric dan wel?

Op de dag van de aanslag droeg Eric een shirt met daarop: Natuurlijke Selectie. Er stond niet 'Dood aan de Sportievelingen' of 'Ik Haat School' of zelfs 'Wraak'. Er stond: Natuurlijke Selectie. Dat was Erics boodschap aan de wereld wat betreft de aanslag. Hij was gefascineerd door de pogingen van de nazi's om minderwaardige mensen te elimineren. Hij zei tijdens de les dat iedereen die niet 'geschikt' is om te leven het verdient om te sterven. Hij beweerde: 'Ik zal iedereen doden die ik ongeschikt acht.'[34] Hij schreef in zijn dagboek: 'NATUURLIJKE SELECTIE. Dood alle achterlijken, mensen met kloterige hersens (...) Ieeeugh! Mensen geven miljoenen dollars uit om het leven van achterlijken te redden, en waarom? Ik geloof niet in die onzin van "o, maar hij is mijn zoon!" nou en, hij is niet normaal, maak hem dood. Verlos hem uit zijn lijden. Hij is alleen maar een verspilling van tijd en geld.'[35]

Naast het doden van 'minderwaardige' mensen fantaseerde Eric over het elimineren van de mensheid: 'De nazi's bedachten een "afdoende oplossing" voor het probleem van de Joden.

Dood ze allemaal. Nou, voor het geval je het nog niet door had, ik zeg 'DOOD DE MENSHEID' niemand mag overleven.'[36] In een e-mailbericht schreef Eric over de mensheid: 'Ik denk dat ik wel zou willen dat we uitsterven.'[37] Nog niet tevreden voegde hij toe: 'Ik wou dat ik dat echt kon DOEN in plaats van er alleen maar over te DROMEN.'[38]

Eric verzon een filosofie die naar zijn idee zijn minachting voor mensen rechtvaardigde. Hij keurde de beschaving af als kunstmatig en roemde het agressieve instinct als natuurlijk. Omdat hij van mening was dat moraliteit, rechtvaardigheid en andere waarden de producten van de beschaving zijn, wees hij deze af als willekeurig en dus zinloos. Hij was woedend dat hij zijn overtuigingen niet kon opleggen aan de gehele mensheid: 'Waarom zou ik mezelf nader moeten verklaren tegenover jullie overlevenden wanneer jullie klootzakken de helft van deze materie toch niet begrijpen en als je het wel kan doe dat dan verrekte gauw. Dat betekent alleen maar dat je iets te zeggen hebt als mijn reden om te doden. En de meerderheid van het publiek zal mijn motieven toch niet begrijpen! Ze zullen zeggen "ach, hij is gek, hij is gestoord, waardeloos!" Jullie klootzakken moeten allemaal dood! DOOD!'[39] Eric omschreef in deze passage dat zijn ideologie zijn 'reden om te doden' was. De kracht van ideologie als motivatie voor gedrag mag niet worden onderschat. Hitler was hier een voorbeeld van: 'Leiders van westerse democratieën (…) hebben Hitler op rampzalige wijze onderschat; ze hebben hem volkomen verkeerd begrepen omdat ze dachten (terecht) dat zijn ideeën belachelijk waren en zelfs hun minachting niet waardig (…) zijn toewijding aan zijn ideologie [hebben ze] zwaar onderschat (…) Het ijzingwekkende van Hitler was dit: hij meende wat hij zei, hij leefde voor zijn idealen en wat hij predikte bracht hij in de praktijk.'[40]

Het lijkt erop dat Eric ook meende wat hij zei, leefde volgens zijn idealen en praktiseerde wat hij verkondigde. Op de dag van de aanslag verkondigde zijn shirt zijn bedoeling: Natuurlijke Selectie. Hij speelde voor God en elimineerde ongeschikte mensen. Hij deed zijn uiterste best om zijn intentie duidelijk te maken: 'Er gaat vast iemand zeggen "wat dachten ze" als we NBK gaan doen ['Natural Born Killers', zijn codenaam voor de aanslag] of toen we het beraamden, nou dit is wat ik denk. "Ik heb als doel om zoveel mogelijk te vernietigen (...) ik wil de wereld in brand steken".'[41] Wie wil er nou de wereld in brand steken? Wat was er mis met Eric?

Eric had een gestoorde persoonlijkheid bestaande uit diverse persoonlijkheidsstoornissen. Veel mensen zijn wellicht niet bekend met het begrip persoonlijkheidsstoornis, maar om Eric en Dylan te begrijpen, is het noodzakelijk om hun persoonlijkheid nader te onderzoeken. Bij een persoonlijkheidsstoornis wordt een aantal eigenschappen zo extreem en zo star dat deze grote problemen veroorzaken. Erics persoonlijkheid had onder andere paranoïde, antisociale, narcistische en sadistische kenmerken.

PARANOÏDE PERSOONLIJKHEIDSKENMERKEN

Wanneer mensen het woord 'paranoïde' horen, denken ze waarschijnlijk aan iemand die gelooft dat er een samenzwering is om 'hem te pakken'. Paranoia is echter meer dan denken dat iemand het op je gemunt heeft. Mensen met een paranoïde persoonlijkheidsstoornis hebben meestal geen waandenkbeelden. Met andere woorden: zij hebben geen onrealistische overtuigingen dat iemand het op hen gemunt heeft. De paranoïde persoonlijkheid bestaat eerder uit een verzameling van eigenschappen, waarbij iemand onder andere heel erg bezig is met autonomie en controle, maar ook extreem gevoelig is voor zaken omtrent status.

Eric schreef een 'tirade' op zijn website over dingen waar hij van hield en dingen die hij haatte. Het eerste wat hij noemde was zijn haat tegen 'langzame mensen' – mensen die langzaam lopen.[42] Waarom? Wat kan, van alles in de wereld wat je dwars kan zitten, de betekenis zijn van langzame mensen? Zij ergerden hem omdat ze zijn voortgang in de weg stonden als hij ergens naartoe wilde. Met andere woorden: ze dwarsboomden zijn wil.

Deze interpretatie kan overdreven lijken, maar er is meer. Eric klaagde over langzame bestuurders. Hij klaagde over leerlingen die zich verzamelden in gangen en zijn voortgang blokkeerden, maar ook mensen die voordrongen in een rij. Waarom klagen over zulke dingen? Hij fantaseerde over het wegvagen van de mensheid van de aarde. Waarom tijd verspillen aan zulke onbelangrijke dingen als langzame mensen?

Paranoïde mensen zijn geobsedeerd door onafhankelijkheid en zelfcontrole; ze zijn hypergevoelig voor het beïnvloed worden door anderen. Dr. David Shapiro, een expert op het gebied van persoonlijkheidstypen, heeft de dynamiek van paranoia misschien wel het beste beschreven. Hij schrijft: 'De paranoïde persoon is continu bezig met en bezorgd over de bedreiging te worden onderworpen aan een of ander extern gezag of een externe inbreuk op zijn wil.'[43] Dat is precies wat we zien bij Eric.

Erics dagboek geeft nog meer bewijs voor zijn obsessie met gecontroleerd of beïnvloed worden. Hij ging maar door over hoe onmogelijk het is om niet beïnvloed te worden door anderen. Dat betrok hij ook op zichzelf. Hoe hard hij ook probeerde om origineel te zijn, het lukte hem niet. Dat vond hij heel onprettig:

> Ze zeggen dat het immoreel is om anderen te volgen, ze zeggen wees een leider. Nou, hier is toch een verdomd nieuwtje voor jullie stomme zeikers, iedereen is een volger! Iedereen die zegt dat hij geen volger is en aparte kleren aantrekt of zich anders gedraagt (…) dat hebben ze dan gezien op tv of in de film of op straat. Geen originaliteit. Hoeveel denk je

dat er origineel zijn en niet gekopieerd? KEINE [Duits voor 'geen'] (…) Doet er niet toe hoe hard ik probeer om NIET iemand te kopiëren, het gebeurt TOCH!⁴⁴

Erics eigen gevoel van autonomie werd bedreigd. Wanhopig wilde hij zijn eigen persoon zijn – 'origineel' zijn – en het feit dat anderen hem beïnvloedden verstoorde zijn zelfbeeld. Hij schreef: 'Ik probeer altijd anders te zijn, maar uiteindelijk ben ik altijd iemand anders aan het kopiëren.'⁴⁵ Hij legde daarna uit dat hij rebelleert tegen iedereen die hem vertelt wat hij moet doen en daarom is zijn bijnaam 'Reb'. Hij zette zich af tegen alle invloeden van buitenaf die hem probeerden te beheersen. Zoals beschreven door dr. Theodore Millon, een internationaal expert op het gebied van persoonlijkheidsstoornissen, hebben paranoïde mensen een 'intense angst om hun identiteit te verliezen en – nog belangrijker – hun zelfbeschikkingsvermogen'.⁴⁶ Nogmaals, dit is precies wat we aantreffen in de teksten van Eric.

Eric vertoonde nog een kenmerk van de paranoïde persoonlijkheid: in beslag genomen worden door status. Herhaaldelijk maakte hij bezwaar tegen of klaagde hij over 'snobs'; mensen die rijk zijn en/of zich 'snobistisch' gedragen. Misschien is dit niet uitzonderlijk, maar in Erics geval was zijn reactie op waargenomen snobisme wel buitengewoon: 'Ik woon in Denver en ik zou het godverdomme heerlijk vinden om alle inwoners te vermoorden. Die kloterige mensen met hun vette snobistische gedrag denken dat ze allemaal geweldig zijn.'⁴⁷ Hij stoorde zich aan mensen die het in zijn ogen gemakkelijk hadden omdat ze rijk waren geboren. Laten we niet vergeten dat Erics familie absoluut niet arm was; waarom was hij dan zo bitter en vijandig ten opzichte van rijke mensen? Gevoeligheid voor status houdt verband met paranoia, omdat paranoïde mensen de neiging hebben te denken dat anderen hun succes of status niet eerlijk hebben verkregen. Paranoïde mensen denken dat ze oneerlijk worden behandeld in het leven en dat andere mensen het systeem hebben gemanipuleerd om succes te krijgen. Paranoïde mensen voelen zich het slachtoffer van hen.

Een daaraan gerelateerd thema dat regelmatig voorkomt in Erics tirades is 'coolheid'. Hij vond van zichzelf dat hij cool was. Dat is te zien op zijn internetgebruikersprofiel bij AOL, waar hij als een van zijn hobby's 'cool zijn' vermeldde.[48] Hij gebruikte ook de term 'coolios' voor de vrienden die volgens hem 'cool' waren.[49] Omdat hij vond dat hij cool was, kon hij anderen niet uitstaan die ook dachten dat zij cool waren. Daarmee kwamen ze op zijn territorium. Hij schreef dat hij alle mensen haatte die dachten dat ze cool waren: jonge rokers, mensen die vinden dat ze experts zijn in vechtsporten, rappers, en nog meer.

Het haten van mensen die cool zijn is simpelweg een variatie op het statusthema. Zoals Shapiro opmerkte, zijn paranoide mensen 'zich uitermate bewust van macht en rang, relatieve positie, superieur en inferieur.'[50] Rijke mensen hebben een bepaalde soort status, maar in de wereld van het sociale leven op de middelbare school geeft 'coolheid' ook een machtige positie. Voor iemand die probeert zijn imago van superioriteit te handhaven, vormt elke waarneming van een hoge status bij anderen een bedreiging voor zijn zelfbeeld. Shapiro vat dit samen als: 'De paranoïde persoon – vaak zelfingenomen en arrogant maar zich daaronder beschaamd en klein voelend, vastbesloten om sterk te zijn en "alles onder controle te hebben" maar zich daaronder zwak voelend – houdt zich constant en vol trots bezig met hen die hem, vanwege hun rang of superieure autoriteit, klein en machteloos kunnen laten voelen.'[51]

Erics paranoïde eigenschappen onthullen een buitengewoon kwetsbare identiteit die ten koste van alles moest worden beschermd, zelfs als dit moord betekende. De meeste mensen met paranoïde persoonlijkheden plegen echter geen moord. Er waren andere krachten die Eric tot geweld aanzetten.

Antisociale persoonlijkheidsstoornis is de officiële diagnose die het meest overeenkomt met het concept 'psychopaat'. Het woord 'antisociaal' geeft geen beschrijving van iemands sociale vaardigheden en verwijst ook niet naar iemand die introvert is en wellicht 'niet sociaal' is. Iemand die 'antisociaal' is, is daadwerkelijk 'anti-maatschappij': hij of zij handelt niet volgens de regels van de samenleving, zoals wetten, gewoonten en algemeen fatsoen en houdt geen rekening met rechten en gevoelens van anderen. Er is dan een fundamentele onverschilligheid voor morele waarden alsook een gebrek aan empathie. Eric vertoonde diverse belangrijke aspecten van de antisociale persoonlijkheidsstoornis.

Om te beginnen deed Eric in zijn hele dagboek traditionele waarden af als nietszeggend. Morele waarden wees hij af en ook begrippen die essentieel zijn voor het maatschappelijk leven. Hij schreef bijvoorbeeld: 'Er is niet zoiets als een daadwerkelijke "echte wereld". Het is alleen maar een woord zoals gerechtigheid, spijt, medelijden, religie, geloof, geluk, enzovoorts.'[52] In diezelfde aantekening schreef hij: 'Alleen omdat je mammie en pappie je vertelden dat bloed en geweld slecht zijn, denk je dat het verdomme een natuurwet is? Fout.'[53] Elders schreef Eric: '"Sorry" is alleen maar een woord. Het betekent geen REET voor mij.'[54] Hij noemde 'normaal' en 'beschaafd' 'sociale woorden', alsof ze geen echte betekenis hadden.[55] Hij zei: '"Moreel" is alleen maar een woord'[56] en vatte zijn opvatting vurig samen: 'Klote geld, klote gerechtigheid, klote morele waarden, klote beschaafd, klote regels, klote wetten (…) CREPEER door mensen gemaakte woorden (…) mensen denken dat ze op alles van toepassing zijn wanneer dat niet zo is/niet kan. Er is niet zoiets als Echt Goed of Echt Slecht.'[57]

In zijn idee was hij verheven boven alle 'pseudo' waarden en normen die door de samenleving waren gemaakt. Zonder enig ontzag voor concepten zoals goedheid, rechtvaardigheid of beschaving hield Eric zich bezig met zeer uiteenlopend illegaal gedrag. Tot zijn delicten behoorden het stelen uit een bestelwagen, het stelen van verkeersborden, het stelen van computerapparatuur uit school, drinken beneden de wettelijk toegestane leeftijd, illegaal drugsgebruik, creditcardfraude, het inbreken in het computersysteem van de school, het gebruiken van vrienden om illegaal wapens voor hem te kopen, brandstichting, vandalisme en het maken en tot ontploffing brengen van illegale bommen.

Het gebrek aan respect voor morele waarden en het welzijn van anderen manifesteerde zich niet alleen tegenover zijn vijanden maar ook tegenover zijn vrienden. Enkele wapens die bij de aanslag werden gebruikt, waren gekocht door oudere vrienden van hem, omdat Eric nog geen achttien was ten tijde van de aankoop. Hij wist dat zijn vrienden hiervoor na de aanslag konden worden gearresteerd en inderdaad gingen er twee van hen naar de gevangenis. Ondanks dat hij wist dat dit kon gebeuren, maakte Eric op kille wijze gebruik van hen om aan zijn behoefte tegemoet te komen.

Dat hij geen rekening hield met het welzijn van zijn vrienden is het duidelijkst te zien in een opmerking die Eric maakte in een van de diverse video's die hij maakte over de aanstaande aanslag: 'Morris, Nate, als jullie het overleven, mogen jullie uit mijn kamer pakken wat je wil.'[58] Eric richtte zich tot twee van zijn beste vrienden en liet hen daarbij zijn bezittingen na. Door te zeggen 'als jullie het overleven' liet Eric echter blijken dat hij zich bewust was van het feit dat ze waarschijnlijk bij de aanslag zouden omkomen. Zelfs de mogelijke dood van zijn naaste vrienden hield hem niet tegen zijn plannen uit te voeren.

Een ander belangrijk element van de antisociale persoonlijkheid is liegen uit gewoonte. Eric beschreef zijn vaardigheid in het misleiden van anderen herhaaldelijk in zijn dagboek. Hij schreef: 'Ik lieg veel. Bijna constant en tegen iedereen.'[59] Eric loog niet alleen, maar hij was er ook trots op: 'Ik zou ze ervan kunnen overtuigen dat ik de Mount Everest ga beklimmen, of dat ik een tweelingbroer heb die op mijn rug groeit (…) ik kan je alles wijsmaken.'[60]

Naast eenvoudig liegen was Eric ook bedreven in het maken van een goede indruk wanneer hij dat wilde. De vader van een klasgenoot zei: 'Eric was altijd de perfecte schoonzoon. Hij leek volwassener dan de andere jongelui.'[61] Deze gave om mensen te charmeren is een voorbeeld van indruk proberen te maken. Het beste voorbeeld van de manier waarop Eric indruk maakte is wellicht het feit dat hij maandenlang een omvangrijke terroristische aanslag voorbereidde en dat niemand daarvan wist, behalve zijn mededader. Hij ging gewoon zijn gang, ging naar school, naar zijn baantje, en ging uit met vrienden die naar alle waarschijnlijkheid zouden zijn gedood als alle bommen waren ontploft. Hij verborg zijn ware bedoelingen voor zijn kameraden, familie, leraren en collega's op het werk.

Een ander voorbeeld waaruit blijkt dat Eric goed in staat was om de indruk die hij maakte te manipuleren, vond plaats nadat hij en Dylan waren gearresteerd voor het stelen van elektronische apparatuur uit de bestelwagen van een elektricien. Beide jongens moesten meedoen aan een taakstraf die ervoor bedoeld was om jongeren niet te laten terugvallen in nieuw strafbaar gedrag. Eric deed zich zo goed voor in de gesprekken met zijn reclasseringsambtenaar, dat hij vroegtijdig met de taakstraf mocht stoppen. De reclasseringswerker was compleet door hem ingepalmd en schreef zelfs een briefje aan Eric waarin stond: 'Ik zou je zo vertrouwen.'[62] Eric schreef ook een brief aan de eigenaar van de bestelwagen, waarin hij zijn delict toegaf en zijn verontschuldigingen aanbod.[63] In zijn persoonlijke aantekeningen liet hij echter een ander gezicht zien: 'Is Amerika niet zogenaamd het land van de vrije mensen? Waarom mag ik dan niet, als ik vrij ben, een stomme klootzak zijn bezittingen afnemen als hij ze laat liggen op de voorstoel van zijn klote busje in het volle zicht en op een godvergeten plek

op een godverdomde vrijdagavond. NATUURLIJKE SELEC-
TIE. Die klojo moet worden afgeschoten.'[64] Dit citaat onthult
niet alleen Erics ware instelling die schuil ging achter de positieve indruk die hij maakte, maar toont ook een ander aspect
van de antisociale persoonlijkheid: de neiging om geen verantwoordelijkheid te nemen voor het eigen gedrag en zichzelf het
slachtoffer te voelen. Eric beging een misdaad en hij gaf toe dat
hij die gepleegd had. Toch kon hij zich nog steeds het slachtoffer voelen en was hij ervan overtuigd dat de misdaad de schuld
was van de eigenaar van de bestelwagen, omdat die zijn spullen
in het busje liet liggen.

Hoewel veel antisociale mensen zich richten op de verwer-
ving van materiële bezittingen door middel van diverse illegale
activiteiten, houden anderen zich meer bezig met het vestigen
en handhaven van hun imago of reputatie. Millon beschrijft
deze individuen als volgt: 'Antisociale handelingen zijn zelf-
versterkend, bedoeld om ervoor te zorgen dat anderen hen als
belangrijke personen erkennen – mensen met wie men "niet
moet sollen". Deze antisocialen moeten worden gezien als onoverwinnelijk.'[65]

Eric zei in een van de video's die hij maakte over de aanslag:
'Is het niet leuk om het respect te krijgen dat we verdienen?'[66]
Hij vroeg zich ook af of iemand een boek over hem zou schrijven en hij besprak met Dylan welke regisseur een film over hen
zou maken. Eric zei ook: 'Ik wil een blijvende indruk op de wereld nalaten.'[67] De aanslag was duidelijk een 'zelfversterkende'
antisociale handeling waarbij Eric zichzelf als onoverwinnelijk
kon ervaren. Zijn antisociale interesse in status was verweven
met zijn paranoïde obsessie met status. Via deze bespreking
van status komen we uit bij de volgende persoonlijkheidsstoornis, waarvan het belangrijkste kenmerk een opgeblazen
gevoel voor eigenwaarde is.

NARCISTISCHE PERSOONLIJKHEIDSKENMERKEN

Het woord 'narcisme' is afgeleid van de Griekse mythe over Narcissus. Narcissus was een jongen die verliefd werd op zijn eigen spiegelbeeld in een vijver. De wijsheid van deze mythe is dat zij niet gaat over iemand die verliefd wordt op zichzelf, maar op een *beeld* van zichzelf. Dat is wat er gebeurt bij mensen met een – in de woorden van Millon – 'compenserend narcisme'. Zij voelen zich zo minderwaardig dat ze een groots zelfbeeld creëren waarmee ze proberen te compenseren wat er bij hen ontbreekt. Zij tonen een narcistische façade aan de wereld om de leegheid of zwakheid te verbergen die ze vanbinnen voelen. Hun zelfbeeld is echter als een kaartenhuis dat in een wankel evenwicht verkeert en bedreigd wordt door alles wat het ineen kan laten storten. Eric was heel onzeker en kleineerde zichzelf, maar had ook een enorm superioriteitsgevoel. Zijn innerlijke lage zelfwaardering, verborgen onder een façade van superioriteit, wijst erop dat Eric een compenserende narcist was.

Misschien is het duidelijkste voorbeeld van Erics opgeblazen ambities wel dit commentaar: 'Ik voel me als God en ik wou dat ik dat was, zodat iedereen OFFICIEEL lager was dan ik. Ik weet al dat ik hoger ben dan bijna iedereen in de verdomde welt [Duits voor 'wereld'] in termen van universele Intelligentie.'[68] Hij was zich er duidelijk van bewust dat hij God niet was, maar hij wilde wanhopig graag God zijn. Hij was ervan overtuigd dat hij superieur was aan 'bijna iedereen', maar wilde dat zijn superioriteit 'officieel' was. Zijn aspiratie was niet alleen God zijn, maar hij wilde ook graag dat hij goddelijke krachten had. Hij beweerde: 'Ik ben ervan overtuigd dat als ik iets zeg, het ook gebeurt. Ik ben de wet'[69] en 'Niemand is deze planeet waard, alleen ik en wie ik nog meer kies.'[70] Hij schreef zelfs 'Ik ben God' in het Duits in zijn schoolagenda en in zijn opdracht in de jaarboeken van minstens vier klasgenoten.[71] Dus ondanks dat hij wist dat hij niet echt God was, vond hij het prettig om te beweren dat hij dat wel was.

Uit wat Eric schreef, blijkt duidelijk zijn narcisme. Zoals

Millon opmerkt: 'Deze narcisten aanbidden daadwerkelijk zichzelf; zij zijn hun eigen god.'[72] Dit is een opmerkelijk passende beschrijving van Eric.

Groeide het narcisme van Eric uit tot grootheidswaan? Met andere woorden: leefde hij in een fantasiewereld en was hij psychotisch? Erics fantasieën over vernietiging plus de zojuist geciteerde opmerkingen, suggereren dat hij wellicht waandenkbeelden had. Hij beweerde bijvoorbeeld dat zijn aanslag zou zijn 'als de rellen in LA, de bomaanslag in Oklahoma, de Tweede Wereldoorlog, Vietnam (...) allemaal door elkaar'.[73] Denken dat twee tieners een aanslag zullen plegen die groter is dan de Tweede Wereldoorlog en Vietnam, getuigt duidelijk van grootheidsideeën. Eric dacht er zelfs over of hij alle mensen op de aarde zou ombrengen of 'misschien kleine stammen inboorlingen in het regenwoud of zoiets met rust laten'[74], alsof hij de macht had om zo'n plan uit te voeren. Was dit slechts een puberale machtsfantasie?

Wat moeten we denken van zijn opmerking dat hij hoger is dan iedereen qua 'universele intelligentie' (wat dat dan ook mag zijn)? Was hij hier vast van overtuigd? De vele hoogdravende passages suggereren dat hij geloofde dat dit waar was. Bovendien leek hij soms te denken dat zijn aanslag een nieuw tijdperk zou inluiden, dat deze een 'revolutie' zou ontketenen of een 'natuurlijke selectie' op gang zou brengen. Hij zei bijvoorbeeld: 'Het menselijk ras is inderdaad nog steeds gedoemd. Er zijn alleen een paar aanjagers nodig, zoals ik.'[75] Eric schreef over zijn activiteiten alsof deze plaatsvonden in 'het vooroorlogse tijdperk'.[76] Misschien was 'vooroorlogse tijdperk' zijn codenaam voor de aanslag, maar misschien geloofde hij echt dat hij een oorlog zou ontketenen. Zijn opmerking dat de meeste mensen 'de nieuwe wereld niet zullen zien'[77] klinkt als een overtuiging en niet als een dagdroom. Geloofde hij daadwerkelijk dat het opblazen van zijn school zou leiden tot een metamorfose van de maatschappij? Dat hij de voorbode was van een nieuwe wereld? Als dat zo was, dan had zijn narcisme de grens overschreden naar waandenkbeelden.

Erics opgeblazen eigenwaarde is duidelijk, maar welk bewijs hebben we dat Eric ook een kern van zwakheid had? Hij onthulde zijn kwetsbaarheid in zijn dagboek: 'Iedereen houdt me altijd voor de gek om hoe ik eruit zie en hoe verdomde zwak ik ben (…) Hoewel, ik heb altijd gehaat hoe ik eruit zie, ik lach mensen uit die eruit zien als ik, soms zelfs zonder erbij na te denken, soms gewoon omdat ik boos wil zijn op mezelf. Daar komt heel veel van mijn haat vandaan. Het feit dat ik vrijwel geen zelfwaardering heb, vooral als het gaat om meisjes en uiterlijk en zo.'[78]

Een andere aantekening in zijn dagboek laat zien hoe wanhopig graag hij erkenning wilde: 'Als mensen me meer complimenten zouden geven, zou dit allemaal nog te vermijden zijn.'[79] Het idee dat complimenten een massamoord zouden kunnen voorkomen, suggereert hoe volslagen wanhopig hij wilde dat de wereld zijn status zou erkennen. Later schreef hij bij diezelfde notitie: 'Misschien moet ik gewoon een keer een wip maken. Misschien dat die shit hier dan wat verandert.'[80] Wat zou hij bereiken met het maken van een wip? Hij zou zijn mannelijkheid bewijzen.

Aan een lijst van dingen die hij na 22 maart 1999 nog moest doen ter voorbereiding van de aanslag, voegde Eric toe: 'een wip maken'.[81] In de laatste aantekening in het dagboek, geschreven op 3 april, schreef Eric zelfs over zijn aanhoudende pogingen om seks te hebben en hoe verbijsterd hij was dat dat niet lukte: 'Nu ben ik aan het proberen geneukt te worden (…) NBK ging snel, maar waarom lukt het verdomme niet om het [seks] te hebben. Ik bedoel, ik ben aardig en attent en al die onzin, maar neeeee. Ik denk dat ik te veel mijn best doe. Maar ik moet eigenlijk wel, want NBK komt dichterbij.'[82] Daar zit hij dan, bezig met de beraming van de grootste terroristische aanslag in de geschiedenis van de Verenigde Staten en hij wordt nog steeds in beslag genomen door het hebben van seks. Hij wilde zich een man voelen en dat lukte duidelijk niet. Erics dagboek eindigt met deze passage: 'Ik haat jullie allemaal omdat jullie me niet betrokken in zoveel leuke dingen. En zeg nou verdomme niet "dat is je eigen schuld" omdat dat niet zo is, jullie hadden mijn telefoonnummer en ik bleef vragen en zo, maar nee hoor. Nee nee nee, laat dat raar uitziende Eric JOCH niet meedoen, oh verrekte nee.'[83]

Ongeacht of hij daadwerkelijk werd buitengesloten of dat dit meer een beleving was die voortkwam uit achterdocht of zelfmedelijden, is dit een opmerkelijke passage. Na alle lef en opschepperij in zijn eerdere aantekeningen, eindigt hij zijn dagboek met een triest gejammer. De aantekeningen laten de gebrekkige kern van zijn persoonlijkheid zien, maar ook de façade van grootsheid die hij oprichtte.

De vraag naar de oorsprong van de persoonlijkheid is uiteindelijk niet te beantwoorden, omdat we daarbij te maken hebben met een complexe mix van genetische en omgevingsfactoren. Toch is het interessant om te speculeren over de mogelijke invloed van Erics lichamelijke onvolkomenheden. Een medisch probleem beïnvloedt niet alleen de patiënt; het verandert ook een gezin. Een kind met een handicap wordt wellicht met speciale zorg omringd. Hoe kan dit Eric hebben beïnvloed? Enerzijds kan overvloedige aandacht en verzorging zijn gevoel van narcisme hebben gevoed; dat hij bijzonder was en dat de wereld om hem draaide. Anderzijds kan het hem pijnlijk zelfbewust en beschaamd hebben gemaakt over het feit dat hij niet was zoals zijn oudere broer of de andere kinderen die hij kende. Eric groeide op met een krachtige combinatie van tekortkoming en superioriteit in zijn persoonlijkheid. Kan dit zijn wortels hebben gehad in een ervaring die een voedingsbodem was voor beide gevoelens van bijzonder zijn en beschadigd zijn?

Afgezien van de oorsprong van deze dynamiek was Eric een compenserend narcist. Toch is een van zijn belangrijkste kenmerken niet te vangen onder zijn narcistische, antisociale en paranoide eigenschappen: het kenmerk dat hem zo gevaarlijk maakte.

SADISTISCHE PERSOONLIJKHEIDSKENMERKEN

De sadistische persoonlijkheid wordt bepaald door een verzameling eigenschappen. Het belangrijkste element van sadisme is het ervaren van opwinding en bevrediging door het laten lijden van anderen. Sadisme gaat over het uitoefenen van macht op anderen en het gebruiken van die macht om een innerlijke leegte te vullen met een gevoel van kracht.

Sadisten zijn ook geneigd tot diverse vormen van fanatisme, onverdraagzaamheid en bevooroordeeldheid. Ze zijn vijandig tegenover groepen die zij minder vinden dan zichzelf. Eric uitte dit in zijn commentaar op Afrikaanse Amerikanen, homoseksuelen en vrouwen:

> Men zegt altijd dat we niet racistisch mogen zijn. Waarom niet? Zwarten ZIJN anders (...) We zouden jullie zwarte klootzakken terug moeten sturen naar Afrishitka waar jullie vandaan komen. We brachten jullie hier en we zullen jullie weer terugbrengen. Amerika = wit. Homo's (...) ach alle homo's, ALLE homo's, moeten worden afgemaakt (...) Vrouwen, jullie zullen altijd lager zijn dan mannen. Je ziet het in de natuur, mannetjes doen bijna altijd de gevaarlijke rotklussen terwijl de vrouwtjes blijven zitten. Het is jullie dierlijke instinct, doe er wat aan of pleeg zelfmoord.[84]

Sadisten minachten ook iedereen die zij inferieur vinden. Dat is duidelijk te zien in de opmerkingen van Eric: 'Dood alle achterlijken, mensen met kloterige hersens, drugsverslaafden, mensen die maar niet doorhebben hoe je een aansteker moet gebruiken,'[85] en 'maak alle vette, achterlijke, invalide, stomme, lompe, onwetende waardeloze mensen van deze wereld af.'[86] Door te proberen de zwakkeren te domineren of elimineren, plaatste Eric zichzelf boven hen. Omdat hij zichzelf als zwak beleefde, was het aanvallen van alle zwakkeren een manier om het statement te maken 'ik ben níét zwak'.

Het belangrijkste kenmerk van sadisten is echter het plezier dat ze hebben wanneer ze macht hebben over anderen. Eric fantaseerde over het verkrachten van meisjes die hij kende van school. Hij vond het heerlijk om zich in te beelden hoe hij hen met een smoes naar zijn kamer liet komen en vervolgens hun kleren van het lijf te rukken en hen te verkrachten. Nog aanschouwelijker is Erics beschrijving van zijn wens om mensen te verminken:

Ik wil een keel openrijten met mijn eigen tanden zoals een blikje. Ik wil iemands buik leeghalen met mijn handen, het hoofd eraf rukken en via de hals het hart en de longen eruit trekken, iemand een mes in z'n buik steken, naar boven duwen naar het hart en het verdomde lemmet uit de ribbenkast lostrekken! Ik wil een of ander klein en zwak derdeklassertje grijpen en hem als een wolf verscheuren, laten zien wie god is. Hem wurgen, zijn hoofd tot moes slaan, de slapen van de schedel afbijten, de kaak afrukken, de sleutelbeenderen afrukken, zijn armen in tweeën breken en ze omdraaien, die heerlijke geluiden van krakende botten en scheurend vlees, ahhh (…) zo veel te doen en zo weinig kansen.[87]

Hier zien we een sadistisch genoegen maar ook de wens om mensen te laten zien 'wie god is'.

Tijdens de aanslag bespotte Eric mensen op het moment dat hij ze doodde. Zijn plezier in het doden is het opvallendste voorbeeld van zijn sadisme. Op een gegeven moment keek hij onder een tafel waar een meisje zich had verstopt, zei: 'Kiekeboe', en schoot haar vervolgens neer. Een groot aantal leerlingen getuigde dat Eric lachte en blijkbaar de tijd van zijn leven had terwijl hij onschuldige mensen neerknalde.

Bij sadisten kan geweld twee doelen dienen en beide zijn relevant om Eric te begrijpen. Geweld dient om anderen te intimideren en te terroriseren, wat de vijand dwingt ineen te krimpen. Dat is precies wat er gebeurde tijdens de aanslag, toen Eric lachte, zijn slachtoffers bespotte en zich verlustigde in zijn machtsgevoel. Geweld geeft ook een emotionele bevrijding. Erics frequente driftbuien passen bij dit type sadist: iemand die woedend wordt als hij wordt tegengewerkt. Erics ouders gaven aan dat hij wekelijks woede-uitbarstingen had en vaak zo erg dat hij tegen muren sloeg. Hoewel die woede een reactie kan zijn op een bepaalde frustratie, zullen sadisten hun woede op een willekeurig persoon richten, ongeacht of die persoon verband houdt met de bron van hun frustratie of niet. Millon zegt: 'De identiteit van het slachtoffer is eerder toevallig en willekeurig gekozen.'[88] Dit verklaart waarom Eric er genoegen in schepte om iedereen te vermoorden die zijn pad kruiste; er waren geen slachtoffers die een specifiek doelwit vormden, er was alleen een lang opgekropte woede die moest worden bevrijd.

In sommige gevallen worden bepaalde personen of instellingen het symbool van alles wat de sadist haat. '*Deze symbolische figuren moeten worden vernietigd* (…) geweld is eerder een wanhopige aanval op symbolen dan op de realiteit' (cursivering door mij toegevoegd).[89] In het geval van Eric kan de symbolische figuur in de macrokosmos worden gezien als de wereld of de gehele mensheid: in de microkosmos was het echter de school en iedereen in het gebouw. De school – en de wereld – bedreigden zijn onzekere identiteit.

Erich Fromm, die zowel socioloog als psychoanalyticus was, definieerde sadisme als 'de begeerte (…) naar de absolute en onbeperkte beheersing over een levend wezen'.[90] Dat was Erics levensdoel. Hij schreef zelfs: 'Ik zou heel graag de uiteindelijke rechter zijn en beslissen of iemand blijft leven of moet sterven.'[91] Tijdens de aanslag kon Eric dit verlangen uitleven. Maar wat leverde dat weerzinwekkende gedrag Eric op? Voor een sadist is het laten lijden van anderen meer dan alleen opwindend of belonend – het is transformerend. Voor een sadist geldt: 'De ervaring van absolute macht over een ander wezen, van almacht over hem of haar, wekt de illusie dat men de grenzen van het menselijk bestaan overschrijdt (...) *Het is de omvorming van een gevoel van onmacht in een ervaring van almacht*' (cursief in het origineel van Erich Fromm).[92]

Eric streefde een ervaring van almacht na. Hij wilde 'de beperkingen van het menselijk bestaan' overstijgen. Net als de compenserende narcist die probeert de onvolkomenheid van zichzelf te overwinnen met grootse fantasieën, probeert de sadist dat ook te doen: 'Juist omdat hij zich impotent, futloos en machteloos voelt, is hij sadistisch. Hij probeert zijn gemis te compenseren door macht over anderen, door de worm – want zo voelt hij zich – te veranderen in een god.'[93] We weten dat Eric zichzelf zag als een metaforische 'worm'; een vreemd en zwak kind dat er raar uitzag. En we weten dat hij goddelijkheid nastreefde. Zijn sadisme ontstond om het dilemma op te lossen van een worm die een god wil zijn.

We kunnen Eric Harris begrijpen door zijn complexe persoonlijkheid te doorgronden. Hij combineerde paranoïde gedachten over controle en status met een antisociaal gebrek aan empathie en afwijzing van morele waarden, een narcistisch superieur zelfbeeld en een sadistische behoefte om macht over anderen te hebben. Door de aanslag kon hij zijn woede kwijt op lukrake en/of symbolische doelen en kon hij geweld gebruiken om anderen te dwingen in paniek ten onder te gaan. Zo voelde hij zich een god die de macht had over leven en dood. Eric wilde hen de dood geven. Zij bedreigden immers zijn identiteit.

Hoe werd Erics identiteit dan bedreigd? Zijn superieure zelfbeeld werd door de wereld niet ondersteund. Hij was op school niet iemand met een hoge status. Hij had geen vaste vriendin en kon zelfs geen meisje vinden voor het gala. Hij werd geplaagd door mensen die hij verachtte. Hij werd gearresteerd en gestraft door een rechtssysteem dat macht over hem had. Overal waar hij keek zag hij mensen die hoger in aanzien waren of meer gezag hadden. Dat was onverdraaglijk. Dit alles was een bedreiging voor zijn zelfbeeld – een bedreiging voor zijn identiteit.

Wat is de oplossing wanneer je identiteit wordt bedreigd? Elimineer de bedreiging.

PSYCHOPATHISCHE SCHUTTERS

Wat valt er te zeggen over psychopathische schutters als groep? Ten eerste kan het woord 'groep' misleidend zijn. Van de tien schutters in dit boek waren er slechts twee psychopathisch. Dat is belangrijk. Men geeft alle schoolschutters vaak het etiket psychopaat, maar dat is onjuist. Voor de meeste schoolschutters is de diagnose psychopaat niet passend.

Waarin leken Drew Golden en Eric Harris op elkaar? Beide jongens waren sadistisch. Eric fantaseerde over het verkrachten van meisjes en het verminken van mensenlichamen. Ook was zijn gedrag tijdens de aanslag opmerkelijk vanwege de bespotting van zijn slachtoffers, maar ook zijn genot om de macht die hij over anderen had. Drews sadisme kwam duidelijk tot uiting in het martelen en doden van katten.

Een ander gemeenschappelijk kenmerk was hun vaardigheid om indruk te maken. Eric was er trots op dat hij mensen kon misleiden. Hij wist zo'n indruk op zijn reclasseringsambtenaar te maken, dat zijn straf eerder werd beëindigd. Drew kon zijn schaduwzijde ook goed verborgen houden. Er is geen aanwijzing dat zijn ouders of leerkrachten er ook maar enig idee van hadden dat hij wreed was tegenover dieren en zijn klasgenoten intimideerde.

Beide jongens waren ook narcistisch. Eric maakte dat heel duidelijk in wat hij schreef. Hoewel Drew niet zo'n schriftelijk verslag achterliet, suggereert zijn gedrag wel dat hij in zijn idee 'boven de regels' stond. Hij accepteerde geen straf op school.

Voor zover zijn aanslag werd gemotiveerd door woede op zijn leraren, is dat nog meer bewijs dat hij vond dat ze niet het recht hadden om hem te vertellen wat hij moest doen.

Eric en Drew vonden het allebei moeilijk om hun boosheid te hanteren. De ouders van Eric noemden de explosieve uitbarstingen van hun zoon. De woede van Eric blijkt ook uit zijn dagboek en de getuigenissen van zijn klasgenoten. Drews woede was duidelijk zichtbaar in zijn dreigende en intimiderende gedrag tegenover zijn leeftijdsgenoten.

Hoewel veel kinderen denken dat vuurwapens gaaf zijn, hadden Eric en Drew een ongewone fascinatie voor wapens. Drew had al op zeer jonge leeftijd een affiniteit met vuurwapens en gebruikte ze als onderwerp in schoolopdrachten. Eric was net zo gefixeerd op vuurwapens. Hij maakte tekeningen van soldaten en geweren, schreef vele opstellen voor school over wapens, maakte video's met wapens, speelde videogames vol schieten en doden, en toen hij uiteindelijk zijn eerste wapens kocht, voelde hij zich meer 'als God'. Zowel Eric als Drew was geobsedeerd door wapens. John Douglas, de beroemde opsteller van daderprofielen van de FBI, noemt zo'n obsessie 'wapenfetishisme'.[94] Voor zulke jongens betekenen wapens macht en mannelijkheid. Zonder wapen zijn ze niets, met wapen hebben ze de macht over leven en dood.

Drew en Eric leken echter niet in alles op elkaar. Het meest opvallende verschil is wellicht de leeftijd waarop zij doodden: Eric was achttien en Drew was elf. Drew was de jongste schoolschutter. Hij vertoonde sadistisch gedrag en pleegde moorden voordat hij in de puberteit kwam. Er is geen aanwijzing dat Eric zich als kind al psychopathisch gedroeg.

Het motief voor de aanslag was bij beide jongens ook verschillend. Drew was boos op mensen van school; dit leek de enige reden te zijn voor zijn behoefte om te doden. Eric rechtvaardigde zijn verlangen om minderwaardige mensen en/of de gehele mensheid te elimineren op basis van wat hij zag als zijn grootse inzicht in de toestand van de mensheid en de structuur van de samenleving. Door zijn filosofische rationalisatie deed de aanslag denken aan die van een terrorist die geweld gebruikt om de zaak waarvoor hij vecht in het openbaar kracht bij te zetten. De visie was ook verschillend: Drew dacht lokaal en Eric dacht globaal.

Hoe is het leven voor psychopathische schoolschutters? Zij vinden dat ze recht hebben op een speciale behandeling vanwege hun vermeende superioriteit. Als zij niet als zodanig worden behandeld, reageren zij woedend. Gewone frustraties brengen buitengewone reacties teweeg omdat de schutters vinden dat hun wensen moeten, en ook zullen, worden vervuld. Een belediging door een klasgenoot of een straf van een leraar is als een klap in het gezicht van een koning. Het is onacceptabel, om razend van te worden, en de dader verdient de dood.

In sommige gevallen is het narcisme een façade die een zwakke, kwetsbare identiteit verbergt. Alles wat die façade bedreigt, is als het uitkleden van een koning in het openbaar, waardoor een fragiel, haveloos wezen zichtbaar wordt. Ook dat is onacceptabel. Het glorieuze beeld moet worden gehandhaafd. Bedreigingen van het imago moeten worden geëlimineerd. Het sadistische gebruik van geweld dat de schutters de macht geeft over leven en dood, zorgt voor een extatische sensatie, omdat zij op dat moment zichzelf ervaren als het superieure wezen dat ze wensen te zijn.

Drew Golden en Eric Harris kwamen allebei uit een solide gezin zonder misbruik, alcoholisme of andere grote problemen. Het is opvallend dat de twee jongens die wellicht de meest harmonieuze gezinnen hadden van alle besproken schutters, de twee meest psychopathische schutters waren. Wat hen ook maakte tot wie zij waren, het was in ieder geval geen psychose, kindermishandeling of een andere tragedie. Datzelfde kan niet worden gezegd van de andere schutters.

PSYCHOTISCHE SCHUTTERS

[3] 'Een god van verdriet'

Een schizotypische jongen

Ondanks alle media-aandacht voor schietpartijen op scholen is daarin weinig aandacht besteed aan het onderwerp psychosen. We zullen echter gaan zien dat een groot deel van de school-schutters psychotisch is. Voordat we verdergaan, is een uitleg over psychosen op zijn plaats, omdat hierover vaak misver-standen bestaan. Leken denken al gauw dat iemand die psycho-tisch is, volledig verward is. Zij denken dan aan onverzorgde personen op straat die tegen zichzelf praten, het contact met de realiteit volledig hebben verloren en niet in staat zijn om sociaal te functioneren. Dat is een misleidend beeld. Psychoti-sche mensen kunnen wel degelijk functioneren. Het boek (en de film) *A Beautiful Mind* (in Nederland ook bekend onder de titel *Een schitterend brein*) vertelt bijvoorbeeld het verhaal van John Nash, een wiskundige die lijdt aan schizofrenie maar ook de Nobelprijs heeft gewonnen. Hij hoorde stemmen waarvan hij dacht dat ze afkomstig waren uit de ruimte. Ook wilde hij de keizer van Antarctica worden. Toch was hij briljant. Het is belangrijk om je te realiseren dat schoolschutters in staat zijn om naar school te gaan, hun huiswerk te maken en te sporten, maar toch psychotisch kunnen zijn.

Wat betekent 'psychotisch' precies?[*] De term 'psychotisch'

---

[*] Voetnoot C. de Ruiter: Collega klinisch psycholoog Johan Lezy, pub-liceerde in 2007 het boek *Psychose*, waarin hij met behulp van vele voorbeelden uit zijn praktijk de belevingswereld van de psychotische patiënt begrijpelijk maakt voor anderen. Vrij van jargon, maakt hij zo het perspectief van deze patiënten toegankelijk voor de leek. J. Lezy (2007). *Psychose*. Amsterdam: Uitgeverij Boom. ISBN 978 90 8506 4671.

verwijst in algemene zin naar 'geen contact meer hebben met de werkelijkheid'. Iemand kan echter wel in zijn algemeenheid grip op de werkelijkheid hebben, maar op specifieke gebieden ook weer niet. De twee voornaamste manieren waarop mensen psychotisch kunnen zijn, is door hallucinaties en waanideeën. Hallucinaties zijn zintuiglijke ervaringen die niet berusten op echte gebeurtenissen. Hoewel bij de meest gebruikelijke hallucinaties stemmen worden gehoord die er in het echt niet zijn, kunnen hallucinaties worden ervaren via elk van de vijf zintuigen.

Waanideeën zijn onjuiste overtuigingen. Twee soorten waandenkbeelden zijn gebruikelijk onder schoolschutters: waanideeën van grootsheid en paranoïde wanen. Diverse schutters geloofden dat ze verheven figuren waren of goddelijke wezens. Anderen waren ervan overtuigd dat mensen, goden, demonen of monsters van plan waren om hen iets aan te doen of te doden.

Psychotische symptomen zijn niet noodzakelijk constant aanwezig of ondermijnend. Een tragisch aspect van de psychotische schutters was in feite hun vermogen om hun psychotische symptomen te verdoezelen, zodat geen enkele volwassene zich bewust was van wat zij doormaakten. Door hun psychosen te verbergen kregen de schutters niet de behandeling waarmee hun gedrag wellicht ongevaarlijk was gebleven.*

Hoewel psychotische symptomen een onderdeel zijn van diverse stoornissen, hadden de psychotische schutters in dit boek ernstige stoornissen zoals schizofrenie of schizotypische

---

* Voetnoot C. de Ruiter: Langman lijkt hier te beweren dat mensen hun psychotische symptomen bewust verbergen. Dit is echter geen bewuste handeling, maar een onbewust en automatisch onderdeel van de psychose. De psychotische persoon is er immers van overtuigd dat zoals hij de wereld beleeft 'juist' is. In zijn beleving is dat 'de realiteit', ze zijn evan overtuigd dat hoe zij de wereld beleven en ervaren gelijk is aan die van anderen. Dit heet 'anosognosie', oftewel gebrek aan ziekteinzicht en ziektebesef. De meeste psychotici praten niet uitgebreid met anderen over hun wanen en hallucinaties, maar dit is niet om ze te verbergen, maar omdat deze ervaringen voor hen vanzelfsprekend zijn.

persoonlijkheidsstoornis. Soms wordt naar deze diagnosen verwezen als stoornissen uit het schizofrenie spectrum. Beide stoornissen zullen verderop uitgebreider worden besproken, maar een paar inleidende woorden zijn hier op hun plaats.

Bij schizofrenie en schizotypische persoonlijkheidsstoornis horen een reeks psychotische symptomen, van bizarre gedachten en vreemde obsessies tot hallucinaties en waanideeën. Mensen met deze stoornissen hebben meestal ook problemen om relaties aan te gaan en te onderhouden. Het kan hen ontbreken aan emotionele expressie of ze tonen hun gevoelens op een vreemde manier. Dit probleem heeft vaak een gebrek aan intimiteit of een gevoel van buitensluiting tot gevolg.

EEN RAADSELACHTIGE MOORDENAAR

Het is moeilijk om Dylan Klebold te begrijpen. Hoewel de mensen geschokt waren dat Eric Harris en Dylan de aanslag op Columbine pleegden, waren ze het meest geschokt door de deelname van Dylan. Eric was arroganter, agressief en bloeddorstig. Maar Dylan? Dylan werd vaak beschreven als rustig, pijnlijk verlegen en vredelievend. Hoe kan een pijnlijk verlegen, niet gewelddadige jongen een koelbloedige massamoordenaar worden?

Een vader van een kind dat bij de Columbineaanslag omkwam, zei over de gezinnen Harris en Klebold: 'Die ouders leerden hun kinderen om te haten.'[1] Hij nam aan dat elk kind dat zo'n aanslag uitvoert wel moet zijn opgevoed in een huis vol haat. Toch zijn er getuigenverklaringen te over dat de Klebolds een hecht, liefdevol stel waren. Net als Eric kwam Dylan uit een gezin met een goed huwelijk en was er geen huiselijk geweld of misbruik van enige aard bekend. Volgens iedereen was Dylan een verlegen, onzeker kind dat werd beschreven als 'de liefste, leukste jongen die je ooit zult ontmoeten'.[2] Ondanks Dylans verlegenheid nam hij deel aan diverse activiteiten, zoals de scouting en de jeugdhonkbaldivisie. Zijn ouders waren zulke tegenstanders van wapens dat ze Dylan, toen hij klein was, niet eens met een speelgoedpistool lieten spelen. Een klasgenoot van hem op de middelbare school zei: 'Dylan was de minst gewelddadige persoon die ik ooit heb gekend.'[3] Dus hoe moeten we Dylan dan begrijpen?

Wanneer we aan Dylan denken vanuit het perspectief van persoonlijkheid, wijzen de veelvuldige beschrijvingen van hem als een verlegen en sociaal angstige jongen op een ontwijkende persoonlijkheidsstoornis. Een ontwijkende persoonlijkheidsstoornis is eigenlijk een overdreven vorm van verlegenheid die sociaal ondermijnend is. Er is sprake van hevige gevoelens van minderwaardigheid, angst voor afwijzing en sociale angst. Mensen met deze eigenschappen vermijden intimiteit omdat ze denken dat ze toch worden afgewezen. Maar zelfs als Dylan een ontwijkende persoonlijkheid had, hoe verklaart dat dan zijn criminele gedrag?

Als je alle illegale activiteiten van Dylan beschouwt, zou je kunnen denken dat hij, net als Eric, psychopathisch was. Dylan pleegde immers dezelfde terroristische aanslag als Eric. Dylan werd met Eric gearresteerd voor het inbreken in een bestelwagen en het stelen van apparatuur. Dylan was ook betrokken bij het inbreken in het computersysteem van de school om de slotcombinaties te achterhalen van de kluisjes van leerlingen die hij niet mocht. Hiervoor en voor het beschadigen van een kluisje werd hij geschorst. Dylan stal computerapparatuur uit de school en pleegde samen met Eric vandalisme. Zoals besproken in het vorige hoofdstuk, hoort bij psychopathisch gedrag misleiding en *impression management*. Als Dylan hetzelfde deed als Eric, maar mensen meer verrast waren door Dylans betrokkenheid bij de aanslag, betekende dat dan dat hij beter was in het wekken van een bepaalde indruk – dat hij een nog misleidender psychopaat was dan Eric?

Een andere mogelijkheid is dat Dylan psychotisch was. Hij

schreef een keer: 'Wanneer ik de menselijke gedaante aanneem, en weet dat ik zal sterven, heeft alles iets banaals.'⁴ 'Wanneer ik de menselijke gedaante aanneem'; had hij niet altijd een menselijke gedaante? Wat bedoelde hij? In andere citaten noemde hij zichzelf goddelijk. Hoewel Eric graag 'Ik ben God' schreef in het Duits, was hij zich er wel degelijk van bewust dat hij geen goddelijk wezen was. Dylans citaten klinken echter alsof hij geloofde dat hij daadwerkelijk goddelijkheid had bereikt. Was dit slechts een grapje tussen de twee jonge mannen? Een manier waarop ze graag praatten? Of had Dylan waandenkbeelden?

Om Dylan te begrijpen is het dus noodzakelijk om diverse aanwijzingen te bekijken: zijn ontwijkende persoonlijkheidskenmerken, zijn psychotische symptomen en zijn psychopathische gedrag. Bovendien moeten we wijs worden uit de verschillende gezichten die hij liet zien en licht werpen op de vraag hoe een pijnlijk verlegen, vredelievende jongen zichzelf kon transformeren in een koelbloedige massamoordenaar. Hiertoe moeten we in de geest van Dylan kruipen. Dat kan het beste via zijn dagboek.

Dylans dagboek werd pas in 2006 openbaar gemaakt. Daarvóór was het niet mogelijk om een beeld van zijn gedachtewereld te krijgen. Zijn dagboek laat aspecten van Dylan zien die anders onbekend waren gebleven. Zonder toegang tot zijn aantekeningen zouden we heel veel hebben gemist van zijn persoonlijkheid, zijn strijd en wat hem bezighield. Zijn dagboek verschilt zowel qua inhoud als stijl van dat van Eric. Terwijl dat van Eric vol staat met narcistische laatdunkendheid en bloeddorstige woede, gaat dat van Dylan over eenzaamheid, depressiviteit, piekeren en preoccupatie met het vinden van liefde. Eric maakte tekeningen van wapens, swastika's en soldaten; Dylan tekende hartjes. Eric hunkerde naar seks en fantaseerde over verkrachting; Dylan verlangde naar de ware liefde.

Stilistisch zijn de dagboeken ook verschillend. Eric schrijft helder, maar Dylans manier van schrijven is vaag, dromerig, gefragmenteerd en vreemd. Uit Erics duidelijke taal spreekt zijn woede, haat, minachting, fanatisme en verlangen om de mensheid te vernietigen. Dylan schrijft warrig, ongeorganiseerd en wat hij schrijft zit vol wanordelijke zinnen en verkeerd gebruikte woorden. Erics *gedachten* zijn verontrustend; Dylans *denkproces* is verstoord. Het verschil zit 'm in *wat* Eric denkt en *hoe* Dylan denkt.

ONTWIJKENDE PERSOONLIJKHEIDSKENMERKEN

Dylan worstelde voordurend met vriendschap en vrouwelijk gezelschap. Hij was zich pijnlijk bewust van zijn sociale problemen. Op deze manier schreef hij over de routine van zijn leven: 'Ga naar school, bang en zenuwachtig, en hoop dat mensen me kunnen accepteren.'[5] Hij verlangde naar acceptatie, maar hij voelde dat hij dat nooit echt kreeg: 'Niemand accepteert me hoewel ik wel geaccepteerd wil worden (...) dat ik er raar uitzie en verlegen doe – GROOT probleem.'[6] Het is gebruikelijk dat tieners zich zorgen maken of ze wel aardig worden gevonden, maar Dylans sociale angst was extreem. Hij schreef: 'Ik zie hoe anders ik ben (dat zijn we toch allemaal, zou jij zeggen) maar toch ben ik op zo'n grote schaal anders dan iedereen.'[7] In feite geloofde hij dat als mensen wisten hoe anders hij was, ze hem in de steek zouden laten of vervolgen: 'Ik weet dat ik anders ben, maar toch ben ik bang om dat te vertellen aan de maatschappij. Dat ik mogelijk in de steek word gelaten, dat ik vervolgd word is niet iets wat ik wil meemaken.'[8]

Hij voelde zich met name hopeloos bij vrouwen. Hij zei: 'Ik weet niet waarom ik het fout doe bij mensen (voornamelijk vrouwen) – het is alsof ze eropuit zijn om mij te haten en bang te maken, ik weet nooit wat ik moet zeggen of doen.'[9] Elders schreef hij over meisjes: 'Ik weet dat ik ze nooit zal kunnen hebben.'[10]

Dylans extreme onzekerheid is met name opvallend omdat

hij niet werd buitengesloten. Hij was geliefd bij velen, zowel jongens als meisjes, en deed mee aan allerlei sociale activiteiten. Hij werkte met een groep van zijn beste vrienden in een pizzeria, ging bowlen met vrienden, maakte films met vrienden en behoorde met elf anderen tot een denkbeeldige honkbaldivisie. Zijn sociale angst was niet het gevolg van afwijzing door leeftijdsgenoten.

Dat hij bang was er niet bij te horen, was ook niet het gevolg van geplaagd of gepest worden. Nergens in zijn dagboek klaagde hij dat hij het mikpunt was van de groep sporters of anderen. Als hij schreef over sporters, bleek daaruit vooral zijn afgunst op hen: 'Ik zie dat sporters plezier hebben, vrienden, vrouwen, LEVEN.'[11] Ergens anders schreef hij: 'Ik haatte het geluk dat zij [sporters] hebben.'[12] In beide passages uit hij zijn jaloezie ten opzichte van sporters omdat ze naar zijn mening meer geluk en succes hebben in het leven – zij hebben plezier, vrienden en vrouwen. Zij leefden zoals hij dat graag zou doen. Dat is een belangrijk punt. Welke vijandschap hij ook kan hebben gevoeld richting de sporters, afgunst was in ieder geval voor een deel zijn motivatie. In zijn dagboek klaagde hij nooit over een vervelende bejegening door medescholieren. Zijn sociale problemen waren het gevolg van zijn gebrek aan vertrouwen en sociale vaardigheden en niet van afwijzing of pesterij.

Dylans eenzaamheid en gevoel van minderwaardigheid leidden tot een ernstige depressie en zelfmoordgedachten, zaken die hij herhaaldelijk bespreekt in zijn dagboek. Op één plek schreef hij: 'Ik bevind mij in een eeuwig lijden, in oneindige richtingen in oneindige realiteiten.'[13] Ergens anders zei hij: Ooooh god ik wil zooo graag dood (...) zo triest verlaten eenzaam niet te redden zoals ik me voel (...) niet eerlijk, NIET EERLIJK!!! Ik zal m'n leven eens samenvatten (...) het ellendigste bestaan in de hele geschiedenis.'[14]

Dylans pijn leidde soms tot een vorm van zelfverminking die vaak 'snijden' wordt genoemd. Hij schreef: 'Ik was meneer

Snijder vannacht – ik heb 11 inzinkers (*'depressioners'*) op mijn rechthand en mijn fav[oriete] contrasterende symbool.'[15] Voor Dylan kan het zelfbeschadigende gedrag een uiting zijn geweest van zelfhaat of -bestraffing, hetgeen kenmerken zijn van een ernstige depressie. Hij schreef: 'Mijn bestaan is shit voor mij.'[16] Niet alleen zijn eigen bestaan was 'shit', maar Dylan vond het vervelend dat hij het leven van de mensen om hem heen niet kon bijhouden. Hij schreef: 'De prestaties van anderen zijn een kwelling voor mij.'[17] Hij werd gekweld door het feit dat anderen wel bereikten wat hem niet lukte.

Hoe ga je om met overweldigende angst, depressiviteit en eenzaamheid? Als je niet kunt omgaan met wat het leven van je vraagt, is één oplossing je terug te trekken uit de realiteit naar een innerlijke wereld van piekeren met eigen betekenissen. Soms zijn mensen met een ontwijkende persoonlijkheid zo slecht in staat om te voldoen aan de eisen die opgroeien aan hen stelt, dat hun functioneren achteruitgaat. Dat lijkt te zijn gebeurd bij Dylan. De aard van zijn achteruitgang brengt ons bij een ernstiger type persoonlijkheidsstoornis.

SCHIZOTYPISCHE PERSOONLIJKHEIDSKENMERKEN

De schizotypische persoonlijkheidsstoornis kan het best worden gezien als een combinatie van extreem sociaal onvermogen met denkstoornissen. Sociaal gezien zijn schizotypische mensen zeer verlegen, angstig en niet op hun gemak. Zij kunnen interactie hebben met anderen, maar zijn heel onzeker en hebben een chronische angst voor afwijzing, vaak overgaand in paranoia. Schizotypische personen verlangen naar vriendschap en intimiteit, maar zijn niet in staat om emotioneel bevredigende relaties aan te gaan. Dat komt overeen met de ontwijkende persoonlijkheidsstoornis, maar in ernstiger vorm.

Bovendien hebben schizotypische mensen allerlei ongewone denkprocessen. Verschillende cognitieve afwijkingen komen voor, zowel in termen van het verkeerd gebruiken of verzinnen van woorden, maar ook het hebben van vreemde of gefragmenteerde denkprocessen. Ook hebben ze vaak milde psychotische symptomen, zoals het geloven in vreemde dingen of het hebben van bizarre preocupaties. Ze hebben vaak moeite om realiteit en fantasie van elkaar te onderscheiden.

Het eerste wat mij opviel in Dylans aantekeningen was zijn onjuiste taalgebruik. Dit kan onbelangrijk lijken, maar taalgebruik is een belangrijk onderdeel van de psychologische beoordeling vanwege het licht dat het werpt op iemands denkprocessen (waarbij leeftijd, opleiding en taalvaardigheden worden meegewogen). Hoewel psychosen over het algemeen te maken hebben met het verliezen van grip op de realiteit, kunnen zij ook verwijzen naar verwarrende gedachten.

Op een van de inleidende pagina's van Dylans dagboek, nog vóór de eerste echte aantekening, schreef hij het woord oneindelijkheid ('*infinency*'). Dit trok mijn aandacht omdat dat woord niet bestaat.[18] Toen ik verder las, vond ik steeds meer voorbeelden van Dylans gebruik van niet-bestaande woordvormen, zoals inzinkers ('*depressioners*'), onbestaanlijk ('*unexistable*'), kwelheden ('*tormentations*'), bestaander ('*existor*') en waarneemheden ('*perceivations*').[19]

Dylans ongewone woordgebruik is precies het soort taalgebruik dat we aantreffen bij schizotypische mensen. Zo iemand kan bijvoorbeeld zeggen: 'Ik was niet erg praatlijk vandaag op het werk.'[20] De betekenis kan dan wel duidelijk zijn, maar 'praatlijk' is geen woord. Het is niet compleet verzonnen, maar een aangepaste vorm van een bestaand woord. Dat is precies de fout die Dylan herhaaldelijk maakte.

Dylan gebruikte de taal ook verkeerd door bestaande woorden op een foute manier toe te passen. Dat gebeurde het meest met het woord '*halcyon*', wat over het algemeen wordt gebruikt als een bijvoeglijk naamwoord dat 'kalm' of 'vredig' betekent. Dylan gebruikte het woord herhaaldelijk verkeerd in vreemde zinsstructuren: 'We hebben het lot bewezen dat wij het alles zijn van zuiverheid & *halcyon*'[21] en 'alle vindingrijke *halcyons* & zuivere existenties die ik met haar heb.'[22]

Dylan gebruikte de taal nog op een derde manier verkeerd, namelijk met zijn vreemde zinsbouw. Twee overduidelijke voorbeelden laten zien hoe hij het woord 'mij', onjuist gebruikte: 'Mij is een god'[23] en 'Hoe komt het dat de zombies iets bereiken wat mij wil?'[24] Zijn gebruik van 'mij' in plaats van 'ik' is in deze zinnen heel vreemd. Het klinkt alsof hij is teruggekeerd naar zijn peutertijd.

Naast zijn verkeerde taalgebruik vertoonde Dylan andere tekenen van verstoord denken, zoals paranoia. Dylan schreef: 'Ik zweer het – alsof ik een verschoppeling ben en iedereen samenspant tegen mij.'[25] Een paar maanden later schreef hij: 'Ik werd altijd al gehaat, door alles en iedereen.'[26] Twee maanden daarna schreef hij: 'Alle mensen van wie ik zou kunnen houden, hebben me verlaten, mijn ouders zijn zeikers en haten me.'[27] Op diezelfde dag schreef hij: 'Ik word door alles genaaid en kapotgemaakt.'[28] Deze commentaren worden niet alleen door anderen tegengesproken, maar ook door Dylan zelf. In een eerdere aantekening in zijn dagboek nam hij zijn 'aardige familie' op in een lijst van goede dingen in zijn leven.[29] In zijn gepieker verloor hij zichzelf in het gevoel in de steek gelaten te zijn door iedereen, gehaat te worden door iedereen, alsof de hele wereld tegen hem was.

Een paar dagen nadat hij was opgepakt voor het inbreken in de bestelwagen schreef Dylan: 'De maatschappij krijgt steeds meer vat op mij.'[30] Aangenomen dat dit verwees naar zijn arrestatie, leek hij deze niet te zien als een natuurlijk gevolg van de wetsovertreding, maar als onderdeel van het aanhoudend achtervolgd worden door de maatschappij. Op dezelfde dag schreef hij: 'De zombies en hun samenleving klitten samen en proberen te vernietigen wat superieur is.'[31] 'Zombies' was Dylans term voor alle mensen op wie hij neerkeek, dus in feite iedereen behalve Eric en hijzelf. Hij leek te denken dat de maatschappij het op hem gemunt had.

Dylan leek er ook van overtuigd dat God hem achtervolgde. Na het klagen over het verliezen van twee dingen (die hij later weer terugvond) en 45 dollar, schreef Dylan: 'Waarom is hij zo'n verdomde HUFTER??? (God, neem ik aan, of wie het ook is die macht heeft over die shit). Hij besodemietert me gigantisch en daar word ik pisnijdig van.'[32] Dylan schreef dus zelfs kleine incidenten toe aan de kwaadwillige bedoelingen van een of ander wezen dat zijn leven beheerste.

Een andere ongewone preoccupatie van Dylan was zijn relatie met de mensheid. Hij vond dat hij zo anders was, dat hij compleet losstond van ieder ander: 'Mensen lijken op elkaar; ik ben anders.'[33] Zijn gevoel van vervreemding was zo sterk, dat hij niet alleen worstelde met het gevoel geen normale persoon te zijn, maar ook met het gevoel of hij überhaupt wel een persoon was. Hij schreef dat hij 'tot mens was' gemaakt, 'zonder de mogelijkheid om mens te ZIJN'.[34] Hij voelde zich zo'n buitenstaander, zo volslagen anders, dat hij niet kon functioneren als mens. Hij zag zichzelf als een wezen dat niet verbonden was met andere mensen.

Dylan stond ook los van de mensheid in de zin van afgesplitst zijn van zijn eigen menselijkheid. Hij schreef over zichzelf alsof er een fundamentele breuk had plaatsvonden tussen zijn menselijke natuur en zijn identiteit. Deze afscheiding van het zelf is een van de meer bizarre aspecten van zijn dagboek: 'Ik vraag me af hoe/wanneer ik zo verpest werd door mijn geest, bestaan, probleem – wanneer Dylan Bennet Klebold werd overwoekerd door deze entiteit die Dylans lichaam bevat.'[35]

Hier schreef hij over zichzelf in de derde persoon, wat duidt op een afstandelijk perspectief. Bovendien wijst het citaat op een scheiding tussen hemzelf (Dylan Bennet Klebold) en een andere entiteit die Dylans lichaam bevat. Deze vreemde gecompliceerde passage suggereert dat hij in zijn gedachten niet echt zichzelf was – wat dat ook kan betekenen. Later in die aantekening scheef hij: 'Ik mis de ware menselijke aard die Dylan wel bezat.'[36] Hij schrijft alsof hij niet Dylan is; alsof hij een bestaan had los van Dylan. Dit gevoel van een gespleten zelf – een zelf 'gescheiden' van zijn eigen menselijkheid – is bij hem een continu thema.

Toen hij zich afvroeg of hij een meisje zou bellen dat hem wel interesseerde, schreef hij: 'Haar opbellen is een menselijke toestand.'[37] Ten eerste is dit vreemd taalgebruik. Ten tweede leek hij te zeggen dat opbellen iets menselijks is, alsof hij niet menselijk was. Twee zinnen later schreef hij: 'Mijn menselijkheid heeft een voetfetisj.'[38] Nogmaals, hij schreef alsof niet Dylan de voetfetisj heeft, maar eerder zijn afgeworpen menselijkheid die geen deel uitmaakte van zijn ware identiteit. Later, in een document dat kort voor de aanslag werd gemaakt, schreef hij: 'Oké, dit is mijn testament. Dit is een verdomd menselijk iets om te doen, maar wat boeit het.'[39] Dit suggereert dat hoewel hij zichzelf niet als menselijk zag, hij wel inzag wanneer hij iets deed wat typisch menselijk was, zoals het schrijven van een testament. Iets soortgelijks schreef Dylan over het opbellen van een meisje dat hij leuk vond: 'Iets houdt me tegen haar op te bellen, mijn menselijke kant is een muur aan het bouwen om te voorkomen dat ik haar bel.'[40]

Dr. Theodore Millons beeld van schizotypische mensen beschrijft Dylans gevoel van gescheiden zijn van zichzelf: 'Het "ware" zelf van de persoonlijkheid wordt gedevalueerd en vernederd, afgescheiden, weggegooid.'[41] Dat is te zien in Dylans dagboek, waar hij zijn menselijke zelf afsplitste en devalueerde. Millon noemt dit een 'volhardende afscheiding of verstoting van het zelf.'[42] Dylan gaf absoluut blijk van het afgescheiden zijn van zijn eigen identiteit en de verstoting van zijn eigen menselijkheid. Millon schrijft ook dat schizotypische mensen schijnbaar kunnen worden 'ingesloten en gevangen door een kracht die hen tegenhoudt om te reageren op en zich in te leven in anderen.'[43] Dit was te zien in Dylans commentaar over zijn menselijkheid die hem weerhield een meisje te bellen. Dylans verwoording van dit thema lijkt opvallend veel op Millons beschrijving van schizotypische ervaringen.

Het thema van niet-menselijk zijn is ook verweven met het thema god-zijn. Dit voert ons terug naar het eerste citaat van Dylan waarin de suggestie wordt gewekt dat hij waanideeën had: 'Wanneer ik de menselijke gedaante heb.' Omdat Dylan geen succes had in de echte wereld, creëerde hij blijkbaar een wereld waarin hij soms was als een god en soms daadwerkelijk een god. Op 21 mei 1997 voelde hij zich een god: 'Ik ben GOD vergeleken met sommige van die onbestaanlijke hersenloze zombies. Toch vind ik hun acties wel interessant, zoals een jongetje dat nieuw speelgoed heeft.'[44] Hij deed alsof hij een god was die met plezier of nieuwsgierigheid op de mensheid neerkeek. Wellicht was dit zijn manier om om te gaan met de extreme ervaring dat hij geen 'normaal' persoon was. De pijn die hij voelde omdat hij een buitenstaander was – abnormaal was – verzachtte hij door zijn positie als buitenstaander tot een voordeel te maken, alsof hij superieur was aan gewone mensen. Zo stelde hij zich voor dat de mensheid zijn superieure kennis misliep: 'Laat de mensen maar lijden zonder mijn kennis van het alles.'[45]

Tegen 5 september 1997 schreef hij echter: 'Mij is een god, een god van verdriet.'[46] Op 3 november was hij een wanhopige god: 'Wat een god ben ik toch (…) Alle mensen van wie ik zou kunnen houden, hebben me verlaten.'[47] Op 2 februari 1998 verklaarde hij: 'Ik ben GOD.'[48] In de loop van de tijd verschoof zijn mening van zichzelf zien als een god, naar een assertieve verklaring dat hij daadwerkelijk God was. Dylan creëerde een plaatsvervangende versie van de realiteit waarin anderen werden beschouwd als zombies en hij een superieur wezen was.

In een van de video's zei Dylan: 'Ik weet dat we volgelingen zullen krijgen omdat we zo verdomde goddelijk zijn. We zijn nou niet bepaald menselijk – we hebben mensenlichamen maar we hebben ons ontwikkeld tot één stap boven jullie, klote mensenshit.'[49] Hoewel hij inzag dat hij een menselijke gedaante had, leek hij te geloven dat hij boven de mensheid uitgestegen was. Dylans commentaren illustreren de neiging van schizotypische mensen om zich terug te trekken uit de realiteit en een eigen fantasiewereld te creëren.

Dylans dagboek onthult andere aspecten van een schizotypische persoonlijkheid. Onderzoekers hebben ontdekt dat schizotypische mensen ongewone seksuele neigingen hebben en problemen hebben met hun seksuele aanpassing.[50] Passages in zijn dagboek laten zien dat Dylan niet in staat was om zich emotioneel of seksueel te binden aan meisjes, maar dat hij ook worstelde met zijn seksuele impulsen en voorkeuren, waaronder pornografie, een voetfetisj, en zich aangetrokken voelen tot seksuele bondage. (We zien Dylans verwarde zinsbouw in de zinsnede 'en bondage extreme voorkeur'. Het idee komt wel over, maar de woordkeuze is zeer vreemd. Dit is weer een voorbeeld van zijn verstoorde denken.)

Verder zijn schizotypische personen volgens Millon geneigd om zichzelf te beschermen tegen overweldigende emoties. Vaak 'proberen ze hun gevoelens te "doden"'[51] door een staat van gevoelloosheid op te wekken. Zo probeerde Dylan zijn lijden te verzachten door zijn emoties te 'verdoven'. In één aantekening schreef hij: 'Mijn emoties zijn weg. Zoveel oude pijn tegelijk, mijn gevoel is verdoofd. De schoonheid van verdoofd zijn.'[52] Hier zien we hoe hij emotionele betrokkenheid bij het leven ontvlucht en zijn toevlucht zoekt in verdoving.

Millon stelde ook een schizotypisch kenmerk vast dat hij 'opheffing' noemde. 'Opheffing' is een proces dat schizotypische mensen toepassen om boete te doen voor hun eigen gedrag dat hun schuldgevoelens of angst bezorgt. Dylan voelde zich duidelijk schuldig over zijn neigingen en handelingen; hij voerde innerlijk een strijd of hij deze zou uiten of onderdrukken en hij probeerde tot inkeer te komen: 'Ik doe shit om zo-genaamd mijzelf te 'reinigen' op een soort spirituele, morele manier (het wissen van wads [levels van computerspellen] van mijn computer), een tijdje niet dronken worden, probe-ren mensen niet belachelijk te maken/voor gek te zetten.'[53] Hij schreef ook: 'Het spijt me altijd, oneindig, van de porno. Mijn menselijkheid heeft een voetfetisj en bondage extreme voor-keur. Ik probeer het tegen te werken, maar dat levert soms niets op. Toch is het masturberen gestopt.'[54]

Dylan voelde zich schuldig dat hij leeftijdsgenoten voor schut zette. Hij leek zich zelfs schuldig te voelen over zijn ge-welddadige videogames. Hij dronk wel maar was daar niet blij mee. Ten slotte leek hij zich het meest te schamen voor zijn seksuele impulsen.

Door hun zwakke sociale vaardigheden, emotionele angst en ongebruikelijke denkprocessen, komen schizotypische mensen opvallend vaak vreemd over. Dat men hen vreemd vindt, kan het gevolg zijn van hun fysieke verschijning, uiter-lijke verzorging, kleding of manieren. Dylans leeftijdsgenoten hadden commentaar op zijn slechte verzorging, vieze haar, vreemde kleren en rare sociale gedrag.[55] Hoewel veel mensen zowel Eric als Dylan 'vreemd' noemden, is het interessant dat niemand Eric 'dwaas' vond. Verschillende leeftijdsgenoten en een ouder van een klasgenoot noemden Dylan wel 'dwaas'.[56] Zelfs zijn reclasseringsambtenaar beschreef hem als 'een dwaze jongen' met een 'bizar gevoel voor humor'.[57] Dylan kwam op veel mensen duidelijk wat vreemd over, wat een gebruikelijke reactie is op schizotypische persoonlijkheden.

Dylan kwam in de adolescentie met onvoldoende sociale vaardigheden en een gebrekkig zelfgevoel. Ondanks zijn in-tense verlangen naar vrouwelijk gezelschap, had hij amper af-spraakjes. Hij was te geremd, te bang. Hij was gewoon niet in staat om op een bevredigende manier sociaal te functioneren. Hij vond zichzelf zo anders, dat hij anderen niet echt dichtbij liet komen, omdat hij er zeker van was dat hij zou worden afgewezen. Hij voelde zich ellendig in zijn eenzaamheid en benijdde degenen die plezier en vrienden hadden en het leven voluit leefden, terwijl hij aan de kant zat en zich machteloos voelde.

Onder de druk van de adolescentie trok hij zich terug in zijn eigen wereld. Dit verzachtte zijn lijden echter niet. Het kan zijn vervreemding van anderen zelfs hebben verergerd, waardoor hij nog eenzamer en depressiever werd dan voorheen. Eén manier om dit tegen te gaan, was het vinden van één persoon die hem accepteerde en zich aan hem vastklampen alsof zijn leven ervan afhing.

AFHANKELIJKE PERSOONLIJKHEIDSKENMERKEN

Veel mensen beschrijven Dylan als een 'meeloper'.[58] Eén leerling zei dat als Eric aan Dylan zei om van een rots af te springen, hij dat ook deed.[59] Een ander zei dat elk idee dat Eric verkondigde even later ook door Dylan werd uitgesproken.[60] Daarnaast gebruikte Dylan het woord 'verlaten' of een variatie daarop herhaaldelijk in zijn dagboek. Het thema verlating is duidelijk belangrijk voor hem. Wat is een meeloper voor iemand? Wat voor individu wordt in beslag genomen door verlating? Iemand die bijzonder afhankelijk is van anderen.

Dylans dagboek bevat een aantekening die illustreert hoe afhankelijk hij was. De passage richt zich op zijn gevoel van verlies toen zijn beste vriend tijd ging doorbrengen met een meisje: 'Als iemand enig idee had hoe verdrietig ik ben (…) ik bedoel we waren het TEAM. Toen hij & ik vrienden waren, had ik nou eindelijk iemand gevonden die was zoals ik: die mij waardeerde & de normale interesses deelde (…) nu hij "verder gaat" voel ik me zo alleen, zonder vriend.'[61]

Deze aantekening laat zien hoe wanhopig Dylan zich vastklampte aan één persoon. Hoewel ze nog steeds vrienden waren, was Dylan verpletterd door het idee dat zijn vriend tijd doorbracht met iemand anders. Hij schreef zelfs: 'Ik zou het niet erg vinden om [het meisje] te doden'[62] omdat zij hem pijn deed. Het is alsof Dylans leven afhankelijk was van één vriend met wie hij zich had verbonden. Kan dit wanhopige verlangen naar een vriend licht werpen op Dylans aandeel in de massamoord?

Laten we eens grondiger kijken naar deze vriendschapscrisis, die plaatsvond in de zomer van 1997, de overgang van Dylan van de vierde naar de vijfde klas. De bedoelde vriend was waarschijnlijk niet Eric Harris – Erics naam staat elders in het dagboek en is niet zwart gemaakt, maar de politie had wel de naam van de vriend onleesbaar gemaakt. (Dat werd gedaan ter bescherming van onschuldigen.) Ook is er geen aanwijzing dat Eric die zomer een vriendin had. Als het niet Eric was, wie was het dan wel?

Het lijkt Dylans vriend Zach te zijn geweest, met wie hij al jaren bevriend was. De aantekening in Dylans dagboek vermeldt dat de twee jongens dronken en vernielingen aanrichtten. Deze toespeling op vandalisme wijst op de avonturen vol kattenkwaad, diefstal en vandalisme die Eric en Dylan beleefden en Zach was de enige andere persoon van wie in de politieregistratie wordt vermeld dat hij ook deelnam aan deze activiteiten.[63] Zach en Dylan dronken vaak samen[64] en Zach kreeg inderdaad een vriendinnetje en bracht behoorlijk wat tijd met haar door in de zomer van 1997.[65]

Het lijkt er dus op dat Zach en niet Eric Dylans beste vriend was tot juli 1997. Toen Dylan zich in de steek gelaten voelde omdat Zach een vriendinnetje had, verschoof hij zijn gehechtheid van Zach naar Eric. Wellicht maakte hij de band nog hechter in een wanhopige poging om een volgende verlating te voorkomen. Dit kan een verklaring zijn voor het feit dat mensen observeerden dat Dylan zich niet alleen anders ging kleden in de vijfde klas, maar ook 'donkerder' en 'vreemder' overkwam.[66] Hij ging zich identificeren met Eric.

Hoewel het dagboek van Dylan voorafgaand aan de zomer van 1997 wel zelfmoordideeën bevat, is het wellicht belangrijk dat er tot aan de herfst van dat jaar geen moordzuchtige commentaren staan vermeld.[67] Tegen die tijd kan Dylan zich hebben gehecht aan Eric en zich Erics moordzuchtige ideeën eigen hebben gemaakt. Ook ging Dylan pas na de vriendschapscrisis schrijven dat hij een god was. Misschien werd hij beïnvloed door Erics grootheidsideeën. Terwijl Eric wist dat hij geen god was, zorgde Dylans psychose ervoor dat hij gevoelig was voor het ontwikkelen van waanideeën van goddelijkheid.

Dylans vriendschap met Eric roept een belangrijke vraag op: hoe kon Dylan, wiens familie deels Joods was en die joodse feestdagen vierde, zich aansluiten bij iemand die sympathiseerde met het nazisme? Eric en Dylan brachten de nazigroet als ze een strike gooiden bij bowlen. Ze riepen dan 'Sieg Heil!' of 'Heil Hitler!'[68] Het brengen van de Hitlergroet in het openbaar is ronduit bizar voor iemand uit een gezin waarvan de moeder zich een Jodin noemt. Naar verluidt zou Dylan wel aan mensen hebben verteld dat Erics belangstelling voor het neonazisme hem dwars zat[69], maar toch volgde hij Erics voorbeeld. Dit laat zien in welke mate Dylan zijn identiteit opgaf om zoals Eric te zijn.

Wat voor iemand geeft zijn identiteit op om te worden zoals iemand anders? Millon beschrijft mensen met afhankelijke persoonlijkheidsstoornissen van wie de identiteit zo ontoereikend is, dat ze 'volledig opgaan in iemand anders en zo zichzelf in dit proces kwijtraken'.[70] Kan dit Dylans transformatie verklaren? Volgens Millon raken dergelijke afhankelijke persoonlijkheden 'zo versmolten en vervlochten dat ze soms totaal anders kunnen handelen dan wat karakteristiek was voor hen'.[71] Dit is zeker een beschrijving van Dylans verandering: eerst berouw hebben dat hij medeleerlingen voor de gek houdt en hen dan in koelen bloede vermoorden. Het kan ook verklaren hoe iemand uit een gedeeltelijk Joodse familie in het openbaar de nazigroet kan brengen. Zijn eigen persoonlijkheid was ir-relevant. Het enige wat ertoe deed was het handhaven van zijn band met Eric.

In aanwezigheid van Eric veranderde Dylans gedrag op meerdere manieren. Terwijl in Erics dagboek swastika's en verwijzingen naar nazi's staan, zijn die niet terug te vinden in Dylans schrijfsets. Zodra Eric erbij was, gaf Dylan echter de na-zigroet. Erics dagboek bevat racistische en etnische kritiek; dat van Dylan niet. Op school zei Dylan echter discriminerende dingen als Eric erbij was. Eric schreef homofobe opmerkingen; Dylan niet. In Erics jaarboek schreef Dylan echter wel over hoe ze 'flikkers' belachelijk maakten. Eric vermeldde de politie als de mensen die hij het meest haatte en hij schreef over het do-den van agenten. In Dylans dagboek staat niets over vijandig-heid tegenover de politie, maar in Erics jaarboek noemt hij een paar keer het ombrengen van politieagenten. Op Erics website stonden spottende en neerbuigende opmerkingen over me-descholieren. Dylan maakte geen mensen belachelijk in zijn dagboek; hij schreef juist dat hij zich schuldig voelde omdat hij anderen voor gek had gezet. In Erics jaarboek schreef hij echter spottende opmerkingen over medescholieren en vermeldde hij vrolijk de manier waarop ze derdeklassers hadden lastig-gevallen. In gezelschap van Eric vertoonde Dylan steeds weer gedrag dat strijdig was met zijn ware zelf.

Hoe werden Eric en Dylan eigenlijk een team? Waarom vormde Eric geen team met een andere jongen die ook strijd-lustig en agressief was, maar wel met de verlegen, stille Dylan Klebold? Het idee dat 'tegenpolen elkaar aantrekken' kan gel-den voor huwelijken maar ook voor vriendschappen. Eric was narcistisch; Dylan was onzeker en afhankelijk. Eric kon de rol van leider spelen, wat paste bij zijn egotisme. Eric vergeleek zichzelf met Zeus door te zeggen dat hij en Zeus 'graag lei-ders zijn'.[72] Elders schreef Eric over 'een sterke leider' willen zijn en het belang van leiderschap voor iemand met militaire aspiraties.[73] Dylan, die worstelde met de sociale kant van de adolescentie, ging zichzelf hechten aan een sterke figuur. Voor iemand zonder enig eigengevoel, moet dat een verlossing hebben geleken.

Met het risico iets te simplistisch te zijn: Eric had te veel ego om in de maatschappij te functioneren en Dylan had te weinig ego om in de maatschappij te functioneren. Eric zat vol woede omdat de wereld niet goed genoeg was voor hem; zijn behoeften werden niet bevredigd. Dylan zat vol woede omdat hij niet goed genoeg was voor de wereld; hij voldeed niet. Erics dagboek staat vol met moordzuchtige gedachten, met weinig verwijzingen naar zelfmoord. Dylans dagboek staat vol met suïcidale gedachten, maar er zijn slechts weinig verwijzingen naar moord. Erics woede was gericht op minderwaardige anderen; Dylans woede was gericht op zijn minderwaardige zelf.

Hoewel Dylan meedeed aan de moordpartij, vertelden diverse getuigen dat hij een ondergeschikte rol had tijdens de aanslag. Eén leerling zei dat Eric aan Dylan vertelde waar hij moest schieten.[74] Een andere scholier merkte op dat Eric Dylan niet alleen commandeerde, maar dat Dylan ook probeerde om 'indruk te maken' op Eric.[75] Deze observaties ondersteunen het idee dat Dylan in wezen uitvoerde wat Eric wenste.

Ondanks zijn kennelijke verlangen om indruk te maken op Eric tijdens de aanslag, vonden er enkele fascinerende gebeurtenissen plaats. Toen de twee jongens bijvoorbeeld de schoolbibliotheek binnenliepen, hoorde een meisje een van hen zeggen: 'Doe je nog mee? We gaan het nog steeds doen, toch?'[76] Dit was bijna zeker Eric die tegen Dylan sprak. Dat suggereert dat Dylan mogelijk zijn bedenkingen had over het doorzetten van de aanslag, of dat Eric bezorgd was dat Dylan wellicht van gedachten zou veranderen.

Hoewel ze de bibliotheek verlieten zonder daar iemand neer te schieten, kende Eric voor niemand genade. Dylan wel. Hij beledigde een jongen, Evan, maar toen Evan zei dat hij nog nooit een probleem had gehad met Dylan of Eric, besloot Dylan hem te laten leven.[77] Bij een andere ontmoeting in de bibliotheek kwam Dylan een bekende tegen, ene John. John vroeg of Dylan hem ging doden. Dylan zei: 'Nee man. Rennen. Maak dat je weg komt.'[78] Een meisje dacht zelfs dat Eric en Dylan ruzie maakten over het feit dat Dylan had besloten om John te laten gaan.[79] In de bibliotheek zag Dylan ook een jongen genaamd Aaron op de grond liggen; hij hield een geweer tegen Aarons hoofd en zei hem op te staan. Aaron negeerde Dylans opdracht. In plaats van hem neer te schieten liet Dylan hem echter met rust en ging weg.[80] In een ander deel van het gebouw kwam Dylan Timothy tegen, een jongen van de virtuele honkbaldivisie waar Dylan ook aan meedeed. De twee waren vrienden; Dylan was het jaar daarvoor op het verjaardagsfeest van Timothy geweest; twee dagen voor de aanslag hadden ze telefonisch contact met elkaar gehad. Zonder een woord te zeggen trok Dylan zich terug en ging hij ergens anders naartoe.[81]

Ondanks dat Dylan zijn best deed om indruk te maken op Eric tijdens de aanslag, besloot hij de levens van minstens vier mensen te sparen. Dat wijst erop dat iets van Dylans voormalige zelf nog steeds actief was, zelfs aan het einde van zijn leven. Maar als een deel van zijn ware zelf nog steeds intact was, hoe kon hij dan toch meedoen met de moordpartij?

Dylan kan zich dan wel hebben gedragen als een psychopaat, maar hij was eigenlijk een pseudopsychopaat. Millon verzon de term 'karakterloze psychopaat' om iemand als Dylan te beschrijven. 'Karakterloze psychopaat' klinkt als een tegenstelling en in zekere zin is het dat ook. Zo iemand is niet van nature narcistisch, antisociaal of sadistisch. Hij is eerder zwak, onzeker en gebrekkig. In feite voelt hij zich zo minderwaardig, dat hij zijn identiteit niet langer kan verdragen. Hij ontwikkelt psychopathisch gedrag in een poging zijn onzekerheid te overwinnen of te compenseren. De vriendschap met Eric gaf Dylan een manier om om te gaan met zijn onzekerheid, zodat hij een sterk extern imago kon creëren. De timide jongen die niet de moed had een meisje mee uit te vragen, werd een intimiderende massamoordenaar.

Dylans dagboek toont aan dat hij soms spijt had van zijn gedrag. Schuld, berouw en schaamte zijn geen emoties die psychopaten ervaren. Hij schreef over zijn pogingen om zichzelf te 'reinigen' op een 'morele' of 'spirituele' manier. 'Morele waarden' komen niet voor in het vocabulaire van een psychopaat. 'Spiritualiteit' evenmin. Dat zijn concepten die Eric afwees, evenals alle andere waarden en de beschaving als geheel. Hij huldigde alleen dierlijke instincten en natuurlijke selectie.

Eric en Dylan verschilden ook in hun gedrag tegenover hun leeftijdsgenoten. Eric genoot niet alleen van zijn spottende minachting en hatelijke onverdraagzaamheid, maar hij beschreef met plezier hoe hij iemand zou willen verminken en uiteenrijten. Dylan voelde zich schuldig over het belachelijk maken van anderen; Eric fantaseerde hoe hij ze in stukken kon scheuren. Als een karakterloze psychopaat vertoonde Dylan wel psychopathisch gedrag, maar de kern van zijn persoonlijkheid was niet psychopathisch.

DYLANS REDENEN VOOR ZELFMOORD EN MOORD

Welke redenen gaf Dylan voor het uitvoeren van de aanslag? Voor een buitenstaander was het onbegrijpelijk. Hij had de middelbare school overleefd en zou over vier weken zijn diploma krijgen. Dylan was toegelaten tot de universiteit van zijn keuze, had met zijn familie zijn toekomstige studentenflat bezocht en stond op het punt om verder te gaan met zijn leven. Het deed er niet meer toe hoe moeilijk het op de middelbare school was geweest; dat was in wezen voorbij. Hij had het achter zich kunnen laten, maar dat deed hij niet.

In plaats daarvan vergooide hij zijn eigen leven. Hij was van plan honderden onschuldige mensen te vermoorden, onder wie honderden die hij niet eens kende. Hij riskeerde iedereen te vermoorden die hij als zijn vrienden beschouwde. Hij wist dat hij zijn familie zou choqueren. Hij had nog maar een paar weken te gaan; hij had een of andere streek kunnen uithalen met de kinderen die hem pestten. Hij had hun huis kunnen vernielen of alleen diegenen kunnen aanvallen die hem het meest hadden lastiggevallen. Of hij had gewoon kunnen afwachten.

Zijn er in zijn aantekeningen aanwijzingen te vinden voor zijn motieven? In tegenstelling tot Eric uit Dylan in zijn dagboek meer suïcidale gedachten dan moorddadige ideeën. Eén reden voor Dylans zelfmoordgedachten was zijn algehele misère. Een andere reden wordt vermeld nadat hij was gearresteerd: 'Ik ben gepakt voor de misdaden die ik heb gepleegd & ik wil naar een nieuw bestaan. Je weet wel wat ik bedoel (zelfmoord). Ik heb niets om voor te leven & ik ben niet in staat om in deze wereld te overleven na deze rechterlijke veroordeling.'[82] Hij legt echter niet uit waarom hij niet in staat zou zijn om na zijn veroordeling verder te leven.

Dylan maakte ook opmerkingen over zijn dood, verweven met zijn gedachten over de aanslag. Drie dagboekaantekeningen gaan over een moorddadige aanslag. In de eerste verwees Dylan naar een moordpartij 'tegen iedereen die ik wil'.[83] Dit geeft geen aanwijzingen ten aanzien van motief of bedoelde slachtoffers. Op 2 februari 1998 schreef hij: 'De maatschappij krijgt steeds meer vat op mij en binnenkort zal ik ... barsten. We zullen onze wraak hebben op de samenleving en dan vrij zijn, om te leven op een tijdloze ruimteloze plek van puur geluk.'[84] Zoals eerder opgemerkt, werd deze aantekening geschreven drie dagen nadat hij en Eric waren gearresteerd voor het inbreken in de bestelwagen. Dus 'de maatschappij krijgt steeds meer vat op mij' verwijst waarschijnlijk naar de arrestatie en het onder ogen moeten zien van de consequenties van het misdrijf, hoewel de passage ietwat paranoïde lijkt. De verwijzing naar 'wraak op de samenleving' lijkt een reactie te zijn op deze gebeurtenis; er is geen aanwijzing dat het iets te maken had met school.

Wat in deze aantekening het meeste opvalt, is echter Dylans gedachte dat de wraak hem zal bevrijden 'om te leven op een tijdloze ruimteloze plek van puur geluk'. Hier zien we het raakpunt van zijn fantasiewereld met de realiteit van de moordzuchtige aanslag. De plek van puur geluk zou de hemel kunnen zijn, maar zowel Eric als Dylan verwierp religie als een steun voor mensen die niet met het leven kunnen omgaan.[85] De betekenis van deze passage blijft dus onduidelijk.

Op een later tijdstip schreef Dylan: 'Ik zit vast in het menselijk bestaan. Misschien is "NBK" doen (…) met Eric de manier om eruit te ontsnappen.'[86] Weer beschouwde Dylan het doen van NBK met een of andere transformatie in zijn bestaan: losraken van zijn 'menselijkheid', vermoedelijk door zijn dood. In een andere aantekening kort voor de aanslag schreef Dylan: 'Tijd om te sterven, tijd om vrij te zijn, tijd om lief te hebben.'[87] Dylan verbond hier weer de dood met vrijheid, maar ook met liefde. Op basis van de aantekeningen in zijn dagboek was Dylans beweegreden voor de aanslag dus tweeledig: om de 'samenleving' terug te pakken en om zich te bevrijden en te leven in een bestaan van puur geluk.

Welke aanwijzingen over zijn motief hebben we nog uit andere bronnen naast het dagboek? In Erics jaarboek van de vijfde klas schreef Dylan: 'NBK!! Vijanden doden, dingen opblazen, politieagenten doden.'[88] De onderstreping van 'politieagenten doden' suggereert dat dit speciaal belangrijk was. Het feit dat Dylan in zijn dagboek niet vijandig was tegenover de politie maar woedend was op de politie in zijn communicatie met Eric, duidt erop dat hij Eric imiteerde in zijn haat tegen de politie.

In de video's die de twee jongens maakten, klaagde Dylan over de 'verwaande' kinderen die hem haatten; hij vond dat hij al sinds het kinderdagverblijf slecht werd behandeld. Twee meisjes noemde hij 'verwaande kleine sletten'. Hij klaagde dat hij gepest werd door zijn oudere broer en diens vrienden. Hij zei ook dat hij werd gekleineerd door alle leden van zijn familie, met uitzondering van zijn ouders.[89] Als reden voor de aanslag noemt Dylan nooit apart de sporters of de pestkoppen. Zijn vijandschap was gericht tegen zijn familie, snobs, sletten en politieagenten.

Samengevat blijft Dylans motief voor de aanslag complex en vaag: wraak nemen op de politie (hoewel dit meer een punt van Eric lijkt te zijn geweest dan van Dylan); woede omdat hij zich sinds het kinderdagverblijf slecht behandeld voelde door andere kinderen; boosheid omdat hij slecht behandeld werd door familieleden; de wens om zich te bevrijden van zijn menselijkheid; het verlangen om gelukkig te zijn in een ruimteloze, tijdloze plek; de vermenging van dood en liefde. Wat was precies de reden voor de aanslag? Wat hoopte hij te bereiken? Misschien wist hij het zelf ook niet.

Misschien waren de krachten die hem aanzetten om mee te doen met de aanslag niet rationeel maar irrationeel. Dylan worstelde al jaren met gevoelens van angst, spanning en verschrikkelijke frustratie. De achteruitgang van zijn geestelijke gezondheid, in combinatie met zijn aanhoudende frustratie en depressiviteit omdat hij niet in staat was een normaal leven te leiden, kunnen de krachten zijn geweest die hem hebben aangezet tot geweld. Misschien heeft hij nooit een duidelijke reden voor de aanslag geuit, omdat hij zich daar zelf ook niet bewust van was. Misschien was de voornaamste reden voor zijn deelname wel zijn overgave aan Eric, waarbij hij zijn eigen persoonlijkheid verdrong door een identificatie met iemand anders.

DYLAN EN CHARLES MANSON

Op 3 november 1998 leverde Dylan een werkstuk in getiteld 'De geest en motieven van Charles Manson'.[90] Waarom schreef Dylan over Manson? Als hij een gruwelijk onderwerp wilde, had hij ook een andere serie- of massamoordenaar kunnen kiezen. Manson was echter apart; hij transformeerde anderen in moordenaars. In zijn werkstuk schreef Dylan hoe Manson mensen met een 'normale' achtergrond vond en hen opleidde tot koelbloedige moordenaars. Zag hij een verband tussen Mansons getransformeerde 'familie' en het veranderingsproces dat hij zelf onderging als gevolg van zijn vriendschap met Eric? Was hij zich bewust van die overeenkomst? Zag hij dat Eric de rol van Manson speelde door de verlegen Dylan Klebold te veranderen in een koelbloedige moordenaar?

Hoewel zijn werkstuk soms wordt gezien als een eenvoudig feitenrelaas over Manson en zijn volgelingen, bevat het diverse onthullende en suggestieve passages. Dylan begon zijn verslag met de twee moordenaars uit de film *Natural Born Killers*. Hij beweerde dat de moordenaars 'de weg kwijt raakten in hun eigen kleine wereld'.[91] Dat kon ook van toepassing zijn op twee andere moordenaars: Eric en Dylan, die hun aanslag 'NBK' noemden naar de beginletters van de titel van de film. Besefte Dylan dat hij zichzelf aan het kwijtraken was in een fantasiewereld?

Dylan schreef dat Manson zijn volgelingen trainde om 'te proberen precies zoals hij te zijn', waaraan hij toevoegde dat ze 'Mansons realiteit tot leven begonnen te brengen'.[92] Hij citeerde een voormalige volgeling die zei dat Manson 'mensen dingen voor hem kon laten doen, zonder dat ze zijn motieven in twijfel trokken'.[93] Robyn, een van Dylans beste vrienden, zei dat Eric Dylan kon overhalen om dingen te doen.[94] Bovendien lijkt Dylan de realiteit van Eric te hebben overgenomen en volgde hij hem zonder aan zijn motieven te twijfelen.

Waar hij schreef over mensen die zich aansloten bij de familie van Manson, zei Dylan dat het 'een manier was om van de norm af te wijken en tegengesteld te leven aan datgene waarmee men was grootgebracht'.[95] Dit was precies wat Dylan deed door Eric te volgen. Mevrouw Klebold verklaarde inderdaad dat Dylan niet moordde omdat hij zo was opgevoed, maar juist in tegenspraak met hoe hij was grootgebracht.[96]

Dylan erkende dat Manson 'krankzinnig' werd genoemd. Hij was echter van mening dat 'de vraag of iemand wel of niet krankzinnig is een kwestie van opvatting is; een "echt" juist antwoord is niet mogelijk'.[97] Dylan verdedigde Manson, en mogelijk zichzelf, door te beweren dat krankzinnigheid een zaak is waar je verschillend over kunt denken. Ook schreef Dylan dat Manson en zijn familie nog steeds 'hun daden logisch kunnen verklaren'.[98] Dylan, die op dat moment met Eric al bezig was om NBK te beramen, wilde blijkbaar geloven dat het vermoorden van onschuldige mensen logisch kon worden verklaard.

Volgens Dylan verkondigde Manson dat 'de dood niet slecht was, maar een ander hoogtepunt'.[99] Bij het lezen van het boek *Helter Skelter* (het stond vermeld in de literatuurlijst) zal Dylan andere opmerkingen van Manson over de dood hebben gezien. Manson vertelde zijn volgelingen dat 'de dood slechts een illusie' is, waarmee hij zei dat het een bevrijding van de ziel was.[100] Manson zei ook: 'De dood is mooi.'[101] Deze passages kunnen verklaren waarom Dylan het had over de dood en gelukkig worden.

Wat was het verband tussen dood, geluk en liefde? Misschien vinden we de meest intrigerende zin in Dylans werkstuk binnen de context van de beschrijving van Mansons leven met zijn zogenaamde familie: '"We maakten vaak muziek, we namen vaak drugs, we hielden van elkaar, we waren gelukkig," antwoordt Manson als hem later wordt gevraagd naar het leven op de ranch. De familie deed deze dingen en nog veel meer. Ze verloren hun menselijkheid op de ranch.'[102]

Deze laatste zin is soms geïnterpreteerd als aanwijzing dat Dylan inzag dat wat Manson en zijn volgelingen deden 'onmenselijk' was. Er is echter een andere mogelijke verklaring, gebaseerd op Dylans veelvuldige gebruik van het woord 'menselijkheid' in zijn dagboek.

Dylan noemde zijn menselijkheid een belemmering. Zijn menselijkheid hield hem tegen een meisje te bellen dat hij leuk vond. Zijn menselijkheid had een voetfetisj. Zijn menselijke kant hield verband met de 'zombies' op wie hij neerkeek: alle normale mensen met hun normale leven. Voor Dylan had 'menselijkheid' dus een specifieke betekenis. Bovendien schreef hij niet dat Mansons volgelingen hun menselijkheid verloren door de moorden te plegen. Zij verloren hun menselijkheid eerder te midden van geluk en liefde. Dylan lijkt te zeggen dat Manson en zijn familie hun menselijkheid verloren door tot een hogere sfeer van bestaan te transcenderen, een sfeer van pure liefde en geluk. Misschien schreef hij daarom: 'Ik zit vast in menselijkheid. Misschien is "NBK" doen (...) met Eric de manier om te ontsnappen.' In Dylans gedachten waren moord, dood, vrij zijn van menselijkheid, liefde en geluk met elkaar vervlochten. Het lijkt erop dat zijn denken werd beïnvloed door Mansons ideeën over de schoonheid van de dood.

Los van zijn werkstuk over Manson lijkt Dylan met zijn gedrag met opzet in de voetsporen van Manson en zijn familie te zijn getreden. Naast Erics en Dylans bekende bijnamen (VoDkA en Reb) hadden de jongens andere bijnamen die ze blijkbaar alleen onder elkaar gebruikten. Dylan was 'Groen' en Eric was 'Indigo'.[103] In de jaren zeventig van de vorige eeuw richtte Manson de Orde van de Regenboog op en gaf hij zijn belangrijkste volgelingen bijnamen: Squeaky Fromme was Rood, Sandra Good was Blauw, Susan Atkins was Paars, Leslie Van Houten was Groen, Patricia Krenwinkle was Geel en Nancy Pitman was Goud.[104] Het lijkt erop dat Eric en Dylan de Orde van de Regenboog nadeden.

Diverse vormen van het woord 'varken' ('*pig*') waren favoriete termen van Manson en zijn familie. Op één plaats waar ze moorden pleegden schreven de volgelingen 'Politiek Varkentje'. Op een andere schreven ze het woord 'Varken'. Op een derde 'Dood aan Varkens'. Elke keer waren de woorden geschreven met het bloed van een slachtoffer. Op dezelfde pagina van Erics jaarboek waar Dylan met Groen ondertekende en hij Eric met Indigo aanschreef, schreef hij dat hij uitkeek naar het doden van de 'varkens' en een 'biggetje'.[105] Dylan gebruikte ook het woord 'varkentjes' in een kort verhaal over een massamoord op scholieren dat hij enkele weken voor de aanslag schreef voor een schoolopdracht.[106] Dat Dylan met een spuitbus verf 'Dood aan Varkens' spoot op een pandjeshuis, is de meest duidelijke imitatie van Mansons volgelingen.[107]

Tot slot hadden Manson en zijn volgelingen het herhaalde-lijk over een naderende 'dag des oordeels', die blijkbaar een dag van massamoord zou worden.[108] Op de ochtend van 20 april 1999 maakte Eric een filmopname van Dylan die zegt: 'Hoi mam, ik moet ervandoor. Het is ongeveer een halfuur voor de dag des oordeels.'[109] Misschien trad Dylan wederom in de voetsporen van Manson en zijn familie?[110]

Dylan deed niet alleen afstand van zijn identiteit om een pseudopsychopaat te worden onder invloed van Eric Harris; hij werd ook gevormd door wat hij las over Manson. Dylans opmerkingen in zijn dagboek over de dood kunnen in een nieuw licht worden geplaatst wanneer we ze naast zijn werkstuk over Manson leggen. Dat hij terminologie gebruikte die hij overnam van Mansons familie, wijst erop dat hij hen als voorbeeld gebruikte.

EEN SCHIZOTYPISCHE SCHUTTER

Dylan belandde in de adolescentie met ontwijkende en afhankelijke persoonlijkheidskenmerken. Onder de druk die hij als tiener ervoer, verergerden zijn persoonlijkheidsproblemen. Welke druk was hiervan de oorzaak? Het waren dezelfde zaken waar elke puber mee te maken krijgt, maar Dylan was helaas niet in staat om de normale uitdagingen aan te gaan. Hoewel hij activiteiten ondernam met vrienden, waren zijn relaties oppervlakkig; hij vond hierin geen emotionele steun. Hij was soms wanhopig verliefd, maar voelde zich niet in staat actie te ondernemen richting de meisjes die hij leuk vond en was ervan overtuigd dat niemand hem ooit zou liefhebben. Hij had geen richting in het leven en vond geen betekenis in wat hij deed, ondanks dat hij de middelbare school bijna had afgerond en was aangenomen op de universiteit van zijn keuze. Hij werd gearresteerd en zag zichzelf als een crimineel; hij schreef dat hij zichzelf wilde ombrengen als hij eraan dacht dat hij voor de rechter moest verschijnen. Hij was wanhopig, depressief en zat vol frustratie en woede. Hij was al lange tijd suïcidaal en werd uiteindelijk ook moordzuchtig. In reactie op zijn angst en ellende volgde de ontwikkeling van Dylan twee paden. Innerlijk trok hij zich terug in een schizotypische wereld van vreemde ideeën, rare obsessies en fantasieën van goddelijkheid. Uiterlijk versmolt zijn identiteit met die van Eric en werd hij een karakterloze psychopaat.

Ondanks de complexiteit van zijn persoonlijkheid behoort Dylan tot de psychotische categorie. Zijn verkeerde taalgebruik, paranoia, gefragmenteerde identiteit, vervreemding van menselijkheid en gedachten van goddelijkheid wijzen allemaal op het gestoorde denken van een schizotypische persoonlijkheid. Zijn schizotypische kenmerken alleen waren echter onvoldoende om van hem een moordenaar te maken. Zijn wanhopige afhankelijkheid leidde tot een identificatie met Eric Harris. Als gevolg van die identificatie nam Dylan de rol van een karakterloze psychopaat op zich als compensatie voor zijn minderwaardigheidsgevoel.

Daarom was Dylan zo'n raadsel. Het lijkt of hij drie verschillende levens had. Met Eric was Dylan de karakterloze psychopaat die stoer deed, vernielingen aanrichtte en andere misdrijven pleegde en een moordaanslag beraamde. Wanneer hij alleen was, als hij in zijn dagboek schreef, was hij een schizotypische persoon: verloren in fantasieën, verward, eenzaam, vertwijfeld, zichzelf verachtend en toch zichzelf verheffend tot godheid. Bij zijn ouders en anderen leek hij vaak een typische middelbare scholier – misschien een beetje anders of 'dwaas', maar hij deed de dingen die normale jongeren doen. Hij kwam onder de mensen, ging bowlen, ging naar school en had een paar parttimebaantjes; allemaal normale activiteiten voor een tiener. Blijkbaar had niemand ook maar enig idee van zijn hele innerlijke wereld.

Kort voor de aanslag ging Dylan met zijn familie naar zijn toekomstige studentenkamer op de campus van de universiteit; hij leek blij, hoopvol en enthousiast om verder te gaan met zijn leven. Drie dagen voor de aanslag ging hij naar het schoolgala met zijn beste vriendin, een slim, aantrekkelijk meisje dat hem had gevraagd om met haar mee te gaan; hij sprak met anderen en leek het naar zijn zin te hebben. Hij had het er zelfs over om na de diploma-uitreiking contact te houden. Niemand wist dat hij erover fantaseerde een goddelijke figuur te zijn. Niemand wist dat hij suïcidaal was. Niemand wist dat hij moordzuchtig was. Niemand kende Dylan echt.

Dat Dylan niet in staat was zijn lijden en zijn psychotische symptomen bespreekbaar te maken, is een van de meest trieste aspecten van Columbine. Als hij maar openhartig was geweest over wat er in hem gebeurde, zou hij hulp gekregen kunnen hebben. Helaas was hij niet de enige psychotische schutter die niet in staat was om te communiceren over zijn oplopende psychische spanningen.

[4] 'Niets hiervan is echt'
Vier jongeren met schizofrenie

Schizofrenie is een ernstige psychotische stoornis die wordt gekenmerkt door een cluster van symptomen, waaronder hallucinaties en waandenkbeelden. Bovendien hebben schizofrene mensen vaak verstoorde gedachten. Dit betekent dat de overgang van de ene naar de andere gedachte eigenaardig verloopt, of dat hun gedachten zo verward zijn, dat ze onsamenhangend worden. Hun vermogen om met andere mensen om te gaan, is vaak ernstig verstoord. Ze hebben zwakke sociale vaardigheden en kunnen moeilijk emoties ervaren en uiten.

Schizofrenie leidt tot meer beperkingen dan een schizotypische persoonlijkheidsstoornis. Schizotypische personen kunnen milde psychotische symptomen hebben, zoals vreemde gedachten en merkwaardige obsessies; bij schizofrene mensen gaat het echter vaak om levendige hallucinaties en/of overheersende waanideeën. Dylan Klebold voelde bijvoorbeeld dat iedereen hem haatte. Dit was een milde vorm van paranoia. Michael Carneal was ervan overtuigd dat er onder zijn huis een man met een kettingzaag woonde die zijn benen eraf wilde zagen. Dat is een ernstige vorm van een paranoïde waanidee.

Bij personen met schizofrenie is het sociaal functioneren ook meer aangetast dan bij schizotypische personen. Terwijl schizotypische mensen minder in staat zijn hun emoties te uiten en betekenisvolle relaties aan te gaan, kunnen schizofrene mensen daadwerkelijk het vermogen verliezen om emoties tot uiting te brengen. In extreme gevallen spreken ze helemaal niet en reageren ze niet op mensen in hun omgeving. De meeste schizofrene schutters waren echter niet in die mate beperkt.

Tot slot moet worden benadrukt dat de meeste schizofrene mensen geen moord plegen. Zij die dat wel doen, maken maar een zeer klein deel uit van de schizofrene populatie. In feite zijn personen met schizofrenie niet gewelddadiger dan de rest van de bevolking.*

Net als Drew Golden, Eric Harris en Dylan Klebold kwamen alle vier de schizofrene schutters uit gezinnen waarin, voor zover bekend, geen sprake was van mishandeling, verwaarlozing, aan alcohol verslaafde ouders of criminele ouders. Vanaf de buitenkant gezien, waren er in ieder geval geen grote problemen.

'IK DENK DAT IK EEN BUITENAARDS WEZEN BEN'

Michael Carneal had het niet gemakkelijk, maar ogenschijnlijk was daar geen reden voor. Hij was een pientere jongen uit een liefdevol gezin in de kleine plaats West Paducah in de staat Kentucky. Zijn vader was een gerespecteerd advocaat en zijn moeder een toegewijde huisvrouw. Beide ouders waren oprecht, ruimhartig en actief betrokken bij hun gezin en hun gemeenschap. De zus van Michael deed het zowel op school als sociaal gezien zeer goed. Michael paste echter niet in dit gezin.

Toen Michael ongeveer veertien jaar oud was, schreef hij een stuk met de titel 'Het geheim'. Daarin stond: 'Ik ben gaan geloven dat er in ons gezin een geheim is dat mijn ouders en zus wel kennen (…) Ik word altijd overal buiten gehouden (…) Ik hoorde mijn ouders zeggen "of ze het me zouden vertellen of niet". Ik weet nog steeds niet waar ze het over hadden. Ik denk

---

* Voetnoot C. de Ruiter: Deze bewering van Langman is niet volledig juist. Er zijn inmiddels diverse onderzoeken verschenen waaruit blijkt dat vooral de positieve symptomen van schizofrenie (wanen en hallucinaties) een zwak maar wel statistisch significant verband hebben met gewelddadig gedrag. Zie o.a. Douglas, K.S., Guy, L.S., & Hart, S.D. (2009). Psychosis as a risk factor for violence to others: A meta-analysis. *Psychological Bulletin*, 135, 679-706. doi: 10.1037/a0016311.

dat ik een buitenaards wezen ben maar ik weet het niet zeker.'[1]

Eén bron noemde dit een kort verhaal dat hij schreef voor school, maar twee andere bronnen noemden het een 'aantekening'.[2] Het kan een verhaal zijn geweest waarin Michael op metaforische wijze tot uitdrukking bracht hoezeer hij zich een buitenbeentje voelde in zijn gezin. Ook kan het een verwoording zijn geweest van hoe Michael de grip op de realiteit aan het verliezen was. Misschien dacht hij echt dat hij een buitenaards wezen was. Als dat zo was, dan was hij niet de enige schoolschutter die dat dacht.

Michael was niet alleen thuis een buitenbeentje, maar ook onder zijn leeftijdsgenoten, hoewel hij heel erg zijn best deed om erbij te horen. Hij speelde saxofoon in het schoolorkest, maar stond wel aan de rand van de groep. Hij probeerde zich aan te sluiten bij de gothics of 'freaks' door zich antisociaal te gedragen. Hij stal geld van zijn vader en gaf het aan de gothics op school. Hij stal een faxmachine en andere dingen die hij dan mee naar school nam om de gothics te imponeren en hun vriendschap te kopen. Hij bracht ook zijn eigen cd's mee die hij zogenaamd gestolen had. Hoewel de gothics hem tolereerden, accepteerden ze hem niet echt.

Michael deed ook rare dingen, zoals het drinken van correctievloeistof en slasaus en het gooien van stinkbommetjes. Hij kwam zelfs naar school met de plastic mat van het spel Twister als cape. Sommige medescholieren lachten om zijn fratsen maar anderen vonden hem zielig. Het is niet duidelijk of Michael wist dat hij eigenaardig was; misschien dacht hij dat hij cool deed. In werkelijkheid leken de anderen echter te denken dat hij een malloot was.

Michael was echter geen eenling. Hij had een tijdje een vriendin en had ook meerdere vrienden. Hij kwam bij hen thuis, bleef er slapen en werd gevraagd om mee te gaan met familie-uitstapjes. Ondanks zijn sociale problemen had hij dus wel enig succes bij zijn leeftijdsgenoten.

De berichten over pesterijen lopen uiteen. Michael voelde zich slachtoffer. Hij meldde dat hij vanwege zijn kleding en bril werd gepest maar ook werd bedreigd en zelfs bespuugd. Misschien was het ergste voorval wel, dat in een roddelrubriek in de schoolkrant gesuggereerd werd dat Michael homoseksueel was. Als gevolg daarvan werd hij op school 'homo' en 'flikker' genoemd. Hij probeerde te doen of dat hem niets deed, maar hij was zo van streek dat hij zeven tabletten aspirine slikte als een soort zelfmoordpoging.

Ondanks Michaels meldingen van pesterij, is het beeld van zijn sociale leven onduidelijk. Eén reden hiervoor is dat zijn verklaringen misschien niet correct waren. Michael had op school de reputatie van kwajongen en onruststoker. Dat hij gepest werd, kan een reactie zijn geweest op zijn eigen problematische gedrag. Een leraar zei zelfs: '[Michael] was een aanstichter. Ik weet dat [de] media het vaak willen laten lijken alsof kinderen die schutters worden net zo lang worden gepest totdat ze er niet meer tegen kunnen. Maar hij was iemand die zelf pestte en niet een kind dat werd gepest. Als [Michael] zich minderwaardig voelde, en ik weet zeker dat hij dat deed, was dat iets wat vooral in zijn hoofd plaatsvond. Het was niet iets van buitenaf.'[3]

Een klasgenoot van Michael vond ook dat hij zijn slachtofferrol overdreef en niet inzag hoe erg hij zich misdroeg: 'Hij was gewoon altijd vervelend. Hij was altijd degene die ons in de klas problemen bezorgde door de hele tijd ongein uit te halen (...) [Hij was] altijd degene die iedereen plaagde. En als hij dan zegt dat hij werd gepest, dan zeg ik, wacht 's even.'[4]

Ongeacht of Michaels problemen nu het gevolg waren van pesterij of van zijn eigen wangedrag, hoe verklaart dit zijn besluit om een massamoord te plegen? Op 1 december 1997, toen Michael veertien was, ging hij naar school met vijf vuurwapens. Hij liep de hal in waar een groep scholieren hun gebedskring beëindigden. Michael schoot acht keer, doodde drie leerlingen en verwondde er vijf. Hij legde zijn wapen op de grond en schreeuwde dat iemand hem moest ombrengen.

Maakte Michael deel uit van een grotere samenzwering om een complete chaos aan te richten op de school? Toen hij voor het eerst werd ondervraagd door de politie, zei Michael dat andere leerlingen met hem hadden samengespannen. Later zei hij echter dat hij de politie alleen maar had verteld wat ze schijnbaar hadden willen horen. Sindsdien heeft hij volgehouden dat hij alleen handelde en na politieonderzoek bleek niemand schuldig aan samenzwering. Het feit dat Michael vijf vuurwapens bij zich had, betekent niet dat er andere leerlingen bij betrokken waren. Bij andere schietpartijen namen daders ook grote hoeveelheden wapens mee naar school.

Pleegde Michael de moorden als vergelding voor het pesten? Dat lijkt onwaarschijnlijk; er is geen bewijs dat een van de slachtoffers hem ooit had lastiggevallen. Een van de meisjes die hij ombracht, Nicole, was in feite een goede vriendin van hem. Misschien voelde Michael iets voor haar waar zij niet op inging, maar zij belden elkaar en zij was een belangrijke persoon in zijn leven. Aan een ander meisje dat hij doodde had Michael een maand voor de aanslag gevraagd of ze met hem uit wilde. De dood van beide meisjes wekt de suggestie dat Michael wraak nam op meisjes die hem naar zijn idee hadden afgewezen. Dat is mogelijk, maar naar verluidt zou Michael Nicole hebben gewaarschuwd om die dag weg te blijven uit de hal. Als dat zo is, dan was de aanval geen wraak op haar. Michael hield vol dat hij Nicole niets had willen aandoen; hij zei dat hij met schieten stopte toen hij haar bloedend op de grond zag liggen.

Waarom zou iemand uit een stabiel gezin op een dag de school binnenlopen en lukraak onschuldige mensen gaan neerschieten? Om die vraag te beantwoorden moeten we beginnen met wat we weten over Michaels psychisch functioneren. Simpel gezegd: Michael leed aan schizofrenie.

Michaels meest opvallende symptoom was paranoia, die zich op zeer uiteenlopende manieren manifesteerde. Een mild aspect was zijn terugkerende angst om te worden aangevallen. Drie dagen voordat hij de schietpartij pleegde, liep Michael met zijn vader over een rustige universiteitscampus toen hij zei: 'Tjonge, hier kun je echt worden afgetuigd.'[5] Hij was ook bang om naar een restaurant te gaan omdat zijn familie dan kon worden beroofd.

Er waren echter ernstiger symptomen. Toen hij veertien was, was Michael bang om alleen in zijn kamer te slapen. Hij dacht dat vreemde figuren of monsters zich onder zijn bed verstopten. Ook was hij bang dat ze door een raam zijn kamer in konden klimmen. Hij geloofde dat demonen hem wat zouden aandoen. Hij was zo bang om in zijn kamer te zijn, dat hij vaak op een bank in de woonkamer sliep. Hij nam zelfs in het geheim keukenmessen mee naar zijn kamer om zich te kunnen beschermen.

Michael was niet alleen in zijn slaapkamer bang. Als hij naar de badkamer liep, riep hij: 'Ik weet dat jullie daarbinnen zitten!' voordat hij de deur open deed; dat deed hij om de monsters of demonen te laten weten dat hij doorhad dat zij daar zaten. Als hij een douche nam, dekte hij de luchtgaten in de badkamer af om te voorkomen dat er slangen naar binnen zouden glijden. Als hij klaar was met douchen, deed hij soms wel zes handdoeken om zijn lijf, kennelijk om zich te beschermen. Soms verplaatste hij zich in een kamer van het ene meubelstuk naar het andere, zonder met zijn voeten de grond te raken, om zo de monsters uit de weg te gaan

Misschien was zijn meest bizarre waanidee wel de gedachte dat er onder het huis iemand met een kettingzaag zat om zijn benen eraf te zagen. Na de arrestatie van Michael vond zijn moeder metalen voorwerpen onder zijn matras. Michael zei dat hij dacht dat die hem zouden beschermen tegen de kettingzaag.

Wat alles nog ondraaglijker maakte, was dat Michael geloofde dat iedereen die hem hielp door de demonen zou worden aangevallen. Daarom kon hij met niemand over zijn angsten praten zonder die persoon in gevaar te brengen. Hij zat gevangen in zijn eigen paranoïde waanideeën.

Michael had ook hallucinaties: hij hoorde stemmen in zijn hoofd praten. Zij bedreigden hem, noemden hem dom en droegen hem op dingen te doen. Voordat hij het vuur opende op school, dacht hij dat hij mensen in de gebedskring over hem hoorde praten.

Naast hallucinaties en waanideeën schreef Michael ook bizarre teksten. Een paar weken voor de schietpartij merkte een leraar op dat zijn ingeleverde werk geen verband hield met de opdrachten die hij had gekregen. Bovendien werd zijn handschrift steeds slechter leesbaar, met woorden die dwars door elkaar heen stonden. Deze feiten wijzen erop dat Michaels denkproces steeds chaotischer werd.

Het meest verontrustende aspect van wat hij schreef, was echter de gewelddadige inhoud. Voor school schreef Michael een verhaal getiteld 'De Halloweenverrassing'. Het is een bizar verhaal waarin een jongen, genaamd Michael, en zijn jongere broer een aantal kakkers of *'preppies'* vermoorden en verminken. Op enig moment wil Michael (de verteller) een verjaardagscadeautje voor zijn moeder kopen en dus gaat hij naar de winkel met de naam 'Je Moeder Is Alleen Jarig Als Er Rellen Zijn'.[6] Dit kan humoristisch bedoeld zijn, maar het is onzin. Het verhaal eindigt met een beeldende beschrijving van de brute mishandeling van vijf kakkers, waarbij ze er één kruisigen aan een metalen kruis dat gloeiend heet is en waarbij ze in iemands oog boren met een verhit boorijzer. De laatste regel van het verhaal is: 'Toen gaf hij de lichamen van de kakkers aan zijn moeder als een mooie halloweenverrassing.'[7] Dit is een verontrustend verhaal.

Michaels seksualiteit had een duistere kant. Hij downloadde materiaal over het 'Verkrachten van een Dood Lijk' en een verhaal over stripfiguren (smurfen) die werden neergeschoten, verbrand, in de magnetron gestopt en zo gek gemaakt dat ze elkaar gingen verkrachten. Hoewel een gestoorde seksualiteit erop kan wijzen dat Michael was misbruikt, is daar geen bewijs voor en hij zei daar ook niets over in de urenlange gesprekken na zijn aanslag.

Michael was al enige tijd suïcidaal. Toen aan de derdeklassers werd gevraagd zichzelf een brief te schrijven die ze zouden openen in de zesde klas, zette Michael daarin: 'Als je dit leest zal ik verbaasd zijn dat je nog leeft.'[8] Bij een andere opdracht werd de leerlingen gevraagd: 'Als je in de schoenen van een beroemdheid zou kunnen staan, wie zou dat dan zijn?' Michael schreef daarbij over Kurt Cobain en Vincent van Gogh; beiden pleegden zelfmoord.

Michael heeft tegenstrijdige verklaringen afgelegd over zijn bedoelingen en verwachtingen ten aanzien van de schietpartij. Op enig moment zei hij dat hij dacht dat hij populair zou worden door vuurwapens mee te nemen naar school: 'Iedereen zou me bellen en ze zouden naar mijn huis komen of ik zou naar hun huis gaan. Ik zou populair zijn. Ik dacht niet dat ik problemen zou krijgen. Ik dacht niet dat ik zou worden geschorst, een voorwaardelijke straf zou krijgen of naar de gevangenis zou gaan.'[9] Daaraan voegde Michael toe: 'Mensen van school die naar de gevangenis gaan, hebben veel vrienden en alle kinderen zeggen "wauw!"'[10] Dat duidt erop dat hij heeft geprobeerd zijn status te verhogen door naar de gevangenis te gaan. Elders zei hij: 'Ik dacht dat ik naar de gevangenis zou gaan en dat ik daar mijn leven verder zou slijten (...) Ik had het idee dat ik alles achterliet.'[11] Dit suggereert dat hij de gevangenis wellicht als een toevluchtsoord zag – een veilige haven waar hij 'alles' achter zich kon laten en in vrede kon leven.

Hoewel Michael nu en dan ontkende dat hij van plan was geweest ook maar iemand te doden, vertelden meerdere getuigen dat ze hem hadden horen praten over het doden van mensen op school. 'Hij vertelde ons dat hij naar school zou komen en mensen zou gaan neerschieten. (…) Hij bleef maar zeggen dat maandag de dag van de afrekening was.'[12] Hij zei met name: 'De hypocrieten in de gebedsgroep zullen vernietigd worden.'[13]

Waarom waren de leerlingen in de gebedsgroep hypocrieten? Michael had kritiek op een paar van hen, omdat ze seksuele onthouding verkondigden terwijl ze zelf wel seksueel actief waren. Wat betekende dat? Misschien was hij jaloers op zijn medescholieren die ervaringen hadden waarvan hij alleen maar kon dagdromen. Zijn vijandigheid tegenover de gebedsgroep was voorafgaand aan de aanval zichtbaar geweest. Michael maakte ooit een button met foto's van twee meisjes uit de groep. Onder hun foto schreef hij 'kakkers zijn sukkels'. Een van die meisjes raakte bij de schietpartij gewond.

Waarom had Michael zo'n hekel aan kakkers dat hij een verhaal schreef waarin ze werden vermoord en verminkt? Waarom richtte hij zich op de mensen in de gebedsgroep? Dat waren de mensen die succes hadden waar hij faalde: de populaire leerlingen die goed presteerden. Een van de slachtoffers van de schietpartij was de beste atlete van de school en tevens het populairste meisje van de school. Blijkbaar schoot Michael niet zomaar iedereen neer die hem had uitgelachen; hij schoot de mensen neer die hij benijdde.

Michael worstelde duidelijk met een beklagenswaardige minderwaardige identiteit. Dat zien we aan zijn wanhopige pogingen om mensen te imponeren en vrienden te maken. In zijn idee was hij niemand, maar waar kwam dat idee vandaan? Hij was zich er pijnlijk van bewust dat hij anders was. Zijn paranoia heeft hem veel narigheid in zijn leven bezorgd. Door zijn vreemde gedachten en onhandige pogingen om erbij te horen op school kon hij niet het sociale succes ervaren waar hij zo naar verlangde. Zijn zwakke sociale vaardigheden resulteerden in afwijzing of gepest worden, waardoor hij nog wanhopiger werd om erbij te horen en bereid was zich nog vreemder en gevaarlijker te gedragen. Bovendien verergerde zijn paranoia waarschijnlijk het gevoel dat hij afgewezen werd en dat niemand hem mocht. Zijn psychologische problemen, waaronder zijn waanideeën, hallucinaties en gebrekkig sociaal functioneren, maakten dat Michael vond dat hij minderwaardig was. Maar dit waren niet de enige factoren.

Hoewel de Carneals maatschappelijk succesvol waren, had de familie een voorgeschiedenis met psychiatrische ziektes. Dat is van belang, omdat schizofrenie een erfelijke component heeft. Diverse familieleden van Michael leden aan een ernstige psychische stoornis en waren in een inrichting opgenomen geweest. Eén familielid was gewelddadig geweest en had zelfmoord gepleegd.[14]

Michael worstelde niet alleen met de eerste verschijnselen van schizofrenie; zijn oudere zus was ook nog eens een 'ster'. Dr. Katherine Newman beschreef Kelly Carneal als volgt: 'Een van de sterren op Heath [High School]. Als groepsleidster van het schoolorkest, verslaggeefster voor de schoolkrant en zangeres in het Kentucky *all-state* choir had Kelly vrijwel alles bereikt wat haalbaar was. In het jaar van de schietpartij mocht Kelly zelfs namens de afgestudeerden de afscheidsrede houden.'[15] Het is dus niet verwonderlijk dat Michael zich vervreemd voelde; hij was een buitenbeentje in zijn eigen gezin. Voorafgaand aan de aanslag schreef Michael: 'Ik heb een overambitieuze zus Kelly die in het eindexamenjaar zit. Ik haat het als ik met haar word vergeleken.'[16] Kelly zei: 'Hij probeert net zo goed te zijn als ik (…) maar dat lukt hem niet.'[17] Voor hun ouders en leerkrachten was het grote verschil tussen Kelly en Michael overduidelijk.

In hoofdstuk 3 zagen we dat Dylan Klebold vond dat hij niet menselijk was en dat ook nooit zou kunnen zijn. Hij schreef over zichzelf alsof hij een of ander wezen was dat nooit een normaal menselijk leven zou kunnen leiden. Michael Carneal zag zichzelf, letterlijk of figuurlijk, als een buitenaards wezen; een niet-menselijk wezen. De gelijkenis is opvallend.

Het zich niet menselijk voelen heeft existentiële angst en woede tot gevolg: angst over het feit dat men gebrekkig is geboren en niet in staat is te functioneren zoals andere mensen. Woede over het feit dat het leven oneerlijk is en vol ellende. Woede omdat men zich het slachtoffer voelt van een wereld die men niet begrijpt en waarin men geen succes kan hebben. Angst en woede omdat men zich niemand voelt en wanhopig iemand wil zijn.

Na zijn aanslag werd Michael verteerd door schuldgevoel en hartzeer. Hij zei dat hij de doodstraf had moeten krijgen. Michael gaf zichzelf de schuld van de schietpartij in Columbine, omdat hij dacht dat hij het voorbeeld was geweest voor Harris en Klebold. Dit feit laat zien dat Michael, in tegenstelling tot een psychopaat, een geweten heeft. Hij is zich bewust van de gruwelijkheid van zijn daad en de pijn die hij veroorzaakt heeft en hij walgt nu van zichzelf. Sinds hij gevangen zit, heeft Michael herhaaldelijk geprobeerd zelfmoord te plegen. Hij zei: 'Ik dacht dat als ik mezelf ombracht, de wereld een stuk beter af zou zijn.'[18] (*De feiten in deze paragraaf zijn afkomstig uit het onderzoek van Katherine Newman.*[19])

'IK STIERF VIER JAAR GELEDEN'

Edinboro, Pennsylvania, is een welvarende gemeenschap van 7000 mensen niet ver van Lake Erie. In 1998 had de *middle school* (middelbare school voor kinderen van elf tot veertien jaar, noot vertaler) een feestelijke jaarafsluiting gepland in de vorm van een dansavond met diner in een plaatselijke feestzaal. De kinderen uit de hoogste klas keken hier echt naar uit en moesten zoals gebruikelijk een partner voor die avond mee uit vragen. Het moest een vrolijke avond worden die vooruitliep op de diploma-uitreiking. Het thema van het feest was: 'Ik had de tijd van mijn leven.'

Op de avond van 24 april 1998 kleedde Andrew Wurst

zich om voor het feest, net als zijn klasgenoten. In tegenstelling tot de anderen liet hij in zijn kamer een afscheidsbrief achter en nam hij stiekem het .22-kaliber pistool van zijn vader mee door het onder zijn overhemd te verstoppen. Gedurende de avond liet Andrew aan zijn vrienden doorschemeren dat hij een wapen bij zich had. Die waren bezorgd dat hij zichzelf iets zou aandoen en probeerden hem goed in de gaten te houden. Geen van hen lichtte een volwassene in.

Tegen het einde van de avond haalde Andrew het pistool tevoorschijn en begon in het wilde weg rond te schieten op leerkrachten en scholieren. Hij doodde één leraar en verwondde een tweede leerkracht en twee scholieren. James Strand, de eigenaar die naast de feestzaal woonde, hoorde schoten en kwam met een geweer aangerend. Hij richtte op Andrew, die vervolgens zijn pistool op Strand richtte. Strand schreeuwde twee keer dat Andrew zijn wapen moest laten vallen. Andrew aarzelde, maar toen ook iemand anders riep dat hij zijn wapen moest laten vallen, deed hij dat. Bij zijn aanhouding was Andrew geagiteerd en sloeg hij wartaal uit: 'Ik stierf vier jaar geleden. Ik ben al dood en ben teruggekomen. Het doet er niet meer toe. Niets hiervan is echt.'[20]

Wat bedoelde Andrew toen hij zei dat hij 'vier jaar geleden was gestorven'? Waarom zei hij: 'Niets hiervan is echt'? Wat was er met hem aan de hand? Andrew was schizofreen. Een aantal van zijn paranoïde symptomen leken opmerkelijk op die van Michael, maar Andrews psychose was nog ernstiger. Net als bij de Carneals, waren er ook in zijn familie mensen met psychiatrische ziekten. In ieder geval één tante was opgenomen geweest in een inrichting.

Tijdens het psychologisch onderzoek na de aanslag vertelde Andrew dat hij bang was voor monsters in zijn kasten. Elke avond moest zijn moeder 'goed kijken of er niemand onder het bed of in de kast zat en een lichtje laten branden in zijn kamer.'[21] Dit lijkt op de angstgevoelens die Michael Carneal had.

Dit soort angsten zijn niet ongebruikelijk bij kleuters, maar bij een veertienjarige wijst het op een serieus probleem. De angst voor monsters in kasten en mensen onder het bed was echter slechts het topje van de ijsberg van Andrews paranoia.

Andrew leed aan complexe waanideeën over de aard van de werkelijkheid en zijn identiteit. In zijn wereld was alleen hijzelf echt; alle anderen waren 'onecht'. Hij geloofde dat alle onechte mensen door de overheid, krankzinnige wetenschappers of een 'freak' waren geprogrammeerd om op een bepaalde manier te handelen. Onechte mensen kregen 'tijdtabletten' die hun intelligentie en persoonlijkheid bepaalden. Volgens Andrew konden onechte mensen echt worden als ze bij hem in de buurt waren, maar hielden ze op te bestaan als ze weer weggingen. Hij dacht ook dat onechte mensen 'hem gingen belazeren.'[22] Andrew geloofde dat hij de enige was die echt zijn eigen gedachten kon denken. Gegeven de mentale wereld waarin Andrew zich bevond, was er niets mis met het doden van een leraar omdat 'hij toch al dood of onecht was'.[23]

Andrew had nog meer vreemde overtuigingen. Zo dacht hij dat hij was teruggekeerd uit een toekomstige wereld om te voorkomen dat er iets ergs zou gebeuren en hij geloofde dat er een aartsvijand was die zijn missie zou belemmeren. Andrew vertelde zijn psychiater ook dat hij op vierjarige leeftijd vanuit zijn oorspronkelijke wereld naar de aarde was gebracht. Zijn ouders waren dus niet zijn echte ouders. Hier is sprake van een interessante gelijkenis met Michael Carneal, die schreef dat hij een buitenaards wezen was.

Andrews psychose bleek niet alleen uit het psychologisch onderzoek na de aanslag. Voorafgaand aan de aanslag had Andrew het met zijn ex-vriendinnetje gehad over echte en onechte mensen. Hij zei toen: 'Wij liggen in werkelijkheid allemaal in ziekenhuisbedden en worden geprogrammeerd en in de gaten gehouden door die krankzinnige wetenschappers.'[24]

Andrew hoorde ook stemmen, maar er is minder bekend

over zijn hallucinaties dan over zijn waanideeën. Vóór de schietpartij had hij de stemmen genoemd in een brief aan een vriend. Na afloop vertrouwde hij de onderzoekende psychiater toe dat hij stemmen hoorde. Wat die stemmen zeiden, is niet openbaar gemaakt.

Andrew vertelde dat hij vreemde gedachten begon te krijgen op achtjarige leeftijd. Toen hij tien was, was hij ervan overtuigd dat hij de enige echte mens was in een onechte wereld. Als deze gegevens kloppen, dan had Andrew al heel vroeg zijn eerste schizofrene symptomen. Bij mannen begint schizofrenie meestal als ze zo'n vijfentwintig jaar oud zijn.

Welke andere spanningen zouden, naast de symptomen van schizofrenie, de aanslag hebben bevorderd? Hij had vrienden, zowel jongens als meisjes, en had in elk geval met één meisje vaste verkering gehad. Andrew was een prater onder zijn leeftijdsgenoten en prettig in de omgang. Hij was teleurgesteld dat zijn ex-vriendinnetje niet met hem mee wilde naar het dansfeest. Toen Andrew een ander meisje meevroeg, lachte zij hem uit. Andrew zou tegen haar hebben gezegd: 'Dan moet ik je vermoorden.'[25] Zoiets kan een grapje zijn, maar achteraf gezien lijkt het eerder een bedreiging. Op het feest ondernam Andrew echter geen enkele poging om zijn dreigement tegenover haar uit te voeren.

Andrew had het erover gehad om tijdens het feest anderen en vervolgens zichzelf te doden, maar niemand gaf dit door aan volwassenen. Hij zei tegen één meisje dat hij mensen wilde neerschieten en dan zelfmoord plegen. Toen zij vroeg waarom, zei hij dat hij zijn leven haatte. Dit meisje zei ook dat Andrew had gezegd dat hij zijn ouders wilde neerschieten. Waarom maakte geen van zijn vrienden hier melding van?

Eén reden dat zijn klasgenoten hem niet serieus namen, is dat Andrew wel vaker vreemde dingen zei. Zo zei hij dat hij Hitler en de antichrist 'cool' vond. Soms noemde hij zichzelf 'Jouw God, Satan'. Dit kan een poging tot humor zijn geweest, maar misschien was het een waanidee. Andrew maakte ook grapjes over de schietpartij op de school in Jonesboro, Arkansas, die plaatsvond op 24 maart 1998, een maand voor zijn aanslag. Hij vond die gebeurtenis 'cool'. Toen hij zei dat iemand iets soortgelijks op zijn school moest uitvoeren, en zelfs toen hij zei dat hij het zelf zou gaan doen, nam niemand hem serieus. Aangezien hij wel vaker vreemde dingen zei, negeerden ze ook zijn opmerkingen over het doden van mensen op het feest.

Welk motief had Andrew om mensen te vermoorden? Objectief gezien: geen. Hij was afgewezen door twee meisjes die hij had gevraagd voor het feest, maar dat is geen verklaring voor moord, vooral omdat hij geen poging deed om een van hen om te brengen. Hij kende de leraar die hij doodschoot niet eens, hoewel men heeft gesuggereerd dat de man wellicht op de vader van Andrew leek.

Andrew was geen slachtoffer van pesterij. Tijdens het voorjaarssemester van 1998 leek hij juist brutaler dan eerst. Dat hij 'populaire leerlingen' en sporters niet mocht, maakte hij duidelijk door opmerkingen te maken over hun verwaandheid. Er is geen bewijs dat hij werd lastiggevallen door sporters of populaire leerlingen. Waarom was Andrew dan zo vijandig tegenover hen? Waarschijnlijk omdat zij stonden voor alles wat hij niet was. Hij was geen goede atleet. Hij was ook geen goede leerling en sinds kort haalde hij onvoldoendes. Hij had vrienden maar was niet populair. Zijn vijandigheid richting sporters en populaire leerlingen was waarschijnlijk het gevolg van zijn afgunst op hen.

Toen hem tijdens de aanval werd gevraagd waarom hij het deed, 'reageerde Andrew door zijn vrije hand naar zijn hoofd te brengen, met een uitgestoken vinger rondjes te maken en te roepen: "Man, ik ben gek"'.[26] Als 'gek' psychotisch betekende, dan was dit een correcte uitspraak.

Andrew deed twee pogingen om een vriend over te halen

met hem mee te doen, maar die vriend weigerde. Andrew begreep de keuze van zijn vriend en merkte op dat het de jongen aardig voor de wind ging, dat hij bijvoorbeeld een vriendin had. Dit suggereert dat een deel van zijn suïcidale depressie werd veroorzaakt door het feit dat hij zelf geen vriendin had.

Problemen met meisjes en seksualiteit komen vaak voor onder schoolschutters. Dylan Klebold had een verstoorde seksualiteit, waaronder een fascinatie voor bondage en een voetfetisj. Eric Harris fantaseerde over het verkrachten van meisjes op school. Michael Carneal had documenten op zijn computer over het verkrachten van lijken en smurfen die elkaar verkrachten. Wat weten we over Andrews seksualiteit? In tegenstelling tot Eric Harris en Dylan Klebold hebben we geen dagboek of agenda van Andrew en dus kennen we zijn seksuele fantasieën en interesses niet. Sommige van zijn gedragingen suggereren echter een slechte seksuele aanpassing. Het schijnt dat Andrew een meisje aantrekkelijk vond; de ene keer zei hij dat ze mooi was en dan weer noemde hij haar een 'hoer'. Andrew vertelde zijn klasgenoten ook dat zijn moeder een prostituee was. Misschien was hij op dat moment boos op haar, maar het is opvallend dat hij zijn moeder op deze manier in een kwaad daglicht stelde.

De moeder van een vriend van Andrew kende hem al heel lang en had over het algemeen een goede indruk van hem. Ooit was ze echter geschokt geweest toen zij hem 'toevallig hoorde praten terwijl hij op een wrede en verontrustende toon grove, nijdige opmerkingen maakte over meisjes'.[27] Andrew vertoonde ook gedrag dat stalken kan worden genoemd. Na de aanslag vertelde een meisje aan de politie dat Andrew geobsedeerd leek met haar en gedurende de schooldag de hele tijd in haar buurt opdook. Na de aanslag kwam ook naar buiten dat Andrew een paar weken voor de schietpartij zijn vriendin ervan had verdacht dat ze hem bedroog. Of dit echt zo was of dat dit weer een manifestatie was van Andrews paranoia, is niet bekend.

Wat hield Andrew nog meer bezig, behalve zijn problemen

met meisjes? We weten dat hij depressief was. De avond van het dansfeest liet hij een afscheidsbrief achter. Na de aanslag vertelde Andrew de psychiater dat hij zich die avond ellendig had gevoeld. Toen de psychiater vroeg waarom, zei hij: 'Kernoorlogen, virussen, moorden, overvallen, school.'[28] Een merkwaardig samenraapsel van dingen om je zorgen over te maken. Het was alsof Andrews persoonlijke problemen opgingen in wereldproblemen in een overweldigende mengeling van angst en spanning, alsof er geen grens meer was tussen zijn innerlijke wereld en de externe realiteit.

Hoewel dit ons iets duidelijk maakt over zijn geestelijke toestand op de avond van de aanslag, is het geen verklaring voor de schietpartij. Ten eerste is het bestaan van wereldproblemen geen verklaring voor moord. Ten tweede had Andrew het al ver voor die avond gehad over het plegen van een schietpartij tijdens de feestavond. De aanval was geen impulsieve actie. Andrew was al geruime tijd boos en depressief.

Maar waarom dacht hij erover zijn ouders te vermoorden? De toestand thuis was niet stabiel. Zijn ouders hadden huwelijksproblemen waarbij ze soms ruzie maakten met lijfelijk geweld voor de ogen van Andrew en zijn twee oudere broers. Eén bron van ruzie in het huwelijk was hun verschillende houding tegenover Andrew. Meneer Wurst verwachtte van hem dat hij zich volwassen gedroeg, hard werkte en meehielp in het tuinarchitectuurbedrijf van het gezin, zoals zijn broers deden. Mevrouw Wurst zag dat Andrew anders was, zij was toegeeflijker en steunde hem meer.

Andrew uitte zijn vijandigheid tegenover zijn ouders in een brief aan zijn ex-vriendin: 'Mijn vader schreeuwde weer tegen mij. Even denken da's – 4 keer nu zo'n beetje. Hij begon over dat 4e gebod, weet je: "Eer uw vader en uw moeder." Jemig wat voel ik me rot. (snik snik). Niet. Ze kunnen de pot op, dankzij hen heb ik een klote leven op de rand van krankzinnigheid, moord en zelfmoord.'[29]

Huwelijksconflicten en de wind van voren krijgen verklaren echter niet waarom iemand gaat nadenken over het vermoorden van zijn ouders. Terwijl Dylan het gevoel had dat hij niet menselijk was en Michael kan hebben gedacht dat hij een buitenaards wezen was, geloofde Andrew eigenlijk dat hij vanuit een andere wereld naar zijn ouders was gebracht. In zijn idee waren zij niet zijn echte ouders. Het is gemakkelijker om na te denken over het vermoorden van je vader en moeder als je ervan overtuigd bent dat zij bedriegers zijn.

Een andere gezinsdynamiek is het vermelden waard, vooral in vergelijking met Michael Carneal en zijn zus die een 'ster' was. Hoewel Andrews oudere broers geen sterren lijken te zijn geweest, waren zij blijkbaar normale jongens die zonder problemen tegemoet kwamen aan de verwachtingen van hun vader. Andrew was net als Michael degene die niet voldeed.

Andrew stond met zijn ene been in de realiteit en met het andere in een waanwereld. Zijn eenzaamheid, de conflicten in zijn gezin en zijn angsten waren maar al te echt. Zonder zijn waanideeën was hij misschien in staat geweest hiermee om te gaan, maar hij raakte de weg kwijt in een paranoïde psychotische wereld. Toch was het toen ook nog niet te laat geweest om in te grijpen, als iemand het maar had geweten. (De feiten over Andrew zijn afkomstig uit het werk van DeJong, Epstein & Hart.[30])

'DIE VERDOMDE STEMMEN IN MIJN HOOFD!'

Op 20 mei 1998, nog geen maand na de aanslag van Andrew Wurst, deed Kip Kinkel waar Andrew alleen over had gesproken: hij vermoordde zijn ouders. De volgende dag ging hij naar school en schoot 27 mensen neer; 2 kwamen om en 25 raakten gewond. Kip was vijftien jaar oud.

Kip had al jaren problemen met zijn familie, vooral met zijn vader. Zijn vader vond twee dingen belangrijk: uitblinken op school en goed zijn in sport. Kip faalde op beide terreinen. Hij was dyslectisch en zelfs op zijn dertiende spelde hij zijn achternaam nog verkeerd. Hoewel hij wel probeerde te sporten om zijn vader een plezier te doen, had hij niet veel talent. Het lukte hem in het American footballteam te komen, maar hij zat vaak op de bank. Net als de ouders van Andrew Wurst, waren de ouders van Kip het er niet over eens hoe ze met hun zoon om moesten gaan; meneer Kinkel volgde de harde lijn. Kip zei dat zijn moeder hem een goede jongen vond met slechte gewoonten, terwijl zijn vader dacht dat hij een slechte jongen was met slechte gewoonten.

De gezinsstructuur van Kip leek opvallend veel op die van de Carneals: twee ouders, een oudere dochter die een ster was en een jongere zoon die (net als Michael Carneal en Andrew Wurst) een buitenbeentje was binnen het eigen gezin. Kristin Kinkel, Kips zus, was een aantrekkelijke, populaire, sportieve meid die een beurs kreeg om cheerleader te worden op de universiteit.

Sociaal gezien functioneerde Kip redelijk goed. Zijn medescholieren dachten verschillend over hem: sommigen vonden Kip populair, leuk en een grappenmaker en anderen vonden hem duister, eng en bedreigend. Hij heeft een keer meegedaan met elf anderen om het schoolrecord 'toiletpapier' te breken door midden in de nacht naar buiten te sluipen en het huis van een ouder echtpaar met meer dan vierhonderd rollen toiletpapier in te pakken. Samen met vrienden pleegde Kip ook diefstal en gooide hij stenen naar auto's vanaf een viaduct. De dag dat Kip zijn ouders vermoordde, had hij een telefoongesprek met twee vrienden die zomaar wat met hem wilden kletsen. Sommige mensen dachten zelfs dat Kip tot de 'ingewijden' behoorde, omdat hij in het footballteam zat. En hoewel Kip geen succes had in de liefde, lieten de meisjes hem niet links liggen. Met ten minste één meisje wisselde hij aantekeningen uit. Een verbazingwekkend positieve mening over Kip kwam van een van de leerlingen die hij neerschoot. Tijdens de rechtzaak tegen

Kip zei zij: 'Ik weet nog dat ik je zag bij Spaans en dacht dat je best wel cool was en dat ik je graag beter wilde leren kennen. Je leek een goed gevoel voor humor te hebben en je leek een aardige jongen.'[31] Kip was duidelijk geen eenling; ook werd hij niet buitengesloten door zijn klasgenoten.

Werd Kip gepest? Blijkbaar niet. Kip gaf dit toe in een interessant citaat: 'Ik heb het gevoel dat iedereen tegen mij is, maar niemand zet mij ooit voor gek.'[32] Voor zover zijn gedachten waren gebaseerd op de realiteit, wist hij dat hij niet belachelijk werd gemaakt. Ondanks dat was hij wel paranoïde.

Hij is weleens 'flikker' genoemd door een jongen, maar één keer uitgescholden worden vormt nog geen patroon van pesten. Het was juist Kip die regelmatig zijn medescholieren plaagde en hen 'flikker' noemde. Zoals eerder vermeld vonden sommige leerlingen hem eng en bedreigend. Een van zijn vrienden zei: 'Kip plaagde en lachte om andere kinderen, maar hij vond het vooral vreselijk om zelf uitgelachen te worden.'[33]

Kip had ook een opvliegend karakter, wat waarschijnlijk de reden was dat sommige klasgenoten hem eng vonden. Zijn interesse voor geweld kan ook een afstand hebben gecreëerd tussen hem en zijn medescholieren. Zo gaf hij een spreekbeurt op school over hoe je een bom maakt en schepte hij op dat hij de volgende 'Unabomber' wilde worden. Hij sprak ook over het martelen en doden van dieren, maar het is niet duidelijk of hij dat ook daadwerkelijk deed. Al was het alleen maar geklets, dan kan dat soort geklets hem toch hebben vervreemd van zijn klasgenoten.

Kip had twee vijanden van wie hij zei dat hij die wilde vermoorden: de jongen die hem een 'flikker' noemde en een jongen die Jacob heette. Kip had diverse redenen om Jacob te haten. Jacob was de ster van het footballteam. Terwijl Kip op de bank zat, werd Jacob gekozen tot de meest waardevolle speler van het team. Misschien nog belangrijker was dat Kip geïnteresseerd was in een meisje dat nou net Jacobs vriendin was. Om de situatie nog erger te maken, noemde Kips vader Jacob als voorbeeld en vroeg hij Kip waarom hij niet net zo goed football kon spelen als Jacob. In de ogen van zijn vader voelde Kip zich binnen het gezin tekortschieten in vergelijking met zijn zus, en hij voelde zich op school tekortschieten in vergelijking met Jacob.

Dit soort dingen zijn heel gewoon in de adolescentie, maar Kip had grotere problemen: hij leed aan duidelijke hallucinaties en waanideeën. De verklaring in de rechtbank van dr. Orin Bolstad, die een psychologisch onderzoek uitvoerde na de schietpartij, geeft details over Kips psychotische symptomen. Kip meldde dat hij ongeveer op zijn elfde jaar stemmen begon te horen. De eerste keer dat hij een stem hoorde, zei deze: 'Je moet iedereen vermoorden, iedereen op de wereld.' Hij zei ook: 'Je bent een stomme klootzak. Je bent niets waard.'[34] Vanaf het begin van de psychose hoorde Kip dus stemmen die hem aanzetten tot moord en zelfmoord.

Toen hem werd gevraagd waar volgens hem de stemmen vandaan kwamen, had Kip daar wel ideeën over. Eén idee was dat hij de duivel hoorde. Een andere mogelijkheid was dat de overheid wellicht een computerchip in zijn hoofd had gezet waarmee hij boodschappen ontving die via satellieten werden verzonden.

Kip beschreef drie verschillende stemmen. 'Stem A' was hard en autoritair en zei hem wat hij moest doen. 'Stem B' maakte geringschattende opmerkingen over hem. 'Stem C' herhaalde wat de andere twee zeiden of gaf er commentaar op. Soms hoorde hij de stemmen tegen elkaar praten over hem. Kip probeerde verschillende dingen om de stemmen te stoppen, waaronder lichaamsbeweging, televisiekijken en zichzelf op z'n hoofd slaan. Toen hij was gearresteerd en zijn bekentenis deed, schreeuwde hij het uit over de stemmen en begon hij zijn hoofd tegen de muur te slaan.

Minder dan een maand voor de aanslag riep Kip in de klas: 'Die verdomde stem in mijn hoofd.'[35] Hij moest wegens wangedrag bij de directeur komen en een formulier met de woordelijke weergave van zijn uitbarsting werd naar zijn huis gestuurd en door zijn moeder ondertekend. Toen zijn leraar aan Kip vroeg of hij echt stemmen hoorde, ontkende Kip. Hij was zich er pijnlijk van bewust dat hij zou worden buitengesloten op school en dat het een grote teleurstelling voor zijn ouders zou zijn als hij 'gek' was. Doordat hij bang was het etiket 'gek' opgeplakt te krijgen, kreeg hij niet de hulp die hij zo hoognodig had.

Tot Kips waandenkbeelden behoorde ook het idee dat China de Verenigde Staten zou binnenvallen. Ter voorbereiding daarop had Kip bommen gemaakt en vuurwapens ingeslagen. Kip zei over China: 'China is zo groot. Ze hebben kernwapens. Het leek erop dat ik zou moeten vechten tegen hen. Ik fantaseerde veel over vechten tegen de Chinezen.'[36] Een andere obsessie van Kip was zijn angst dat de wereld geteisterd zou worden door een plaag. Hij was bang voor het einde van de wereld en het uiteenvallen van de samenleving. Hij wilde een schuilkelder bouwen en voedsel en voorraden hamsteren. Kip was er ook van overtuigd dat Disney bezig was de wereld over te nemen en de Amerikaanse dollar zou vervangen door de Disney-dollar met daarop de beeltenis van Mickey Mouse. Als hij het had over Disney, vertelde Kip aan dr. Bolstad: 'Niemand met een gemiddelde intelligentie heeft dit door van Disney. Je moet slimmer zijn.'[37]

Kip had meer waanideeën. Hij zei dat bij zedendelinquenten een chip werd geïmplanteerd. Hij leek te denken dat de televisieserie *The X Files* duidelijk maakte dat de overheid experimenteerde met het implanteren van chips. Hij zei dat chips stemmen kunnen produceren en voegde daaraan toe: 'Misschien is dat de manier waarop ze mij besturen.'[38] Hier zien we dat Kip niet in staat is om de fictie van een televisieserie te onderscheiden van de realiteit. Na de aanslag bleef Kip paranoide. Dr. William Sack, een psychiater die in de gevangenis Kip behandelde, liet weten dat Kip dacht dat bezoekers aan de gevangenis wellicht een camera in hun ooglens hadden. Kip was ook bang dat er vergif in zijn medicatie werd gestopt.

We weten niet of Kip naast auditieve ook visuele hallucinaties had. Hij vertelde vreemde verhalen over een man die volgens hem in de buurt woonde en in een auto met kogelgaten rondreed. Kip zei dat hij zo bang voor hem was, dat hij een gestolen wapen had gekocht om zich te kunnen beschermen als de man hem achterna zou komen. Het is niet duidelijk of Kip paranoïde was over een bestaande man uit de buurt, of dat hij visuele hallucinaties had.

Kip was geobsedeerd met vuurwapens en messen. Op een dag besloot een aantal vrienden een grap met hem uit te halen door een van zijn jachtmessen te verstoppen. Toen Kip zich realiseerde dat het weg was, werd hij woedend, greep een keukenmes en gilde: 'Geef mijn mes terug!'[39] De jongens sloten zich op in een kamer en Kip probeerde dwars door de deur heen te steken met het keukenmes. Zodra ze hem vertelden waar hij het verstopte mes kon vinden, bedaarde hij. Kips reactie lijkt een combinatie van woede en paniek; alsof zijn hele bestaan werd bedreigd door het verlies van zijn mes. Toen zijn ouders dreigden hem zijn wapens af te nemen, schreef Kip: 'Mijn wapens zijn de enige dingen die me nooit een loer hebben gedraaid.'[40] Het was alsof zijn identiteitsgevoel volledig afhing van zijn wapenbezit, alsof de wapens de man maakten.

Hoe werd Kip zo gestoord? Hij was een buitenbeentje binnen zijn gezin en hij stelde zijn vader erg teleur. En hoewel zijn ouders als leerkrachten een uitstekende reputatie hadden binnen de gemeenschap, was de situatie thuis niet zo stabiel. Meneer Kinkel werd gauw driftig en kon verbaal grof zijn tegen Kip. Van mevrouw Kinkel was bekend dat ze emotioneel labiel was. Kip vertelde dat zijn moeder ooit door de school was gebeld omdat hij twee keer te laat was gekomen. Hij beschreef haar reactie: 'Ze haalde me op van school. Ging tegen me tekeer, greep in d'r haar en ging door het lint. Zei: "Je haat me zeker" en dat soort dingen. Alsof ze zich geneerde voor mij.'[41] De zus van mevrouw Kinkel bevestigde deze neiging en verklaarde dat de moeder van Kip 'totaal hysterisch kon worden, onredelijk hysterisch – ik werd er bang van.'[42]

Naast de impact die de emotionele uitbarstingen van zijn ouders op hem hadden, was Kip erfelijk belast met psychische problemen. Aan beide kanten van de familie kwamen psychische aandoeningen veel voor. Een oudoom van vaderskant leed aan wanen: hij zag een politieagent aan voor een nazisoldaat en viel hem aan met een mes. De agent schoot hem dood. Een neef van moederskant dacht dat hij de wederkomst van Christus was. Hoewel dit overduidelijk geen gedrag was dat Christus zou laten zien, maakte de man een bom en bedreigde hij mensen op zijn werk. Een nicht, eveneens van moederskant, was schizofreen en suïcidaal; ze hoorde stemmen die haar vertelden wat ze moest doen. Minstens acht familieleden van mevrouw Kinkel, plus een aantal van de kant van meneer Kinkel, waren opgenomen geweest in inrichtingen.

Kip erfde zo via beide ouders de aanleg voor psychiatrische ziekten. Bovendien stond hij bloot aan de emotionele labiliteit van zijn ouders. Daarbovenop was Kip een buitenbeentje in zijn gezin omdat hij niet kon voldoen aan de verwachtingen van zijn ouders of het voorbeeld van zijn zus. Het is dus geen wonder dat hij vol woede en pijn zat. Deze passage uit het dagboek van Kip laat zijn frustratie, woede en suïcidale neigingen zien:

> Ik weet niet wie ik ben. Ik wil iets zijn wat ik nooit kan zijn. Ik doe elke dag zo mijn best. Maar uiteindelijk haat ik mezelf om wat ik ben geworden (…) Mijn hoofd werkt gewoon niet goed. Ik weet dat ik gelukkig zou moeten zijn met wat ik heb maar ik haat het leven (…) Ik heb hulp nodig. Er is één persoon die zou kunnen helpen, maar dat doet ze niet. Ik moet iemand anders vinden. Ik denk dat ik van haar hou, maar zij kan nooit van mij houden. Ik weet niet waarom ik het toch probeer.
> O shit. Ik klink zo zielig. Mensen zouden hierom lachen als

ze dit lazen. Ik haat het om uitgelachen te worden. Maar ze zullen niet lachen nadat ze delen van hun ouders, zussen, broers en vrienden van de muur van mijn haat hebben geschraapt.

Alsjeblieft. Laat iemand me helpen. Ik wil alleen maar iets kleins. Niets groots. Ik wil gewoon gelukkig zijn. (…) O God, ik wil niet leven. Zal ik het einde halen? Wat voor soort vader zou ik zijn? Alle mensen zijn slecht. Ik wil gewoon een eind maken aan de slechte wereld. (…) Als er een God zou zijn, zou hij me niet laten voelen zoals ik me voel. (…) Liefde is niet echt, alleen haat blijft over.[43]

Deze fragmenten illustreren de verwardheid en worsteling van Kip. Hij wist niet wie hij was. Hij verlangde ernaar om normaal te zijn en kon maar niet begrijpen waarom hij dat niet was. Hij kon objectief naar zijn leven kijken en zeggen: 'Ik weet dat ik gelukkig zou moeten zijn met wat ik heb', maar hij was niet gelukkig; hij voelde zich absoluut ellendig en wist niet waarom. Hij wist dat zijn hoofd niet goed werkte. Hij verlangde naar liefde maar voelde dat alleen haat echt was. Hij verlangde naar liefde en geluk maar wilde ook mensen ombrengen en sterven. Te midden van dit alles vroeg hij zich af wat voor soort vader hij zou kunnen worden. Dit is een zorgwekkende en chaotische mengeling van gedachten en gevoelens.

Hoewel Kip wel een koelbloedige psychopaat is genoemd, klopt dat niet. Psychopaten hebben geen geweten; hij wel. Zijn geweten is duidelijk zichtbaar in de passage die hij schreef nadat hij zijn ouders had omgebracht maar voordat hij de dag daarna de aanslag op de school ging plegen:

Ik heb zojuist mijn ouders vermoord! Ik weet niet wat er gebeurt. Ik hou zoveel van mijn pap en mam (…) Het spijt me zo. Ik ben een vreselijke zoon. Ik wou dat ik was geaborteerd. Alles wat ik aanraak maak ik kapot. Ik kan niet eten. Ik kan niet slapen. (…) Mijn hoofd werkt gewoon niet goed. Die verdomde STEMMEN in mijn hoofd. Ik wil dood. Ik wil weg zijn. Maar ik moet mensen vermoorden. Ik weet niet waarom. Het spijt me zo! Waarom deed God me dit aan? Ik ben nooit gelukkig geweest. Ik wou dat ik gelukkig was. Ik wou dat ik mijn moeder trots kon laten zijn. Ik ben niets! Ik probeerde zo erg het geluk te vinden. Maar ja, je weet wie ik ben, ik haat alles. Ik heb geen andere keuze. Wat ben ik geworden? Het spijt me zo.[44]

Dit zijn niet de woorden van een psychopaat. Kip wist dat hij iets vreselijks had gedaan en werd verteerd door schuld en berouw. Hij was niet narcistisch zoals een psychopaat; integendeel, hij had een enorme afkeer van zichzelf: 'Ik wou dat ik was geaborteerd.'

Als hij empathisch genoeg was om zich schuldig te voelen over de moord op zijn ouders, waarom had hij het dan toch gedaan? En waarom ging hij de volgende dag naar school om meer onschuldige mensen te vermoorden? Tijdens zijn bekentenis kon Kip geen reden geven voor zijn handelen. Hij bleef maar zeggen: 'Ik moest het doen' en 'Ik had geen andere keuze.' Hij meldde dat de stemmen hem zeiden dat hij mensen moest vermoorden.

De dag vóór de schietpartij werd Kip gearresteerd omdat hij een vuurwapen bij zich had op school. Meneer Kinkel was geschokt. Kip zei dat zijn vader hem de les had gelezen en veel vernederende opmerkingen maakte nadat hij hem op het politiebureau had opgehaald. Meneer Kinkel zou tegen Kip hebben gezegd: 'Ik walg van jou.'[45] Nadat ze thuisgekomen waren, belde meneer Kinkel een '*boot camp*'-project in de hoop dat hij Kip daarvoor kon opgeven om hem zo op het rechte spoor te krijgen. Misschien dat een combinatie van dit alles – zijn vaders kleinerende opmerkingen, de gedachte dat hij zou worden weggestuurd naar iets wat leek op een streng regime voor mariniers, plus zijn paranoia en hallucinaties – Kip zijn zelfbeheersing deed verliezen. Hij hoorde al jaren stemmen die hem opdroegen mensen te doden; nu luisterde hij eindelijk. Kip ging naar zijn slaapkamer, pakte een vuurwapen en liep naar beneden. Zijn vader stond met z'n rug naar hem toe en hij schoot zijn vader in het hoofd.

Met een onlogische verklaring probeerde Kip antwoord te geven op de vraag waarom hij zijn moeder had moeten doden. Hij zei dat hij haar moest doden, omdat hij van haar hield. Misschien dacht hij dat zijn moeder niet kon leven met het verlies van haar man en de wetenschap dat haar zoon hem had vermoord. Misschien zag hij de moord op zijn moeder als een daad van genade.

Maar waarom pleegde hij dan die schietpartij op school? Waarom pleegde hij thuis geen zelfmoord? Hij was immers van plan om zichzelf om te brengen tijdens de schietpartij op school. Zoals dr. Bolstad tijdens het proces aangaf, was het gebrek aan een motief – de aanslag was volslagen zinloos – een indicatie voor hoe psychotisch Kip was. Zoals Kip in zijn bekentenis verklaarde: 'Het leek niet echt. Ik haat iedereen, met name mijzelf. Ik haatte de stemmen nog het meest. Stem B zei later: "Haal geweren en kogels. Ga naar school en vermoord iedereen." Ik probeerde ze tegen te spreken. Ik zei dat ze hun kop moesten houden. Ze negeerden me. De hele nacht deed ik geen oog dicht.'[46] Kip was wanhopig, vol woede, paranoïde en hoorde stemmen die hem opdroegen anderen te doden. Hij had drie jaar gevochten tegen de stemmen. Uiteindelijk deed hij wat hem werd gezegd, maar hij had er wel spijt van: 'Deze gebeurtenissen hebben me gesloopt tot een toestand van aftakeling en zelfhaat waarvan ik niet wist dat het bestond.'[47]

'DANKZIJ JULLIE STERF IK ALS JEZUS'

De media beschrijven schoolschutters vaak als 'eenlingen'. Harris en Klebold werden bijvoorbeeld eenlingen genoemd. Ik

heb echter al uitgelegd dat de berichten over hun sociale geïso-
leerdheid absoluut niet juist waren. Van Michael Carneal werd
ook gezegd dat hij een eenling was, maar hij had vrienden. Hij
was dus ook geen eenling. Net zo min als Andrew Golden, Andrew Wurst of Kip Kinkel. Ook de drie jongens uit het volgende hoofdstuk waren geen eenling. Nader onderzoek lijkt dus
geen verband op te leveren tussen eenlingen en schoolschutters – tot Seung Hui Cho.

Seung werd geboren in Korea. Als klein kind was hij zie-
kelijk, erg stil en had hij weinig vriendjes. Zijn familie maakte
zich zorgen over zijn ernstige introversie en zijn sociale problemen werden groter toen hij op achtjarige leeftijd met zijn
gezin naar de Verenigde Staten verhuisde. Hoewel hij een goed
opgevoed kind was, sprak hij zelden en werd hij opmerkelijk
gespannen in de aanwezigheid van vreemden. Op school werd
Cho voor gek gezet als een buitenlander die geen Engels sprak.
Zijn oudere zus werd ook geplaagd, maar zij was in staat zich
daar overheen te zetten. Seung niet.

Op Virginia Tech was Seung sociaal geïsoleerd te midden
van duizenden medestudenten. Hij had kamergenoten maar
sprak zelden met hen. Hij ging naar de les maar had geen contact met anderen. Hij had geen vrienden of vriendinnen. Pogingen om hem te laten spreken, negeerde hij. Enkele klasgenoten
probeerden hem te leren kennen, maar toen dat niet lukte, lieten ze hem uiteindelijk met rust.

Het volgende moet worden benadrukt: Cho was geen eenling op de universiteit als gevolg van pesterij of buitensluiting.
Hij had zijn hele leven al ernstige sociale aanpassingsproble-
men gehad. Op Virginia Tech was hij een eenling, niet vanwege
het gedrag van zijn medestudenten, maar ondanks hun pogingen om hem te leren kennen en hem te helpen vrienden te maken. Hij was bijna volledig in stilzwijgen gehuld.

Op de weinige momenten dat hij wel sprak, kan hij met zijn
opmerkingen bij zijn medestudenten nog meer verbijstering

hebben veroorzaakt dan met zijn zwijgen. Hij vertelde zijn kamergenoten dat hij een denkbeeldige vriendin had, Jelly, die supermodel was en in de ruimte woonde. Toch vroeg hij eens een kamergenoot om weg te gaan omdat Jelly op bezoek kwam, wat suggereert dat hij leek te denken dat ze echt was. Hij zei dat Jelly hem Spanky noemde. Een paar andere vreemde opmerkingen gingen over de Russische leider Vladimir Poetin. Seung zei dat hij de vrije dagen van Thanksgiving in North Carolina had doorgebracht bij Poetin en hij beweerde dat hij en Poetin samen waren opgegroeid in Moskou.

Seung tekende het klassenboek een keer met een vraagteken. Enkele klasgenoten begonnen hem toen 'de vraagtekenjongen' te noemen. Hij gebruikte het Engelse woord voor vraagteken, 'Question Mark', als zijn naam op Facebook. Soms belde hij met zijn eigen studentenflat, noemde zich dan Seungs (niet-bestaande) tweelingbroer Question Mark en vroeg vervolgens naar Seung. Toen Seung gevoelens kreeg voor een jonge vrouw, ging hij naar haar studentenflat en stelde zich voor als 'Question Mark'; een eigenaardige manier om te proberen een romantische relatie te beginnen.

Eigenlijk is 'eigenaardig' een goed woord om Seung te beschrijven. Wat het meest aan hem opviel, was wel zijn ernstige sociale handicap. De meeste mensen op de universiteit vinden wel een vriendengroep of in ieder geval iemand met wie ze kunnen praten. Ze weten hoe ze een gesprek kunnen voeren of een vraag beantwoorden. Seung had geen enkele vriend en had na vier jaar universiteit amper een complete zin geuit.

De stille man sprak de wereld toe op 16 april 2007. De dag begon toen Seung twee studenten vermoordde in een studentenflat. Vervolgens verliet Seung de campus en e-mailde een 'multimediamanifest' naar NBC News. Daarna keerde hij terug naar de campus, ging een lesgebouw binnen, sloot de deuren met een ketting af om ontsnappingen te voorkomen en ging van het ene naar het andere lokaal om studenten en docenten te executeren. Toen de politie het gebouw bestormde, pleegde Seung zelfmoord. Bij zijn aanslag vielen 32 doden en 17 gewonden. Overlevenden beschreven zijn gezicht tijdens de hele aanslag als uitdrukkingsloos – hij vermoordde zonder emotie.

Seung vertoonde twee klassieke gebreken die samenhangen met schizofrenie. Ten eerste sprak hij amper. De formele term hiervoor is 'spraakarmoede' en duidt op een grote afname van de hoeveelheid spraak die iemand bezigt. Eerder in Seungs leven werd zijn weinige spreken gediagnosticeerd als ernstige sociale angst of selectief mutisme – de weigering om te spreken in situaties waarin spreken wordt verwacht. Vanwege de ontwikkeling van zijn waandenkbeelden is het echter goed om dit symptoom te zien als onderdeel van schizofrenie.

Het tweede gebrek dat wordt geassocieerd met schizofrenie heet 'emotionele vervlakking', dat betekent dat men weinig of geen emotionele expressie heeft. Van Seung werd gezegd dat hij geen enkel teken van blijdschap, boosheid of een andere emotie vertoonde. Het was alsof zijn gevoelens waren uitgeschakeld, in ieder geval bij zijn sociale interacties. Dat betekent niet dat hij geen gevoel had, maar de normale uitdrukking van emoties was duidelijk afwezig. Een klasgenoot verklaarde dat hij nooit enige emotie toonde. Een student die getuige was van de aanval, zei: 'Ik zag zijn ogen (...) Maar daar was niets, alleen leegte.'[48]

Is er, naast deze symptomen van schizofrenie, enig bewijs dat Seung psychotisch was? We weten niet of hij stemmen hoorde. We weten ook niet of zijn verklaring over zijn denkbeeldige vriendin bewijs is voor een waanidee. Door haar denkbeeldig te noemen, leek hij te weten dat ze niet echt was. Of was dat alleen maar een manier om zijn psychose voor zijn kamergenoten te verbergen? En als hij wist dat ze niet echt was, waarom vertelde hij dan aan een kamergenoot dat ze in de studentenflat was? En hoe zit het dan met zijn bewering dat hij de vakantie had doorgebracht met Vladimir Poetin? Was dat een poging tot humor of een waanidee?

Het duidelijkste bewijs voor zijn psychose staat in zijn verklaringen, die grootheids- en achtervolgingswanen suggereren. In zijn manifest vergeleek hij zichzelf met Jezus en Mozes, wat erop wijst dat hij grootsheidswanen had. Hij zei: 'Dankzij jullie sterf ik als Jezus Christus, om zo generaties van zwakke en weerloze mensen te inspireren.'[49] Hij zei ook: 'Net als Mozes splijt ik de zee en leid ik mijn volk.'[50] Hij beëindigde zijn manifest met de woorden: 'Laat de revolutie beginnen!'[51] Ook Eric Harris maakte veel opmerkingen over het 'ontketenen' van een revolutie. Seung was ervan overtuigd dat zijn aanslag een sociale revolutie zou ontketenen. Hoewel Seung niet beweerde dat hij daadwerkelijk Jezus of Mozes was, was zijn zelfbeeld als revolutieleider die toekomstige generaties zal inspireren, duidelijk grotesk en hield dit geen enkel verband met wie hij werkelijk was.

Zijn paranoia was echter nog duidelijker. Hij was een massamoordenaar die onschuldige mensen doodde, maar toch vond hij zichzelf het slachtoffer van een of andere grote samenzwering: 'Jullie hadden miljoenen kansen en manieren om vandaag te voorkomen (...) Maar jullie besloten mijn bloed te vergieten. Jullie dreven me in een hoek en gaven me maar één optie. Jullie namen het besluit. Nu hebben jullie bloed aan jullie handen dat er nooit meer af gaat.'[52] Tegen wie had hij het? Wie bedoelde hij met 'jullie besloten mijn bloed te vergieten'? Niemand schoot op hem. Hij was de moordenaar, maar hij dacht dat hij het slachtoffer was. Dit is kenmerkend voor mensen met paranoïde waandenkbeelden. Elders schreef hij: 'Zou je nou niet willen dat je me had gedood toen je de kans had?'[53] Waar had hij het over? Niemand probeerde hem te vermoorden. Dit kan alleen maar verwijzen naar iets wat in zijn hoofd plaatsvond.

Een jaar vóór de aanslag schreef Seung een kort verhaal over een student, genaamd Bud, die een schietpartij op een school beraamde maar deze niet uitvoerde. Bud was depressief en zat vol woede. Hij zei tegen een andere student: 'Ik ben niets. Ik ben een mislukkeling. Ik kan niets (...) Verdomme ik haat me-zelf.' Bud wordt beschreven als categorisch anders dan alle an-deren. In het verhaal zijn alle studenten 'blij en lachen ze alsof ze in een hemel op aarde zijn'. Er was 'iets magisch en betove-rends aan de intrinsieke aard van alle mensen, die Bud nooit zal ervaren'.[54] Net als Dylan, Kip, Michael en Andrew Wurst vond Seung blijkbaar dat hij volledig was uitgesloten van normale menselijke ervaringen, alsof hij een buitenaardse, niet mense-lijke identiteit had.

Hoewel we de volgende vraag niet kunnen beantwoorden, is het wel goed hem te stellen: wie dacht Seung dat hij was? Wist hij dat überhaupt wel? Er zijn redenen om aan te nemen dat hij verward was, of zelfs waanideeën had, over zijn eigen identiteit. De vergelijking met Jezus en Mozes laat zien hoe ver hij van de werkelijkheid af stond aangaande wie hij was en hoe hij zou worden herinnerd.

Waarom noemde hij zichzelf 'Question Mark'? Dat is niet alleen vreemd, maar het feit dat hij het vraagteken koos als 'naam' suggereert dat hij niet wist wie hij was. Om het nog ingewikkelder te maken was hij soms zelf Question Mark en soms was zijn niet-bestaande broer Question Mark. Was het een spel? Zo ja, dan wel een vreemd spel.

En waarom gebruikte hij de naam Ismaël? De woorden 'Is-maëls bijl' stonden in rode inkt op zijn arm. Toen hij zijn mul-timediamanifest naar NBC stuurde, schreef hij daarin een vals adres van de afzender met als naam 'A. Ismaël'. Hij gebruikte de naam zelfs om enkele van zijn e-mails te ondertekenen. Dacht hij dat hij, naast zijn vermeende verwantschap met Jezus en Mozes, ook een verbinding had met de Bijbelse figuur Ismaël? Of was dit wellicht geen Bijbelse verwijzing maar een verwij-zing naar het karakter uit *Moby Dick*? Seung studeerde tenslot-te Engels. Dacht hij dat hij Ismaël was? Was 'A. Ismaël' een alter ego? Leed Seung aan waanideeën over zijn eigen identiteit?

Een mogelijke aanwijzing over Seungs identiteit komt van

een studente die hij online anoniem had lastiggevallen. Toen ze in een e-mail aan de afzender vroeg of hij kon bevestigen dat hij Seung was, ontving ze de volgende boodschap: 'Ik weet niet wie ik ben.'[55] Hij kan een spel hebben gespeeld maar het kan ook een correcte bewering zijn geweest; misschien wist hij echt niet wie hij was.

Er is nog een andere prangende vraag die niet kan worden beantwoord: was Seung het slachtoffer van seksueel misbruik? Deze vraag is het stellen waard, omdat hij twee toneelstukken schreef waarin seksueel misbruik een thema is. Bovendien maakte hij verwijzingen naar John Mark Karrs en Debra LaFaves, twee mensen die media-aandacht kregen vanwege hun seksuele omgang met kinderen. Dit thema van seksueel slachtofferschap moet echter worden gezien binnen de context van zowel Seungs paranoia als zijn obsessie met de rol van slachtoffers in het algemeen.

In zijn toneelstuk *Richard McBeef* bijvoorbeeld, beschuldigt de dertienjarige John zijn stiefvader, Richard, ervan dat hij een kindermisbruiker is. Waarom zegt John dat? Omdat de stiefvader midden in een openhartig gesprek het been van John aanraakt. Niets in het stuk wijst erop dat Richard een kindermisbruiker is. Dan beschuldigt John Richard ervan dat hij zijn vader heeft vermoord. Nogmaals, er is niets in het stuk wat suggereert dat die beschuldiging waar is. Ten slotte zegt John dat Richard de moord in de doofpot heeft gestopt: 'Je hebt een complot gesmeed. Net zoals de overheid heeft gedaan bij John Lennon en Marilyn Monroe.'[56] Bovendien wijst John erop dat Richard ooit als portier heeft gewerkt bij de overheid, alsof dat hem in verband zou brengen met complotten en doofpotaffaires. Het lijkt erop dat John, net als Seung, paranoïde was.

In Seungs manifest stonden veel verwijzingen naar zijn rol als slachtoffer. Er is sprake van religieuze beeldspraak waarin hij zichzelf vergeleek met Jezus en vroeg: 'Weet je wel hoe het voelt om te worden vernederd en vastgespijkerd aan een kruis?'[57] Elders gebruikte hij politieke verwijzingen om zijn gevoel als slachtoffer te uiten. Bijvoorbeeld: 'Nu je bent gekomen tot een 9/11 op mijn leven net als [die verdomde] Osama.'[58] Seung beschreef zijn gevoel een slachtoffer te zijn ook zeer beeldend: 'Weet je wel hoe het voelt om je eigen graf te graven? (...) Weet je wel hoe het voelt om levend te worden verbrand?'[59] Dat Seung verwijst naar zijn rol als slachtoffer van seksueel misbruik maakt derhalve deel uit van zijn bredere obsessie waarin hij overweldigd wordt door het gevoel slachtoffer te zijn.

Waar komt die obsessie vandaan? Naar verluidt werd Seung op de middelbare school wel gepest, maar er is geen bewijs dat iemand hem op de universiteit lastig viel. Veel mensen hebben juist aangegeven dat ze hem uit zijn schulp probeerden te halen en hun vriendschap aanboden, maar zij werden afgewezen. Desalniettemin kan het eerdere pesten diepe littekens hebben achtergelaten.

Er speelden nog andere invloeden. Net als andere psychotische schutters had Seung een oudere zus die een 'ster' was. Toen ze zich aanmeldde bij universiteiten, werd ze zowel bij Harvard als Princeton aangenomen; ze koos Princeton. Na haar afstuderen werd ze aangenomen bij het ministerie van Buitenlandse Zaken. Onder Koreaanse immigranten in het algemeen, en in Seungs familie in het bijzonder, wordt enorm veel waarde gehecht aan succes, met name bij mannen. Seungs moeder heeft ooit gezegd dat ze liever had gezien dat haar zoon naar Princeton was gegaan in plaats van haar dochter. Een Koreaanse hoogleraar zei: 'De zus belichaamde het succesverhaal van de immigrant, terwijl de broer de mislukking vertegenwoordigde.'[60]

Seung was niet alleen een mislukkeling binnen zijn familie, maar ook in zijn omgang met vrouwen. Hij voelde zich tot hen aangetrokken maar zijn toenaderingspogingen mislukten volledig. Hij vertoonde ook hinderlijk gedrag, zoals het lastigvallen en stalken van vrouwen en het fotograferen van hun benen tijdens de les. Dit gedrag is met name interessant in het licht van de thematiek van slachtofferschap van seksueel misbruik. De seksuele fantasieën van Seung kennen we niet, maar het zou me niet verbazen als hij fantaseerde over aanranding of verkrachting. Als dit klopt, zou dit in overeenstemming zijn met de paranoia om deze fantasieën te projecteren op anderen en vervolgens te vrezen dat 'zij' hem tot slachtoffer zullen maken. Dat zou zijn obsessie voor aanranding kunnen verklaren. Wellicht was hij juist bang voor wat hij in gedachten anderen aandeed.

Dat zou ook enigszins zijn tirade verklaren over de 'losbandigheid' en de 'hedonistische behoeften' van de mensen om hem heen. Voor iemand die op het punt staat een massamoord te plegen, is het vreemd dat hij zich zorgen maakt om wat hij beschouwt als hedonisme. Moord is veel gruwelijker dan hedonisme. Misschien hield hij zich daarmee bezig omdat hij zelf hedonistisch wilde zijn, maar daartoe de sociale vaardigheden miste of zich belemmerd voelde door zijn geweten. Seung benijdde mensen die van het leven genoten en verlangde er duidelijk naar om te zijn zoals zij: 'O het geluk dat ik had kunnen hebben door mij te begeven onder jullie hedonisten, door te worden gezien als een van jullie.'[61] Hij ging tekeer over mensen die de dingen deden die hij zelf graag wilde doen. Dat doet denken aan Dylan Klebold die jaloers was op sporters, van wie hij vond dat ze plezier, vrienden en vrouwen hadden, maar ook aan Michael Carneals kritiek (misschien gemotiveerd door jaloezie) op leden van de gebedsgroep die wel seksueel actief waren.

Evenzo doet de tirade van Seung over rijke mensen denken aan de obsessie van Eric Harris met 'snobs'. Seung zei bijvoorbeeld: 'Jullie Mercedes was niet genoeg, jullie etters. Jullie gouden kettingen waren niet genoeg, jullie snobs.'[62] Zoals besproken in hoofdstuk 2 zijn paranoïde mensen vaak zeer gevoelig voor status; mensen met een hogere status vormen een bedreiging voor hun identiteit.

Wat was er mis met Seung Hui Cho? Hij was zowel depressief als boos vanwege zijn leven: hij schoot tekort binnen zijn familie, het lukte hem niet om sociaal te functioneren, hij mislukte bij vrouwen en kreeg getreiter te verduren toen hij jonger was. Hij was jaloers op mensen die rijkere, interessantere levens hadden dan hij, maar haatte hen ook. Om zijn gevoel van mislukking te compenseren ontwikkelde hij grootheidsideeën: dat hij was als Mozes en Jezus, een revolutie zou aanvoeren en anderen met zijn voorbeeld zou inspireren.

Wat voor voorbeeld was hij dan? In zijn gedachten stond hij voor de opstand van de onderdrukten. Hij voelde zich een slachtoffer en dus haalde hij uit naar de wereld die hem, in zijn idee, vernietigde. Zijn hele leven was hij anders geweest. Zijn hele leven was hij een buitenbeentje geweest. Door de beginnende psychose verloor hij zijn grip op de realiteit en zijn paranoia versterkte de innerlijke realiteit van zijn pijn. In een bizarre kronkel dacht hij dat hij stierf als Jezus, als slachtoffer van vervolging, terwijl hij in werkelijkheid onschuldige mensen afslachtte.

PSYCHOTISCHE SCHUTTERS

De vijf psychotische schutters vertonen een brede variatie aan symptomen, die soms veel met elkaar overeenkomen maar ook van elkaar verschillen. Dat is niet verrassend. Iedereen is uniek en elke manifestatie van een stoornis uit het schizofrene spectrum is uniek. Toch hebben de psychotische schutters diverse algemene kenmerken gemeen.

Het enige psychotische symptoom dat zij allen deelden was paranoia. Het niveau van paranoia varieerde aanzienlijk onder de schutters, maar zij waren allemaal paranoïde. Aan het gematigde uiteinde van het spectrum staat Dylan Klebold, die vond dat iedereen die hij kende, hem haatte. Aan het meer extreme uiteinde van het spectrum vinden we Kip Kinkel met zijn waanidee dat China de Verenigde Staten zou binnenvallen en dat hij zich zou moeten verdedigen tegen de aanval; ook dacht hij dat de overheid misschien een computerchip in zijn hersens had geïmplanteerd. Michael Carneal had meervoudige paranoïde waanideeën over monsters, demonen en een man met een kettingzaag die onder zijn huis zou wonen. Andrew Wurst geloofde dat mensen werden bestuurd door de overheid en allemaal in ziekenhuisbedden lagen waar hun hersens werden geprogrammeerd door wetenschappers. Seung Hui Cho was ervan overtuigd dat men hem wilde vermoorden en dat hij zichzelf door middel van moord moest verdedigen.

Naast paranoïde waanideeën hadden de psychotische schutters een mengeling van andere symptomen. Sommigen hadden grootheidswanen. Dylan geloofde bijvoorbeeld dat hij een goddelijk wezen was en Seung dacht dat hij een groot leider was zoals Mozes en Jezus. Andere schutters hadden hallucinaties. Kip had de meest opvallende hallucinaties met drie afzonderlijke stemmen die over en tegen hem praatten. Andrew Wurst en Michael Carneal hoorden ook stemmen.

Ten slotte waren alle vijf psychotische schutters in meer of mindere mate sociaal gehandicapt. In sommige gevallen was dat niet zo duidelijk. Dylan en Kip hadden bijvoorbeeld vrienden en kennissen en waren betrokken bij activiteiten op school. Hun dagboeken maken echter duidelijk dat zij zich vreselijk eenzaam, geïsoleerd en ellendig voelden. Daar leden zij erg onder, zelfs als zij dit in het openbaar redelijk goed konden verbergen. Seung Hui Cho was anders. Iedereen wist dat hij ernstige sociale beperkingen had. Hij sprak amper, gaf nauwelijks antwoord op een directe vraag en vertoonde meestal geen emoties. Hij was veruit het meest sociaal gehandicapt van alle psychotische schutters.

De sociale vervreemding die zij voelden verergerde soms

door hun paranoïde waanideeën. Dylan Klebold vond bijvoorbeeld dat hij nooit menselijk kon zijn en schreef over zijn menselijke aard alsof het een vreemd element was in zijn wezen. Michael Carneal schreef: 'Ik denk dat ik een buitenaards wezen ben.' Was dat een figuurlijke verwijzing naar het idee dat hij zo volslagen anders leek te zijn dan iedereen, of was dit iets wat Michael echt geloofde? Andrew Wurst was er duidelijk van overtuigd dat hij een buitenaards wezen was; hij dacht dat hij vanuit een andere wereld naar de aarde was gebracht. Kip Kinkel wist dat hij menselijk was, maar was ervan overtuigd dat hij nooit een normaal mens zou kunnen zijn. En Seung Hui Cho? Zijn vervreemding leek de kern van zijn identiteit te raken, met bewijs dat erop duidt dat hij zelf niet wist wie hij was.

Wat we zien bij de psychotische schutters is een grote variatie van paranoïde waanideeën, grootheidswanen, auditieve hallucinaties (stemmen) en ernstige sociale beperkingen. De combinatie van deze factoren zorgde voor een intens gevoel van vervreemding en wanhoop.

Hoe was het leven voor deze psychotische schoolschutters? Ze voldeden niet aan de verwachtingen van hun familie. Ze deden het niet goed genoeg op school. Ze waren een teleurstelling voor hun ouders. Ze voelden zich sociaal onhandig. En zelfs als ze vrienden hadden, voelden ze zich hopeloos alleen. Ze voelden zich niet geliefd en onaantrekkelijk en ze begrepen maar niet waarom. Waarom zij? Waarom was er niets mis met hun broers en zussen? Waarom waren alle anderen normaal?

De psychotische schutters waren suïcidaal depressief en zaten vol woede over de onverklaarbare oneerlijkheid van het leven. Ze haatten zichzelf, ze haatten de wereld en zij haatten vooral de mensen bij wie wel alles mee leek te zitten – dus zo'n beetje iedereen. Daarnaast schoten hun vaardigheden om met dit leed en deze woede om te gaan, jammerlijk tekort. Zij hadden geen veerkracht, contacten die hen konden steunen of andere pluspunten die hun gebreken zouden kunnen compenseren.

Bovendien leefden ze niet in de realiteit. Ze geloofden allemaal dat mensen of monsters tegen hen samenspanden om hen iets aan te doen. Enkelen hoorden stemmen die tegen hen praatten; soms droegen die stemmen hen op om te doden. De wereld leek een gevaarlijk en bedreigend oord. Ze waren verward en wanhopig en volledig de weg kwijt in het labyrint van hun eigen gedachten.

Soms wisten ze dat ze de grip op de realiteit aan het verliezen waren, maar waren ze zo bang of schaamden zich zo voor wat er met hen gebeurde, dat zij hun symptomen verborgen. Als ze zouden toegeven dat ze stemmen hoorden of dachten dat de overheid een computerchip in hun hersens had geïmplanteerd, zou dat een schok en teleurstelling zijn voor hun ouders. Als hun leeftijdsgenoten het te weten kwamen, zou dat een uitnodiging zijn om hen buiten te sluiten wegens 'krankzinnigheid' en de kans op vrienden of vriendinnen zou verkeken zijn. Het zou het einde van hun hoop op geluk betekenen. Ironisch genoeg zou juist het uitkomen voor hun problemen en het zoeken van hulp hun grootste kans op geluk zijn geweest.

Psychose onder schoolschutters is, ondanks dat het zelden aan de orde komt in de media, een belangrijke factor in veel schietpartijen. Toch zijn niet alle schoolschutters psychotisch. In het volgende hoofdstuk bekijken we er drie die absoluut niet psychotisch waren. Zij hadden andere problemen.

GETRAUMATISEERDE
SCHUTTERS

[5] 'De nachtmerrie van iedereen'

Drie getraumatiseerde jongeren

Kinderen worden geslagen. Kinderen worden misbruikt. Kinderen groeien op te midden van alcoholisme en geweld. Kinderen worden van het ene familielid naar het andere verhuisd en van het ene pleeggezin naar het andere. Er zijn maar al te veel kinderen die leven in afgrijselijke omstandigheden. Terwijl de psychotische en psychopathische schutters in dit boek allemaal uit complete gezinnen kwamen, kwamen de getraumatiseerde schutters allemaal uit gebroken gezinnen en waren ze op diverse manieren mishandeld.

Welke invloed heeft mishandeling op kinderen? Tot de langetermijngevolgen behoren angst, depressiviteit, vijandigheid, schaamte, wanhoop en uitzichtloosheid. Dit zijn kenmerken van posttraumatische stressstoornis (PTSS). Mensen die getraumatiseerd zijn, zijn vaak minder in staat om emoties te voelen en voelen zich vaak vervreemd van anderen. Ze kunnen zich voortdurend bedreigd voelen en milde symptomen van paranoia hebben. Dit wordt dan 'extreme waakzaamheid' genoemd, wat betekent dat ze constant op hun hoede zijn dat hun veiligheid niet wordt bedreigd. Vaak worden ze zelfdestructief door drugs- of alcoholmisbruik, zelfverminking of zelfmoordneigingen. En soms worden ze gewelddadig.

'IK DACHT DAT MIJN LEVEN VOORBIJ WAS'

Mitchell Johnson was de partner van Drew Golden bij de schietpartij in Jonesboro, Arkansas. Daarbuiten hadden de jongens weinig gemeen. In feite was de achtergrond van Mitchell anders dan die van alle schutters die we tot nu toe hebben besproken. Alle anderen – Drew Golden, Eric Harris, Dylan Klebold, Michael Carneal, Andrew Wurst, Kip Kinkel en Seung Hui Cho – kwamen uit overwegend stabiele, goed functionerende gezinnen. Er was niets bekend over huiselijk geweld, seksueel misbruik, aan alcohol verslaafde ouders of ouders die crimineel gedrag vertoonden. Het leven van Mitchell was anders.

Gretchen, de moeder van Mitchell, was één keer eerder getrouwd geweest toen zij Scott Johnson ontmoette en zij had een dochter uit haar eerste huwelijk. Gretchen en Scott trouwden en woonden in Minnesota, waar zij samen twee kinderen kregen, Mitchell en Monte. Gretchen was cipier in een gevangenis en Scott werkte in een levensmiddelenzaak in het stadje Spring Valley. Naar verluidt was hun financiële situatie stabiel, maar een voormalige buurman herinnerde zich dat het gezin de boel liet vervuilen: 'Er lag hondenpoep op de keukenvloer. (…) Rottend eten lag wekenlang op het aanrecht. De tuin werd niet onderhouden of gemaaid.'[1]

Een vuil huis was niet het enige probleem waarmee Mitchell te maken kreeg. Zijn vader, Scott Johnson, was een moeilijke man om mee samen te leven. Gretchen beschreef hem als iemand met een kwade dronk en Mitchell zei dat zijn vader marihuana rookte. Mitchell rookte ook marihuana, die hij stiekem uit de voorraad van zijn vader wegnam.[2] Scott Johnson schreeuwde, sloeg gaten in de muren van het huis en sloeg ook Mitchell. Mitchell verklaarde dat zijn vader hem 'in het gezicht sloeg, hem alle kanten op sloeg en hem tegen de muren smeet'.[3] De woede-uitbarstingen van zijn vader waren zo heftig, dat Mitchell nog urenlang doodsbang bleef trillen. Soms werd hij er lichamelijk ziek van.

Misschien om de situatie thuis te ontlopen, had Mitchell de neiging om weg te gaan zonder zijn ouders te vertellen waar hij naartoe ging. De Johnsons belden diverse malen de plaatselijke politie om te helpen hun vermiste zoon te vinden.

In 1993 werd Scott Johnson gearresteerd voor het stelen van vlees op het werk. Hij raakte zijn baan kwijt en werd vrachtwagenchauffeur. Het drinken van Scott en zijn explosieve karakter hadden het huwelijk al onder druk gezet. Aangezien Gretchen lange dagen maakte en Scott veel op de weg zat, gingen Mitchell en Monte meer tijd doorbrengen in het huis van de moeder van Gretchen. Zij woonde op een woonwagenpark en Scott Johnson vond het niet prettig dat zijn kinderen daar bleven slapen. Hij zei dat daar niet genoeg ruimte voor hen was; één jongen moest op de bank in de woonkamer slapen en de ander sliep op de grond. Gretchen en Scott ruzieden over de woonomstandigheden van de jongens.

Hoewel het gezinsleven van Mitchell moeilijk was, was dat niet het ergste wat hij meemaakte. Toen Mitchell acht jaar oud was, begon een oudere jongen hem te verkrachten, een situatie die enkele jaren aanhield. Bovenop het trauma van het seksueel misbruik dreigde de verkrachter de grootmoeder van Mitchell te vermoorden als de jongen het misbruik aan iemand zou vertellen. Op die manier raakte het seksuele trauma vermengd met de angst voor de bedreiging van zijn grootmoeder. Wat de situatie nog erger maakte was het feit dat Mitchells jongere broer, Monte, ook het slachtoffer werd van de verkrachter. Doordat Mitchell zijn broer niet kon beschermen, voelde hij zich waarschijnlijk schuldig, wanhopig en woedend.

Toen Mitchell tien jaar oud was, gingen zijn ouders scheiden. Volgens een familielid ging het gedrag van de jongen daarna achteruit: 'Hij ging vechten, soms lichamelijk, soms verbaal. Hij werd snel pissig.'[4] Tijdens de scheidingsprocedure trok Gretchen met Mitchell en Monte in bij haar moeder. Gretchen beschreef levendig hoe moeilijk het proces was: 'Scott schreeuwde en schold me uit voor (...) van alles en nog wat. Het was afschuwelijk en gemeen. Hij kwam binnenstormen en zei dan ... "ik hou die kinderen. Dit is geen fatsoenlijk huis voor ze ... Ik stop ze nog liever in zo'n pleeggezin dan ze hier bij jou te laten wonen" en smeet de deur achter zich dicht. Mitchell moest daarna overgeven.'[5]

Ondanks de moeilijkheden thuis en het seksueel misbruik sloeg Mitchell zich hier verbazingwekkend goed doorheen. Hij was een van de beste leerlingen op school, ging graag naar school, hield van zingen en gedroeg zich netjes. Hij stond bekend als een aardige jongen.

De bedreigingen van Scott Johnson om de kinderen mee te nemen, liepen op niets uit en Gretchen verhuisde met de jongens naar de staat Arkansas, waar zij later trouwde met Terry Woodard. Dit was haar derde huwelijk. Woodard was veroordeeld geweest wegens een drugsdelict en illegaal gebruik van een vuurwapen, maar ondanks zijn verleden was hij een goede echtgenoot en vader. Mitchell bewonderde zijn stiefvader en vond het gaaf dat hij in de gevangenis had gezeten.[6]

Mitchell maakte een opmerkelijk goede overstap naar het leven in Arkansas. Hij vond vrienden. Hij ging naar de kerk, zong in het koor en trad daarmee op in bejaardentehuizen. Hij mocht ook spelen in het football-, honkbal- en basketbalteam van de school. Niet slecht voor een nieuwkomer, en helemaal voor een kind met Mitchells traumatische verleden.

Op school behaalde Mitchell goede cijfers en kreeg hij complimenten voor zijn beleefdheid en goede manieren. Hij sprak leerkrachten aan met 'mevrouw' en 'meneer'. Een van zijn leraren stuurde een briefje naar de ouders van Mitchell waarin stond: 'U kunt heel trots zijn op uw zoon. Hij is altijd zo eerlijk en beleefd tegenover mij. Ik wil dat u en hij weten dat ik hem waardeer.'[7]

Hoewel Mitchell nu in Arkansas woonde, ging hij in de zomervakanties terug naar zijn vader in Minnesota. In de zomer van 1997 ontwikkelde hij twee obsessies: meisjes en bendes. De eerste was normaal, de tweede was zorgwekkend. Volgens zijn neef Mike Niemeyer, zei Mitchell dat hij 'er alles voor over had om bij een bende te horen. (...) Hij zou iedereen vermoorden om in een bende te komen.'[8] Waarom bendes en meisjes? Het zijn allebei gebieden waarop een jongen zijn mannelijkheid kan bewijzen. Mitchell stond immers aan het begin van de puberteit.

Zijn seksuele bewustwording bleek problematisch. Het begin van de adolescentie bracht zijn herinneringen aan het seksueel misbruik weer tot leven.[9] Hij was niet in staat om zijn seksuele driften te bedwingen. Tijdens de zomervakantie werd hij met zijn broek op zijn enkels aangetroffen in het gezelschap van een tweejarig meisje. Hij zei dat hij de vagina van het meisje had aangeraakt. Seksueel grensoverschrijdend gedrag is niet ongebruikelijk onder slachtoffers van seksueel misbruik. In diezelfde periode werd Mitchell suïcidaal. Volgens een vriend was hij ten einde raad toen hij een meisje in Minnesota leuk vond, maar zij niets van hem moest hebben. Hij begon te huilen, nam een geweer en een touw en wilde zichzelf ombrengen, maar de vriend praatte hem om.

Ondanks zijn seksuele en romantische problemen in de zomer, had Mitchell wel succes bij de meisjes op school. Ze vonden hem leuk en een aantal ging met hem uit. Toch was er iets raars in zijn relaties. Mitchell nam ze namelijk heel serieus – zelfs zo serieus dat hij met de meisjes praatte over trouwen. Op dertienjarige leeftijd is dat ongewoon gedrag. Mitchell wilde ook wel erg graag dat zij op de schoolfoto kwamen te staan met de ring die hij hun had gegeven. Hij deed heel erg zijn best – misschien wel te veel – maar hij vond het heel belangrijk dat hij succes had bij de meisjes.

Dit was niet het enige gebied waarop Mitchell te veel zijn best deed. Ondanks zijn beleefdheid en goede manieren probeerde hij als gevaarlijke jongen indruk te maken op zijn klasgenoten. Hij gedroeg zich stoer en duwde medescholieren opzij. Sommigen noemden hem een bullebak met een opvliegend karakter die vloekte tegen zijn klasgenoten en hen bedreigde.

Hij schepte op dat hij lid van een bende was, maar zijn klasgenoten negeerden dat. (Tijdens een getuigenis in 2007 bleef Mitchell echter volhouden dat hij lid van de 'Bloods' was geweest.) Zijn pogingen om cool te zijn, hadden een averechts effect; de kinderen lachten om zijn bendepraatjes en scholden hem uit voor 'namaakbink'. Toch werd Mitchell niet buitengesloten. Met zijn atletische gaven, goede cijfers, vriendschappen en vriendinnetjes deed hij het behoorlijk goed. Achter de schermen ging het echter niet goed.

In de lente van 1998 kreeg Mitchell het steeds moeilijker. Hij joeg er enkele honderden dollars doorheen met het bellen van sekslijnen. Nog erger was, dat hij daarvoor zijn vaders creditcard had gebruikt. Zijn vader was woedend en beweerde dat Gretchen niet in staat was om Mitchell op te voeden. Hij dreigde de jongen mee terug te nemen naar Minnesota om bij hem te komen wonen. Het idee dat hij permanent bij zijn vader moest wonen, maakte Mitchell bang en wanhopig.

Het ging steeds slechter met Mitchell. Slechts een paar weken vóór de schietpartij werd hij uit het basketbalteam gezet (of mocht hij niet meedoen, de bronnen lopen uiteen) omdat hij zijn initialen in zijn schouder had gekrast. Onder slachtoffers van seksueel misbruik is zelfverminking, of 'snijden', niet ongebruikelijk. Er zijn vele redenen waarom mensen zichzelf pijn doen. Sommigen snijden zichzelf om een soort emotionele verdoving teweeg te brengen, waarbij fysieke pijn dient om afgeleid te worden van de psychologische pijn. Anderen gaan over tot snijden om zichzelf te straffen. De reden bij Mitchell is onbekend.

Hij verloor niet alleen status omdat hij niet meer in het basketbalteam zat, ook zijn vriendin maakte het uit. Rond diezelfde tijd kreeg hij een zware schorsing omdat hij op de vuist was gegaan met leerkrachten toen hij weigerde om binnen de school zijn baseballpet af te zetten.

Het was al de derde keer dat hij geschorst was op school. De eerste keer was twee klassen lager toen hij de glazen behuizing van een thermostaat had vernield. Zijn tweede schorsing kreeg hij omdat hij tegen een leraar vloekte. Hij had ook al een waarschuwing gekregen voor vloeken in de bus. Niets van dit alles was ernstig wangedrag en voor de school was er geen sprake van ernstige gedragsproblemen. Er gebeurden echter wel te veel dingen met hem.

Eén medescholier zei dat Mitchell een 'zwarte lijst' had opgesteld van mensen op school, maar die is niet gevonden en Mitchell heeft ontkend dat hij iets geschreven zou hebben over het vermoorden van mensen. Diezelfde scholier zei dat Mitchell klaagde dat hij alles 'spuugzat was'. Een ander verklaarde dat Mitchell de dag vóór de aanval zei dat hij alle meisjes zou neerschieten die het met hem hadden uitgemaakt. Iemand anders beweerde dat Mitchell zei, dat hij iedereen zou ombrengen die hem haatte en iedereen die hij zelf haatte. Negen jaar later ontkende Mitchell dergelijke uitspraken te hebben gedaan op de dag voorafgaand aan de aanslag. Toch meldden meer dan twaalf leerlingen dat ze die bedreigingen uit de eerste hand hadden vernomen. Ongeacht wat hij dan wel heeft gezegd, was er geen duidelijk motief voor de aanslag; het lijkt erop dat Mitchells frustratie en boosheid toenamen tot een zodanig punt bereikten waarop hij er niet meer mee om kon gaan. Maar waarom moord? Waarom pleegd hij geen zelfmoord?

Misschien wilde hij wraak nemen. Shannon Wright, de lerares die werd gedood, was degene die hem de schorsing gaf toen hij het glas rond de thermostaat had gebroken. Maar dat gebeurde twee jaar vóór de aanslag. Was haar dood het gevolg van wraak of was zij gewoon op het verkeerde moment op de verkeerde plaats? In zijn verklaring van 2007 hield Mitchell vol dat mevrouw Wright geen doelwit was geweest en zei hij dat zij een goede lerares was die hij aardig vond.

Hoe zit het met de andere slachtoffers? Volgens een vriend van Mitchell hadden twee van de gedode meisjes geweigerd met hem uit te gaan. Bovendien was Candace, het meisje dat het kort voor de aanslag had uitgemaakt, ook slachtoffer geworden. Hoewel dit patroon van slachtoffers op wraak lijkt te wijzen, is dit niet zeker.

Mevrouw Wright nam haar leerlingen bijvoorbeeld in bescherming tegen de aanval; ze werd geraakt door een kogel die was bedoeld voor iemand anders. Ook kon aan de hand van de ballistiek niet voor elk slachtoffer bepaald worden welke jongen hem/haar had geraakt. De meisjes die niet uit wilden gaan met Mitchell konden dus toevallig door Drew zijn neergeschoten en geen doelwit van de wraak van Mitchell zijn geweest. Mitchell ontkende dat hij had gericht op iemand in het bijzonder en hield vol dat hij behoorlijk geschokt was toen hij zag dat Candace was geraakt. De vragen over motief en opzet blijven onopgelost.

Wie was eigenlijk de leider van de aanval? Het bewijs, hoewel niet afdoende, wijst op Drew. In een onbewaakt moment vlak na zijn arrestatie zei Mitchell dat de aanval Drews idee was. Drew vertelde later aan een begeleider in zijn detentieprogramma dat hij de aanstichter was. Daarmee identificeerden beide jongens Drew als de leider.

Bovendien was Drew degene die bezeten was van wapens en jarenlange ervaring had met vuurwapens. Hij was degene die aan de wapens kon komen die ze gebruikten; alle wapens kwamen uit het huis van Drews ouders en dat van zijn grootouders. Drew was degene die het brandalarm in de school in werking stelde om een evacuatie te veroorzaken. Tot slot was Drew de meest agressieve van de twee. Het politieonderzoek concludeerde dat Mitchell 5 schoten had afgevuurd en Drew 25.[10]

Het idee dat Drew de leider was, werd versterkt in 2007, toen Mitchell een verklaring onder ede aflegde. (In tegenstelling tot Mitchell deed Drew dat niet; we hebben geen soortgelijk getuigenis van Drew om die met de verklaring van Mitchell te vergelijken.)

Hij zei dat hij, toen Drew voor het eerst het idee van de

schietpartij opperde, weigerde om mee te doen. Op dat moment zou Drew hebben gezegd dat hij mensen bang wilde maken en niet vermoorden. Drew bracht het onderwerp een aantal maanden later weer ter sprake en vroeg Mitchell of hij voor het vervoer wilde zorgen. Mitchell wilde dat wel doen, maar zei ook dat er niemand gewond mocht raken. Dit staat natuurlijk recht tegenover de verklaringen van leerlingen die beweerden dat Mitchell bedreigingen uitte op de dag vóór de aanval.

Volgens de verklaring van Mitchell vroeg Drew hem op de dag van de aanslag om mee te doen met schieten. Mitchell gaf toe dat hij met een geweer had gericht en geschoten, maar zei dat hij over de hoofden van de mensen heen had willen schieten. Hoewel hij toegaf dat hij door het telescoopvizier had gekeken en de mensen duidelijk had gezien, ontkende hij dat hij de bedoeling had gehad om mensen om te brengen. Toen werd doorgevraagd op dit punt, herhaalde Mitchell dat hij niet de bedoeling had gehad om iemand te raken en hij kon niet verklaren wat er was gebeurd.

Hoe betrouwbaar is zijn verklaring? Meer dan tien scholieren meldden dat Mitchell bedreigingen had geuit vóór de aanslag. Mitchells bewering dat Drew hem pas op de dag van de aanslag vroeg om mee te doen, is dus moeilijk te geloven. Dat geldt ook voor zijn volharding dat hij niet de bedoeling had om iemand te raken, vooral omdat hij toegaf dat hij richtte door het vizier van het geweer.

Waarom deed Mitchell überhaupt mee aan de aanslag? Hij probeerde die vraag te beantwoorden tijdens zijn verklaring: 'Waarom ik meedeed. Ik weet het niet goed. (…) Ik weet nog dat ik op het moment van de schietpartij het gevoel had dat ik gevangen zat, alsof niemand me begreep, weet je wel? Tja, ik weet het niet. Het was – ik voelde me in het nauw gedreven. Ik had het gevoel dat ik nergens naartoe kon, niets kon doen. Ik dacht dat mijn leven voorbij was.'[11] Deze passage suggereert dat Mitchell niet alleen deelnam aan de schietpartij omdat hij meedeed met Drew, en niet omdat hij boos was op meisjes, maar omdat hij wanhopig en depressief was. Maar hij was ook boos.

Tijdens zijn verklaring ontkende hij dat de aanslag iets te maken had met zijn schorsing op school of met iets anders wat op school was gebeurd. Waarom was hij dan zo boos?

Eén reden was de relatie met zijn vader: 'Mijn vader en ik konden nooit goed met elkaar opschieten, mijn echte vader en ik, Scott. Ik ging daar naartoe [naar Minnesota] en ik haatte het.'[12] Een andere reden was zijn verleden van seksueel misbruik: 'Toen ik in de puberteit kwam, herinnerde ik mij dat ik was misbruikt. Dat had veel te maken met mijn woede, had ook veel te maken met waarom ik zo boos was de hele tijd.'[13] Slachtofferschap creëert vaak het verlangen naar wraak.

Maar waarom vermoordde hij zijn medescholieren? Misschien richtte hij zijn woede op jongens die zijn gangsterverhalen negeerden en meisjes die hem afwezen. Die op zichzelf gewone gebeurtenissen kunnen een diep gevoel van schaamte hebben wakker geroepen, schaamte die in de kiem was ontstaan in zijn verleden van misbruik. Mitchell was niet de enige getraumatiseerde jongen die uithaalde naar toevallig aanwezige doelwitten in plaats van naar de echte veroorzakers van zijn pijn. (*De feiten in dit gedeelte zijn afkomstig uit het onderzoek van Katherine Newman.*[14])

ZOON VAN RAMBO

Er rustte een familievloek op Evan Ramsey. Tenminste, dat dacht hij. Elf jaar voordat hij de schietpartij op school pleegde, verwierf zijn vader de bijnaam 'Rambo van Alaska'. Toen Evan ongeveer vijf jaar oud was, brak er brand uit in het appartement van het gezin. Don Ramsey gaf de plaatselijke politiek de schuld van de brand en kocht ruimte in de *Anchorage Times* voor een open brief aan een vertegenwoordiger van de lokale overheid. Toen de krant de brief weigerde af te drukken, besloot Don Ramsey in actie te komen. Hij verscheen op het kantoor van de krant als een soldaat die naar het slagveld gaat. In zijn eigen woorden: 'Ik was gewapend en klaar om ten strijde te trekken. (…) Ik had een halfautomatische AR 180-223, ongeveer 180 stuks munitie. Een .44 magnum met korte loop en ongeveer 30 kogels daarvoor.'[15]

Ramsey ging het gebouw van de krant binnen en sloot de deuren achter zichzelf met een ketting. Hij liet rookgranaten en voetzoekers afgaan, schoot daarna in het plafond en ging naar het kantoor van de uitgever, alwaar hij de man gijzelde. Ondanks dat hij zei dat hij bereid was te sterven in zijn poging om de krant te dwingen zijn brief af te drukken, werd Ramsey door de uitgever overmeesterd na een korte politieactie. Don Ramsey ging voor ongeveer tien jaar de gevangenis in. Op 13 januari 1997 werd Ramsey vrijgelaten. Op 9 februari belde Ramsey zijn zoon, Evan, om te vertellen dat hij een vrij man was. Tien dagen later ging Evan zelf wild om zich heen schieten.

Dat hij de zoon was van de 'Rambo van Alaska' was niet het enige probleem van Evan. Vóór het Rambo-incident had de brand in het appartement een reeks verhuizingen tot gevolg. Bovendien had Evans moeder, Carol Ramsey, een drankprobleem, dat ze al had voordat haar man naar de gevangenis ging maar dat kennelijk erger werd toen hij eenmaal vastzat. Ze vertelde: 'Alles wat ik deed was afhankelijk van alcohol. Elke morgen nam ik bier als ontbijt en dronk ik de hele dag.'[16] In 1995 werd ze beschuldigd van rijden onder invloed; een jaar later werd ze aangeklaagd wegens openbare dronkenschap.[17]

Het leven thuis was ook op andere manieren problematisch. Nog voordat Don Ramsey naar de gevangenis ging, had Carol hem verlaten en verhuisde ze met haar drie kinderen naar Fairbanks in Alaska, waar ze leefde van 'bijstand en drank'.[18] Toen ze een vriend kreeg in een andere plaats, trok ze met haar gezin bij hem in. In plaats van bier ging ze whisky drinken. Alsof dat niet erg genoeg was, was die vriend ook nog gewelddadig.

Ze verliet hem en trok met haar gezin in bij weer een andere vriend in een andere plaats. Carol bleef drinken en de nieuwe vriend was eveneens gewelddadig.

De thuissituatie verslechterde dusdanig dat de jeugdzorg ingreep; Evan was toen zeven jaar. Toen een medewerker van jeugdzorg aanbelde, was Carol te dronken om te praten. Haar drie zoontjes zaten dicht tegen elkaar aan in het onverwarmde appartement. Buiten was het 22 graden onder nul.

Evan en zijn broertjes werden weggehaald bij hun moeder en gingen twee tot drie jaar lang van het ene pleeggezin naar het andere. Af en toe keerden de jongetjes terug naar Carol. Wanneer zij niet nuchter kon blijven, werden ze weer teruggestuurd naar een pleeggezin. Op een avond sloeg een vriend van Carol haar oudste zoon, John. John, die destijds misschien negen jaar oud was (Evan was ongeveer zeven) besloot dat hij er genoeg van had. Hij nam zijn twee broertjes mee de winternacht van Alaska in, in temperaturen ver onder nul, om zo te ontsnappen aan het geweld thuis. De jongens moeten wanhopig zijn geweest om zo hun leven in de waagschaal te stellen. Ze verscholen zich op de gesloten veranda van het huis van hun schoolhoofd. Daarvandaan werden ze weer teruggebracht naar een pleeggezin.

Vanaf dat moment ging het echt bergaf. In een periode van twee tot drie jaar werden Evan en zijn jongste broertje William in tien pleeggezinnen geplaatst. Zoveel instabiliteit kan overweldigend zijn voor een kind, zelfs als alle gezinnen veel liefde en steun geven. In Evans geval was de kwaliteit van de pleegzorg wellicht de meest traumatische factor in zijn leven. In een van de gezinnen werden beide jongens zowel lichamelijk mishandeld als seksueel misbruikt door de biologische zoon van de pleegouders. Evan had blauwe plekken in zijn gezicht en nek. Vooral het seksueel misbruik was vernederend: de jongen dwong Evan en William om hem te laten urineren in hun mond.

Heel weinig preadolescenten plegen zelfmoord of doen hier een poging toe. Het is echter niet verrassend dat Evan zelfmoord probeerde te plegen toen hij tien jaar oud was. Hij liep de oceaan in om zichzelf te verdrinken; of iemand hem tegenhield of dat hij van gedachten veranderde, is niet bekend. Maar waarom wil een tienjarige dood? We weten dat hij zijn thuis verloor in een brand en daarna vaak verhuisde. We weten dat zijn vader jarenlang in de gevangenis zat. We weten dat zijn moeder alcoholiste was en gewelddadige partners had. We weten dat Evan van het ene pleeggezin naar het andere ging en dat hij werd misbruikt in minstens één pleeggezin. Na al deze nare ervaringen voor zijn tiende jaar is het geen wonder dat Evan suïcidaal werd.

Naast alles wat we weten, kunnen er meer spanningen zijn geweest. Don Ramsey had het doden van mensen overwogen om zijn brief afgedrukt te krijgen; wat voor soort vader en echtgenoot was hij? Hoe was het leven in het Ramsey-gezin toen hij daar nog was? En als hij er niet was, hoe slecht ging het dan, in gezelschap van alleen Evans moeder? En hoe zit het met al die pleeggezinnen buiten het gezin waar het misbruik plaatsvond; hoe stabiel en koesterend waren die? In het huis waar Evan woonde ten tijde van de schietpartij woonde ook een adoptiefzoon die was veroordeeld wegens een zedenmisdrijf. Dit betekent niet dat Evan in dat huis misbruikt werd, maar hij kan een gemakkelijk doelwit zijn geweest. Het is dus mogelijk dat er veel meer trauma's in Evans leven waren dan hetgeen openbaar is gemaakt.

Er waren ook andere problemen. Evans oudere broer, John, begon op twaalfjarige leeftijd crimineel gedrag te vertonen zoals diefstal en mishandeling. Evan zelf kreeg een conflict met zijn medescholieren en werd in elkaar geslagen door een van hen, Josh Palacios. Evans driftbuien werden een groot probleem. In 1996 kwam de politie naar het huis waar hij op dat moment woonde, omdat hij een gat in een muur had geschopt en de dochter van zijn pleegmoeder had bedreigd. Op school waren er meerdere incidenten waarbij hij plotseling vol woede met dingen gooide en het gebouw uitstormde. In het schooljaar 1995-1996 kreeg hij een aantal disciplinaire maatregelen. In 1995 was Evan weer suïcidaal geworden. Hij belde een vriend en zei: 'Je hebt vijf minuten om hier naartoe te komen of ik schiet mezelf dood.'[19] Op enig moment begon Evan drugs te gebruiken, vermoedelijk om zijn lijden te verzachten en te ontsnappen uit de realiteit van zijn leven vol problemen.

In de weken voorafgaand aan de schietpartij gebeurden er verschillende dingen waardoor Evans woede en spanningen verergerden. Tien dagen voor de aanslag belde zijn vader op om te zeggen dat hij was vrijgelaten uit de gevangenis. Wat dit precies voor Evan betekende, is niet bekend; misschien vond hij het vooruitzicht om bij zijn vader te moeten wonen wel angstaanjagend. Rond diezelfde tijd maakte zijn vriendin de verkering uit die enkele maanden had geduurd, waarna ze verhuisde. Een week voor de aanslag nam de decaan Evans cd-speler in beslag. Dit was een vrij onbeduidend incident, maar het verergerde wel de boosheid van de jongen. Eveneens een week voordat hij de schietpartij pleegde, werd zijn broer John gearresteerd voor een gewapende overval op een seksshop. Misschien werd ook hij achtervolgd door de familievloek.

Uiteindelijk bereikte Evan een breekpunt. Op 19 februari 1997 ging hij naar school en schoot twee mensen neer: Josh Palacios (de leerling die hem in elkaar had geslagen) en de directeur (niet degene die hem jaren daarvoor had toegelaten tot zijn huis). Beiden overleden. Door het schot dat Josh doodde, raakten twee andere leerlingen gewond. Vervolgens liep Evan door de gangen en schoot hij in op de kluisjes. Uiteindelijk zette hij het geweer onder zijn kin om zichzelf om te brengen, maar hij haalde de trekker niet over. Hij ging naar de gevangenis en blijft daar waarschijnlijk de rest van zijn leven.

Het meest zorgwekkende aspect van Evans aanslag is dat hij aanvankelijk niet van plan was geweest om iemand te vermoorden, maar daartoe was aangespoord door zijn medescholieren. Evan wilde een vuurwapen mee naar school brengen om de kinderen die hem hadden gepest angst aan te jagen; daarna zou hij zichzelf doden. Toen Evan twee vrienden – een van hen was ook zijn neef – vertelde over zijn plannen, probeerden ze hem niet op andere gedachten te brengen of de hulp van een volwassene in te roepen, maar ze moedigden hem aan om mensen te vermoorden. Na hun aanmoediging maakte Evan een zwarte lijst met drie mensen. Zijn vrienden voegden daar nog elf namen aan toe.

Ze zeiden tegen Evan dat hij beroemd zou worden: '[Mijn vriend] zei dat mijn foto en naam de wereld over zouden gaan. Hij zei dat ik beroemd zou worden. Hij zei dat heel veel mensen over mij zouden horen. Hij zei dat ik moest genieten van de roem.'[20] Een van Evans vrienden leerde hem om te gaan met een kaliber 12 geweer en een ander beloofde zijn eigen wapen mee te brengen naar school om Evan te steunen bij de aanslag. Het gesprek over zelfmoord vond vier of vijf dagen voor de aanslag plaats. De dag vóór de schietpartij kreeg Evan uitleg hoe hij een geweer moest bedienen.

Niet alleen deze twee vrienden waren op de hoogte van de plannen voor de aanslag, ook veel andere scholieren wisten dat er iets groots stond te gebeuren. Er verzamelde zich zelfs een groep scholieren om toe te kijken. Eén jongen bracht voor de gelegenheid een camera mee. Op enig moment zei een meisje tegen een andere scholier die op een galerij stond om de aanslag te bekijken: 'Je zou hier eigenlijk niet moeten staan. (…) Je staat op de lijst.'[21] Hoewel veel scholieren wisten van de geplande aanslag, zei geen van hen iets tegen ouders of leerkrachten. De politie klaagde de scholieren die op de hoogte waren van de aanslag niet aan; ze arresteerde wel de twee vrienden die Evan hadden aangemoedigd. De één bekende schuld aan moord door nalatigheid, de ander werd veroordeeld voor doodslag.

Verschafte Evan enig inzicht in zijn gedrag? Na de aanslag werd in zijn slaapkamer een briefje gevonden; hij had verwacht dat tegen de tijd dat het briefje zou worden gevonden hij de moorden en zelfmoord zou hebben gepleegd. Hij schreef over het vermoorden van de directeur maar zei niet waarom. Volgens latere berichten was het een van Evans vrienden die de directeur haatte en had hij Evan aangezet juist hem te vermoorden. Evan klaagde in zijn briefje dat hij 'negatief' werd behandeld, maar gaf geen details: 'De voornaamste reden waarom ik het deed, is omdat ik het spuugzat ben om elke dag op deze manier behandeld te worden. (…) Het leven is waardeloos op zijn eigen manier en daarom heb ik een stukje daarvan vermoord en breng ik mijzelf om.'[22]

Na zijn misdaad zei Evan: 'Toen ik de school inging was mijn voornaamste doel om eruit te stappen. (…) Om zelfmoord te plegen.'[23] Evan was al vanaf enkele jaren voor de aanslag suïcidaal en zijn briefje wees er duidelijk op dat hij van plan was geweest zichzelf om te brengen. Toen de tijd daar was, merkte hij echter dat hij het niet kon.

Hoe slecht hadden zijn medescholieren Evan behandeld? Josh Palacios (en anderen) gooiden proppen toiletpapier naar hem. Na de aanslag zei Evan: 'Ik werd een stuk stront genoemd, een klootzak. Ik – ik werd spastisch en mongool genoemd.'[24] Verklaren dergelijke pesterijen een moorddadige reactie? Achteraf gezien vindt Evan van niet. Nadenkend over de jongen die hij heeft vermoord, zei Evan: 'Nu ik terugkijk (…) en ik vraag me af waarom ik me door hem zo liet opjutten? Hij zei dat ik stom was, nou en?'[25]

Hoewel Evan op school werd gepest, had hij wel vrienden. Naast de twee jongens die hem aanmoedigden de aanslag te plegen, had hij andere vrienden en vriendinnen. Hij zou zelfs bevriend zijn geweest met enkele van de beste leerlingen van de school. Hij was dus geen eenling. Het is echter goed om op te merken dat Josh Palacios niet alleen Evan lastigviel en hem in elkaar sloeg, maar ook de ster van het basketbalteam was en een populaire jongen die in de smaak viel bij de meisjes. In termen van status was hij alles wat Evan niet was. Net als bij de andere schutters zien we de combinatie van twee kwesties: boosheid vanwege mishandeling en afgunst omtrent statusverschillen.

Achteraf gezien noemde Evan diverse zaken die bijdroegen tot het gebruik van geweld. Ja, hij was boos omdat zijn cd-speler was afgepakt. Maar er was meer: '[Mijn] vriendin zei "rot op" en verdween. En iedereen die me steeds maar lastigviel en zich maar met me bemoeide en bemoeide. En ik weet niet wie mijn ouders zijn; dat was nog iets wat pijn doet. Het leek alsof al mijn vrienden hun vader kenden. En James en Matthew [zijn twee vrienden] waren me zo op stang aan het jagen: "Ja, het zou [krachtterm] gaaf zijn."'[26] Hoewel Evan een jongen die hem had gepest opzocht en vermoordde, was dit niet louter een wraakactie. Door te zeggen dat de aanslag werd veroorzaakt door een verlangen naar wraak, wordt de verwoestende opstapeling van trauma's die Evan jaar in jaar uit te verduren kreeg, over het hoofd gezien. Dat gaat ook voorbij aan het feit dat Evan aanvankelijk van plan was geweest alleen zichzelf om te brengen en niemand anders. Zijn vrienden haalden hem over tot moord. Het verlangen naar wraak kan de slachtofferkeuze van Evan hebben beïnvloed, maar het was niet de reden van zijn aanslag.

Ja, hij werd gepest maar de aanslag draaide niet echt daarom. Het ging om al het andere wat hem was overkomen: zijn gedetineerde vader, zijn alcoholistische moeder, de pleeggezinnen, het misbruik en zijn suïcidale depressie. En misschien was het een kwestie van het navolgen van de Rambo van Alaska. Evan was zich bewust van zijn vaders bizarre overval op de krant. Keek hij tegen zijn vader op als een soort van machostrijder? Vond hij dat hij voorbestemd was om in de voetsporen van zijn vader te treden? Hoe dan ook, Evan noemde het een familievloek.[27]

'ZESTIEN JAAR OPGESTAPELDE WOEDE'

Als Evan Ramsey een familievloek had, was hij niet de enige. Jeffrey Weise had een vergelijkbare familiegeschiedenis en een soortgelijke 'vloek'. Eigenlijk was de familiegeschiedenis van

Jeffrey misschien nog wel traumatischer dan die van alle andere schoolschutters. Hoewel er veel hiaten zijn in het verhaal, is het duidelijk dat de problemen al vroeg in het leven van Jeffrey begonnen.

Jeffrey was een inheemse Amerikaanse indiaan van de Ojibwa-stam (ook wel Chippewa-stam genoemd). Hij woonde afwisselend in Minneapolis en Red Lake, Minnesota, een reservaat waar ongeveer 5000 mensen wonen. Hoewel zijn ouders nooit trouwden, bracht hij de eerste drie maanden door bij zijn vader en moeder, Joanna Weise en Daryl Lussier Jr. Daarna woonde de jongen om onbekende redenen bij zijn vader. Zijn moeder bleef in Minneapolis, terwijl Jeffrey met zijn vader naar Red Lake verhuisde.

Toen hij drie jaar oud was, verhuisde Jeffrey terug naar zijn moeder. Het leven met haar was verre van stabiel. Toen Jeffrey vier was, ging Joanna Weise de cel in omdat ze dronken achter het stuur had gezeten. Een paar maanden later kwam ze weer in de gevangenis, nu voor mishandeling. Later kreeg ze een relatie met een man genaamd Timothy DesJarlait en ze kregen samen twee kinderen.

Jeffrey werd heen en weer geschoven tussen familieleden en woonde soms bij zijn moeder en dan weer bij een opa of een oma. Soms bracht hij zelfs de nacht door in het huis van een vrouw die 'cultureel coördinator' was op Red Lake Middle School. Hij ging ook van het ene pleeggezin naar het andere. Het vele verhuizen was niet alleen het gevolg van zijn moeders korte verblijven in de gevangenis, maar ook van twee familietragedies.

Op 21 juli 1997 was de vader van Jeffrey, Daryl Lussier Jr., een dag lang verwikkeld in een gewapende confrontatie met de politie. Om het nog erger te maken was de grootvader van Jeffrey, Daryl Lussier Sr., een van de betrokken politieagenten. Jeffreys opa probeerde zijn zoon te overreden zich over te geven zodat niemand iets zou overkomen, maar de poging mislukte. Jeffreys vader koos ervoor zich niet over te geven en pleegde zelfmoord. Hij was toen 31 jaar oud en Jeffrey was 8. Dit was de eerste tragedie.

Ongeveer twee jaar later ging de moeder van Jeffrey uit drinken met een nicht. De nicht zat dronken achter het stuur, raakte betrokken bij een ongeluk en werd gedood. Jeffreys moeder overleefde het ongeluk, maar liep zwaar hersenletsel op. Ze ging naar een verpleeghuis waar ze aan een rolstoel was gekluisterd en alle basisvaardigheden opnieuw moest leren. Dit was de tweede tragedie.

Tussen deze traumatische gebeurtenissen in trouwde Jeffreys moeder met Timothy DesJarlait, van wie werd gezegd dat hij een drankprobleem had. Na het auto-ongeluk liet hij haar in de steek. Toen ze niet meer voor haar kinderen kon zorgen, nam de stieffamilie de twee kinderen van het stel in huis, maar niet Jeffrey. Binnen twee jaar verloor Jeffrey heel veel: zijn vader pleegde zelfmoord, zijn moeder kreeg hersenletsel, zijn stiefvader vertrok en zijn halfbroer en -zus werden meegenomen.

Deze verliezen waren niet de enige bronnen van spanning in het jonge leven van Jeffrey. Zelfs vóór het auto-ongeluk van zijn moeder had hij weinig liefde en verzorging van haar ontvangen: 'Mijn moeder mishandelde me vaak toen ik klein was. Ze sloeg me met alles wat ze te pakken kon krijgen en ze dronk ook heel veel. Ze vertelde me dan dat ik een vergissing was en ze zei zoveel dingen, dat het moeilijk is om daarmee om te gaan of eraan te denken zonder te huilen.'[28] Bovendien mishandelden de moeder van Jeffrey en een niet nader bekende minnaar de jongen ook op andere manieren. Dan werd hij buitengesloten van het huis, of hij werd opgesloten in een kast of gedwongen om urenlang op zijn knieën in een hoek te zitten.

Jeffrey Weise was een mishandeld kind met een alcoholistische moeder. Hij woonde bij een reeks familieleden en pleeggezinnen. Hij verloor zijn vader door zelfmoord en zijn moeder aan hersenletsel. Welke spanningen kreeg Jeffrey nog meer te verduren? Was voor soort man was Jeffreys vader? Waarom was hij betrokken bij een gewapend conflict met de politie? Met welke problemen worstelde hij en wat was de invloed daarvan op zijn zoon?

Wat de omstandigheden ook waren, op 21 maart 2005 voerde Jeffrey zijn reeds lang geplande aanslag uit. Hij vermoordde zijn grootvader en diens vriendin bij hen thuis. Daarna nam Jeffrey de politiewapens en het kogelvrije vest van zijn grootvader en reed in de politieauto naar school, waar hij een beveiligingsbeambte neerschoot en de school binnenging. Vervolgens doodde hij vijf leerlingen en één lerares en verwondde zeven andere personen.

Zoals altijd is onze eerste vraag: 'Waarom?' Hoewel Jeffrey heel veel schreef, is het meeste wat daarvan beschikbaar is fictie, naast enkele minimale dagboekachtige boodschappen op zijn webpagina's. Hij was mogelijk enigszins sociaal geïsoleerd omdat hij al een aantal weken niet op school was geweest. De berichten over de reden daarvoor lopen uiteen van een medisch probleem, een leerprobleem, het gevolg van zijn gedragsprobleem tot een poging om hem te beschermen tegen pesten. Volgens zijn grootmoeder kreeg Jeffrey echter thuis les op aanraden van een hulpverlener van het ziekenhuis in het reservaat. Wat de waarheid ook is, Jeffrey was vóór de aanslag al ongeveer vijf weken niet op school geweest.

Hij was al enige tijd suïcidaal en uitte zijn wanhoop heel duidelijk: 'De meeste mensen hebben nooit te maken gehad met mensen die het soort pijn hebben dat je soms lichamelijk ziek maakt, je zo depressief maakt dat je niet kunt functioneren, je zo triest maakt en intens verdrietig, dat het inslikken van een kogel of je hoofd in een strop leggen een welkome oplossing zou zijn.'[29]

Jeffrey was op het punt dat hij zichzelf probeerde om te brengen door zijn polsen door te snijden; de poging was ernstig genoeg om in het ziekenhuis te belanden. Een aantal maanden na de poging zette hij de volgende boodschap online:

Ik had in mijn leven heel wat doorstaan dat mij naar een donkerder pad had geleid dan de meesten zouden nemen. Ik sneed het vlees van mijn pols in tweeën met een stanley- mes, kleurde de vloer van mijn slaapkamer met bloed dat ik niet had mogen vergieten. Na daar in mijn idee wel uren te hebben gezeten (wat in werkelijkheid slechts minuten waren), deed ik de ontdekking dat dit niet het pad was. Het was mijn besluit om medische hulp te zoeken, terwijl ik er ook voor had kunnen kiezen om te blijven zitten tot er genoeg bloed vanuit de naar beneden gerichte wonden op mijn polsen was gevloeid om dood te gaan.[30]

Jeffrey kreeg Prozac voorgeschreven, een antidepressivum, maar dit leek niet te helpen. Hij bleef worstelen met zichzelf. Hij ging zichzelf snijden; kraste wonden in zijn vlees met het metaal aan het uiteinde van een potlood. Hij koos voor mari- huana en rookte dit regelmatig. In de tweede klas van de mid- delbare school bleef hij zitten. Hij schreef gewelddadige verha- len, maakte gewelddadige tekeningen en korte animatiefilms over moord en zelfmoord. Hij vatte zijn leven als volgt samen: '16 jaar opgestapelde woede, slechts onderdrukt door korte sprankjes hoop, die vrijwel allemaal in rook zijn opgegaan.'[31]

Twee maanden voor de aanslag schreef Jeffrey dit op zijn website:

Zo verrekte naïef man, zo verrekte naïef. Altijd maar ver- andering verwachten terwijl ik weet dat er nooit iets ver- andert. Ik heb moeders voor hun man zien kiezen in plaats van voor hun eigen vlees en bloed. Ik heb anderen voor alcohol zien kiezen in plaats van voor vriendschap. Ik offer niets meer op voor anderen, een deel van mij is al naar de kloten en ik haat deze shit. Ik leef de nachtmerrie van ie- dereen en dat feit alleen al komt hard aan. Ik moet toch wel verrekte waardeloos zijn. Deze plek verandert nooit, echt nooit. Ik vervloek alles.[32]

De verwijzing naar moeders die 'voor hun man kiezen in plaats van voor hun eigen vlees en bloed' kan heel goed een verwijzing zijn naar zijn eigen moeder. De opmerking over mensen die voor alcohol kiezen in plaats van vriendschap, blijft een raadsel. En hoewel Jeffreys boosheid en wanhoop duidelijk zijn, legt hij niet uit wat hem tot het uiterste drijft. Wat bedoelde hij met 'de nachtmerrie van iedereen'? Duidt hij op het verlies van zijn ouders? De mishandeling die hij moest doormaken? Of was het iets anders?

Een raadselachtig en zorgwekkend aspect van Jeffrey was zijn belangstelling voor nazi's. Hij zette de volgende boodschap op een site van neonazi's: 'Ik kwam toevallig op deze site terecht bij mijn research naar onder andere het Derde Rijk en het nazisme. Ik heb het idee dat ik altijd van nature bewondering heb gehad voor Hitler en zijn idealen.'[33] Hij noemde zichzelf 'Todesengel', wat Duits is voor 'engel des doods'. Elders online noemde hij zich 'Amerikaans-Indiaanse Nationaal Socialist' en 'Indiaanse Nazi'.

Het idee van een indiaanse nazi lijkt tegenstrijdig, omdat de nazi's 'niet-arische' rassen als minderwaardig beschouwden. Dus hoe kon een Amerikaanse indiaan een neonazi zijn? Jeffrey schreef wat hij in Hitler bewonderde: 'De moed om het op te nemen tegen grotere naties.'[34] Dus net als Eric Harris was Jeffreys identificatie met Hitler een poging om zich te identificeren met een bron van macht.

Er is nog een andere zorgwekkende parallel met Eric Harris en zijn obsessie voor natuurlijke selectie en de overleving van de sterksten. Jeffrey zette het volgende citaat van Hitler online: 'De wetten van het bestaan vereisen onafgebroken moorden (...) Zodat de beteren kunnen blijven leven.'[35] Eric sprak heel duidelijk zijn verlangen uit om de wereld te ontdoen van minderwaardige mensen. Deelde Jeffrey daadwerkelijk diezelfde ideologie? Of klampte hij zich eraan vast als een rechtvaardiging voor moord? Gebruikte Jeffrey de nazi-ideologie om de wraak op zijn medescholieren te rationaliseren?

Jeffrey gaf een interessant commentaar online over het feit dat hij zich aangetrokken voelde tot de nazi's: 'Ik voel al lang een sterke band met nazi-Duitsland, en dat is niet per definitie de meest aangename gedachte, hoewel ik er niets aan kan doen.'[36] Deze verklaring wijst erop dat Jeffrey zich zorgen maakte over zijn aantrekking tot de nazi's en hoewel hij er niet blij mee was, ervoer hij het als iets waarover hij geen controle had. Blijkbaar voldeed deze aantrekkingskracht aan een onvervulde behoefte van hem die hij niet begreep.

Er zijn diverse berichten dat Jeffrey werd geplaagd of gepest door enkele van zijn leeftijdsgenoten, maar er zijn ook meerdere berichten dat hij niet werd lastiggevallen. Het bewijs loopt zo uiteen dat het onmogelijk is om zeker te weten wat er werkelijk met hem gebeurde op school.

Volgens zijn tante werd Jeffrey gepest vanwege zijn uiterlijk, maar dat gebeurde niet dagelijks en het was ook niet heftig. Andere mensen zeiden echter dat Jeffrey consequent en buitensporig werd gepest. Toch zei Michelle Kingbird, een vriendin, dat Jeffrey niet het mikpunt was van pesten.

Jeffrey zei zelf ook dat zijn lengte en uiterlijk een afschrikwekkend effect hadden. Hij was ongeveer 1 meter 90 lang en woog tussen de 110 en 140 kilo; een indrukwekkende verschijning. Hij had vaak zwarte kleding aan en een tijdlang droeg hij plukken van zijn haar als hoorntjes op zijn hoofd. In zijn eigen woorden: 'Vanwege mijn omvang en uiterlijk bezorgen mensen mij niet zoveel last als ze zouden doen wanneer ik er zwak had uitgezien.'[37]

Verhalen die aangeven dat Jeffrey een eenling was, kloppen niet. Een meisje met de naam Jen zei dat de mensen die aangaven dat Jeffrey geen vrienden had, niet wisten waar ze het over hadden: 'Zij spraken nooit met hem. Hij was de aardigste jongen die je je maar kon voorstellen.'[38] Alicia, een meisje dat Jeffrey kende, zei: 'Hij leek best een goeie jongen. (...) Als ik met hem praatte, was hij heel vriendelijk.'[39] Michelle zei dit over Jeffrey: 'Hij was grappig. Hij was cool. (…) Als ik verdrietig was, maakte hij me weer blij. (…) Hij maakte me altijd aan het lachen.'[40] Weer een ander meisje zei: 'Hij probeerde altijd anderen te helpen met hun problemen.'[41]

Jeffrey speelde gitaar en zat in een band. In een van zijn onlineberichten zei hij dat hij vrienden had, maar hij vroeg zich wel af waarom ze hem aardig vonden en vice versa. Die vrienden kunnen de 'Darkers' zijn geweest, een groep jongens die niet helemaal paste binnen de standaard schoolcultuur. In de maand van de aanslag keek Jeffrey met een paar vrienden naar de film *Elephant*, die over een schietpartij op een school gaat. Zijn beste vriend was waarschijnlijk zijn neef Louis Jourdain. Ze waren allebei zestien, gingen naar dezelfde school en hadden geregeld contact via e-mail. Na de schietpartij werden negenhonderd pagina's van hun via internet gevoerde gesprekken bekeken als bewijs. De beweringen dat Jeffrey nooit met iemand sprak, zijn dus niet waar. Hoewel hij misschien niet bij de 'mainstream' hoorde, had hij zowel vrienden, vriendinnen als kennissen.

Misschien is de moord op zijn opa van vaderskant nog moeilijker te begrijpen dan het lukrake schieten op zijn medescholieren. Ten tijde van de aanslag woonde Jeffrey bij zijn oma van vaderskant (de grootouders waren gescheiden), hoewel hij ook tijd doorbracht bij zijn grootvader. Familieleden zeiden dat Jeffrey en zijn opa elkaar graag mochten en altijd goed met elkaar konden opschieten. Dat lijkt onwaarschijnlijk. Niet alleen omdat Jeffrey hem vermoordde, maar omdat hij minstens tien schoten afvuurde op het hoofd en de borst van zijn grootvader. Dit suggereert dat Jeffrey een immense woede voelde richting zijn opa. Bovendien vermoordde Jeffrey ook Michelle Sigana, de vriendin van zijn grootvader. Waarom? Bestaan er aanwijzingen voor het motief voor beide moorden?

Volgens de rechercheurs die beide schietpartijen onderzochten, was Jeffrey boos op zijn opa omdat hij zijn oma had verlaten voor een andere vrouw, Michelle Sigana. Verklaart dit waarom Jeffrey woedend was op het stel? Misschien, maar wellicht was er een diepere bron van woede, een die duidelijk wordt uit Jeffreys teksten.

Van wat Jeffrey heeft geschreven zijn voornamelijk de korte verhalen openbaar gemaakt. Zijn verhalen zijn meestal gewelddadig, met een speciale rol voor zombies. Het is twijfelachtig om fictie te gebruiken om iemand te begrijpen, maar omdat andere aanwijzingen ontbreken, kan speculeren toch zinvol zijn.

In een van zijn verhalen staat iemand tegenover een huurmoordenaar en zegt: 'Jij was degene die mijn vader vermoordde.'[42] Die persoon schiet vervolgens de huurmoordenaar neer. Ik vraag me af of Jeffrey iets soortgelijks zei tegen zijn opa voordat hij hem doodde. Zijn opa was immers betrokken bij het incident waarbij de vader van Jeffrey zelfmoord pleegde. Gaf Jeffrey zijn opa de schuld van de dood van zijn vader?

In een ander verhaal lijkt Jeffreys eigen leven door te klinken. Daarin vertelt een man aan zijn vrienden hoe het was om op te groeien met een politieagent als vader. Jeffreys vader groeide op met een vader die politieagent was. Later in het verhaal ontdekken de vrienden dat de man zelfmoord heeft gepleegd. Jeffreys vader pleegde ook zelfmoord. Dus zowel in zijn leven als in zijn verhalen pleegde een man die de zoon was van een politieagent zelfmoord. Dit verhaal kan een poging van Jeffrey zijn geweest om zijn familietrauma hanteerbaar te maken.

Na een afschrikwekkende plotwending komt de man die zelfmoord pleegde echter weer tot leven als zombie en wordt hij door middel van veel schoten in zijn hoofd, hals en borst gedood. Misschien gaf Jeffrey met deze toevoeging aan het verhaal uitdrukking aan de woede op zijn vader. Hoe gaat een jongen om met het verlies van zijn vader die zelfmoord pleegde? Verwarrende gevoelens van boosheid en verdriet waren zeer waarschijnlijk aanwezig. Misschien was hij boos op zijn vader omdat die een einde aan zijn leven had gemaakt, en op zijn opa omdat die zijn vader niet kon redden.

Een ander product van Jeffreys creativiteit is ook het vermelden waard. Hij maakte een animatievideo van dertig seconden waarin een schutter mensen doodt en daarna zelfmoord pleegt. Drie aspecten van deze animatie waren profetisch. Het duidelijkste is de koelbloedige moord op onschuldige mensen. Een ander aspect is de zelfmoord van de schutter waarbij hij zichzelf door het hoofd schiet. Tussen deze gebeurtenissen door blaast de schutter een politieauto op met een granaat. Was dit de aankondiging van de moord op zijn opa die politieman was?

Naast gevoelens van woede kan ook sprake zijn geweest van andere gevoelens. We weten niet hoe Jeffrey over zijn vader dacht, wat hij wist over de omstandigheden rondom de dood van zijn vader en wat hij vond van de zelfmoord van zijn vader. Keek Jeffrey tegen zijn vader op? Was Daryl Lussier Jr. zijn rolmodel? Was de schietpartij op school een imitatie van zijn vaders eigen gewapende confrontatie met de politie? Voelde hij zich gedwongen om in de voetsporen van zijn vader te treden?

Jeffrey schreef een passage die suggereert dat hij zijn vader wellicht bewonderde vanwege diens zelfmoord. Mogelijk was het ook een manier om zichzelf voor te bereiden op zijn eigen dood: 'Ik denk dat er veel moed voor nodig is om de dood te accepteren (…) Er is moed voor nodig om het vuurwapen op jezelf te richten, moed om de dood onder ogen te zien. Om te weten dat je dood gaat en er daadwerkelijk mee door te gaan, moet je lef hebben.'[43]

Naast Jeffreys traumatische familiegeschiedenis en het feit dat hij enigszins gepest werd op school, is er nog een factor het overwegen waard om de schietpartij te begrijpen. Jeffrey beraamde deze niet alleen. Hij en zijn neef Louis bleken al maanden bezig te zijn geweest met de voorbereidingen. Hoewel hun e-mailcorrespondentie niet openbaar is gemaakt, zouden die verwijzingen bevatten naar de nog uit te voeren schietpartij.

Op de dag van de aanslag, nog voordat Louis kon zien dat Jeffrey de schutter was, vertelde Louis aan anderen dat Jeffrey de pleger was. Hij wíst het. Omdat hij het wist en mee had gedaan met de voorbereiding, werd hij aangeklaagd vanwege zijn rol in het geheel. Hoewel de aanvankelijke tenlastelegging van meewerken aan voorbereiding van moord werd ingetrokken, bekende Louis schuldig te zijn aan het verzenden van bedreigende boodschappen via het internet. Zijn rol in de voorbereidingen blijft onduidelijk. Het is ook niet bekend waarom Jeffrey de aanslag zonder zijn neef uitvoerde. Misschien kon Jeffrey zijn woede niet langer bedwingen en was zijn wil om te leven verdwenen. Het eindresultaat? Weer een jongen die in de voetsporen van zijn vader trad, maar met meer dodelijke slachtoffers.

GETRAUMATISEERDE SCHUTTERS

Eén trauma kan al een enorme impact hebben op een kind: de getraumatiseerde schutters hadden allemaal meerdere trauma's doorstaan. Alle drie de jongens waren thuis emotioneel en lichamelijk mishandeld. Evan was geslagen door een opeenvolging van gewelddadige mannen met wie zijn moeder samenwoonde, maar ook door een jongen in een pleeggezin. Jeffrey werd geslagen door zijn moeder en mishandeld door de mannen met wie zijn moeder omging. Mitchell werd mishandeld en geterroriseerd door zijn vader. Twee van de drie getraumatiseerde schutters werden seksueel misbruikt, wat misschien nog erger is dan lichamelijke mishandeling. Gedurende een aantal jaren werd Mitchell door een oudere jongen uit de buurt herhaaldelijk verkracht en Evan werd seksueel misbruikt in een pleeggezin.

Lichamelijke mishandeling en seksueel misbruik kunnen verschrikkelijke gevolgen hebben, waaronder angst, woede, depressiviteit en zelfmoordneigingen. Trauma's beïnvloeden het zelfbeeld en de relaties van mensen. Door een trauma kan iemand het gevoel hebben dat hij beschadigd is en moeite hebben om met andere mensen om te gaan. Het vermogen om mensen te vertrouwen is aangetast, maar ook het vermogen om lief te hebben en zich verbonden te voelen met anderen.

Bovenop de trauma's kregen de getraumatiseerde schutters te maken met aanhoudende spanningen en grote verliezen. Alle drie hadden ze ouders die overmatig dronken. Dit alleen al kan het gezinsfunctioneren ernstig aantasten. In combinatie met ernstige trauma's wordt de schade alleen maar groter. Alle drie de jongens verhuisden van de ene naar de andere plek. Bij Evan en Jeffrey gebeurde dat vaak en was sprake van pleeggezinnen. Dergelijke verhuizingen kunnen veel stress veroorzaken bij kinderen, omdat ze herhaaldelijk vrienden en verzorgers moeten achterlaten en in een nieuwe omgeving belanden.

Als we meer gedetailleerd kijken naar Evan en Jeffrey zien we een opmerkelijk aantal overeenkomsten. Beide jongens waren Amerikaanse indianen – Jeffrey zowel via zijn vader als zijn moeder en Evan via zijn moeder (zij was deels Eskimo en deels Athabaskisch).[44] Evan en Jeffrey hadden allebei hun vader verloren: de ene zat in de gevangenis en de andere pleegde zelfmoord. Ze hadden allebei een alcoholistische moeder die hen verwaarloosde en/of mishandelde en van wie ook de partners hen mishandelden. Een jaar of twee nadat zij hun vader hadden verloren, verloren ze beiden in zekere zin hun moeder. In het ene geval door bij haar te worden weggehaald vanwege haar drankprobleem en in het andere geval als gevolg van hersenletsel. Beide jongens kwamen in de pleegzorg terecht. Ze gebruikten allebei drugs. Ze werden allebei suïcidaal. Beiden werden tot op zekere hoogte gepest op school. Ze hadden allebei vrienden die betrokken waren bij de voorbereiding van de schietpartij. In het geval van Jeffrey was deze vriend ook zijn neef. Een van de twee vrienden die Evan aanmoedigde, was ook een neef van hem.

Hoewel Mitchell ook een verleden van misbruik had, was zijn leven op diverse gebieden anders dan dat van Evan en Jeffrey. Zijn moeder was geen alcoholiste en mishandelde hem niet. Mitchells ouders scheidden en zijn moeder verhuisde, maar hij kwam nooit in een pleeggezin terecht. Hij verbleef wel bij zijn grootmoeder toen het slecht ging tussen zijn ouders, maar hij woonde altijd bij een familielid.

Toch kunnen we een aantal parallellen zien in de gebeurtenissen in de aanloop naar de schietpartijen van Mitchell en Evan. Bij beiden was sprake van disciplinaire maatregelen op school kort voor hun aanslag. Bij beiden had een meisje het uitgemaakt een week of twee voor de aanslag. Beiden zouden misschien weer bij hun vader gaan wonen, iets waar ze mogelijk bang voor waren. In het geval van Mitchell was zijn vader zo boos over zijn misdragingen, dat hij dreigde hem weg te halen bij zijn moeder. In het geval van Evan was zijn vader net vrijgelaten uit de gevangenis en belde die hem op om het contact te herstellen. Bovenop hun verleden van mishandeling vielen allerlei gebeurtenissen samen die bijdroegen aan hun wanhoop, depressiviteit en woede.

Hoe was het leven voor de getraumatiseerde schutters? Ten eerste was de wereld onvoorspelbaar. Het alcoholisme van de ouders en hun opvliegende karakters zorgden ervoor dat de jongens nooit wisten wat de dag ging brengen. Ze konden worden gekoesterd, maar ook mishandeld. Ze verhuisden van het ene familielid naar het andere en weer terug, en van het ene pleeggezin naar het andere. Stabiliteit was ver te zoeken. Buiten hun eigen gezin kregen twee van hen te maken met wreed en vernederend seksueel misbruik. Als gevolg van scheiding, gevangenisstraf en de dood verloren ze hun ouders.

Ze waren zo depressief dat ze zelfmoord overwogen. Ze schaamden zich waarschijnlijk voor zichzelf, voor hun families en voor hun mishandeling. Het leven was verschrikkelijk. Ze begonnen marihuana te roken. Ze probeerden mee te doen op school, maar hun sociale vaardigheden waren gebrekkig en ze werden gepest. Ze verwondden zichzelf en deden zelfmoordpogingen. Het leven was oneerlijk en de wereld was wreed. Mensen waren niet te vertrouwen. Bovendien waren ze boos. Boos op het leven. Boos dat ze in een hel leefden. Ondanks dit alles waren ze niet gek of slecht, alleen gekwetst. Heel erg gekwetst. Ze probeerden een manier te vinden om uit hun ellende te ontsnappen. Helaas creëerden ze zo alleen maar een situatie die meer lijden opleverde.

HET OVERZICHT

[6] Meer dan alleen typologie

> *Allerlei verschillende mensen begaan gewelddadige acties;*
> *hoewel hun gedrag aan de buitenkant vergelijkbaar lijkt,*
> *kunnen hun psychologische kenmerken elkaars tegenpolen*
> *zijn.*
>
> DR. AARON BECK

Dylan Klebold had zijn eigen BMW en woonde in een spectaculair huis met zwembad, tennisbaan en basketbalveld; Evan Ramsey woonde in een onverwarmde flat in Alaska. Michael Carneal was de zoon van gerespecteerde, gezagsgetrouwe en liefdevolle ouders; Jeffrey Weise was de zoon van een alcoholistische, mishandelende moeder en een vader die zelfmoord pleegde tijdens een gewapende confrontatie met de politie. Ondanks hun verschillen voerden deze jongens, evenals de andere die in dit boek besproken worden, gelijksoortige gewelddadige acties uit. Het uitgangspunt om schoolschutters te begrijpen is het herkennen van de drie categorieën schutters: psychopathisch, psychotisch en getraumatiseerd.

Een analyse van de overeenkomsten en verschillen tussen deze drie typen kan meer licht werpen op de schietpartijen op scholen. Voordat we verdergaan, wil ik echter twee dingen duidelijk maken:

1. De drie typen schutters die hier besproken zijn, zijn niet noodzakelijkerwijs de enige typen. Schutters die in dit boek niet worden besproken, passen wellicht in geen van deze typologieën.
2. Schutters kunnen tot meer dan één type behoren. Er is bij-

voorbeeld geen reden waarom een kind dat lijdt aan psychosen niet ook getraumatiseerd zou kunnen zijn.

Onder de tien tot nu toe besproken schutters is echter geen sprake van type-overlap.

Om de typologie te illustreren, heb ik de schoolschutters in een van de drie categorieën geplaatst. In tabel 6.1 is de classificatie weergegeven, waarbij binnen elk type de schutters in chronologische volgorde zijn vermeld.

Over deze tabel moet ik een paar dingen zeggen. Ten eerste betekent psychopathie niet enkel de afwezigheid van trauma en psychose, maar ook de aanwezigheid van narcisme, kilheid, gewetenloosheid en andere kenmerken. Ten tweede verwijst de categorie psychotisch naar stoornissen in het schizofrene spectrum, zoals schizofrenie en schizotypische persoonlijkheidsstoornis. Van de vijf psychotische schutters hadden er vier schizofrenie; alleen Dylan Klebold was schizotypisch.

Hoewel het narcisme van Eric Harris de grens naar grootheidswanen lijkt te hebben overschreden, behoort hij niet tot de psychotische categorie. Psychotische symptomen treffen we aan bij veel diagnoses, waaronder persoonlijkheidsstoornissen. Eric kan derhalve psychotisch zijn geweest zonder dat hij een stoornis had in het schizofrene spectrum. Zijn primaire type was echter de psychopaat. Omgekeerd behoort Dylan primair tot het psychotische type, hoewel hij het psychopathische gedrag van Eric imiteerde.

NAAM	TRAUMA	SCHIZOFREEN SPECTRUM	CATEGORIE
Drew Golden	Nee	Nee	Psychopathisch
Eric Harris	Nee	Nee	Psychopathisch
Michael Carneal	Nee	Ja	Psychotisch
Andrew Wurst	Nee	Ja	Psychotisch
Kip Kinkel	Nee	Ja	Psychotisch
Dylan Klebold	Nee	Ja	Psychotisch
Seung Hui Cho	Nee	Ja	Psychotisch
Evan Ramsey	Ja	Nee	Getraumatiseerd
Mitchell Johnson	Ja	Nee	Getraumatiseerd
Jeffrey Weise	Ja	Nee	Getraumatiseerd

MEER DAN TYPOLOGIE

De meeste personen met een psychopatische persoonlijkheid zijn geen massamoordenaars. De meeste psychotische mensen plegen geen moord. De meeste getraumatiseerde mensen doden nooit iemand. Dus hoewel de typologie een stap voorwaarts is in het begrijpen van de schutters, verklaren de etiketten op zich niet waarom deze jongens moordenaars werden. We moeten verder kijken dan de typologie, naar de bijkomende factoren die de schutters anders maakten dan andere mensen die psychopathisch, psychotisch of getraumatiseerd zijn.

Waarin verschillen psychopathische schutters van andere psychopathische jongeren? Een belangrijke factor is de aanwezigheid van sadisme. Hoewel het logisch lijkt sadisme te verbinden met psychopathie, is dit geen vanzelfsprekende combinatie. Zo heeft dr. Robert Hare na jarenlange bestudering van psychopaten een lijst van twintig eigenschappen samengesteld die psychopathie definiëren.[1] Sadisme staat niet op die lijst. Kilheid, of een gebrek aan empathie, is een kernelement van psychopathie. Dat is echter niet hetzelfde als sadisme.

Sadisme behoort ook niet tot de diagnostische criteria van de antisociale persoonlijkheidsstoornis, de psychiatrische diagnose die het meest lijkt op de psychopathische persoonlijkheid. Antisociale mensen zijn ongevoelig voor de pijn die zij teweegbrengen bij anderen. Je niet druk maken als je andere mensen kwetst is echter iets anders dan actief zoeken naar mogelijkheden om anderen pijn toe te brengen om zo een gevoel van macht te ervaren. Mensen die psychopatisch zijn, zijn dus niet per definitie sadistisch.

Sadistische mensen zijn ook niet per definitie antisociaal of psychopathisch. Veel mensen met een sadistische persoonlijkheid zijn niet crimineel. Ze zijn te vinden in allerlei lagen van de bevolking. Het kunnen managers zijn, hoogleraren of sergeant-instructeurs. Het kan zijn dat zij hun collega's, wederhelft of kinderen bedreigen of intimideren. Wellicht vinden ze het prettig om mensen duizend angsten te laten uitstaan. Omdat ze sadistisch zijn, ontlenen zij een bevredigend gevoel van macht aan de wrede behandeling van de mensen in hun omgeving. Dit soort sadisme is echter geen misdrijf.

Psychopaten zijn dus niet per definitie sadistisch en sadisten zijn niet per definitie crimineel. Maar wanneer psychopathische kenmerken, zoals antisociale en narcistische eigenschappen, gemengd worden met een sadistische persoonlijkheid, dan ontstaat een combinatie die bijzonder gevaarlijk is. Bij de psychopathische schoolschutters was sprake van deze combinatie.

Een ander gemeenschappelijk kenmerk van de psychopathische schutters is dat beide jongens uit een gezin kwamen waar wapens al minstens twee generaties lang algemeen geaccepteerd waren. De vader van Eric Harris was een gepensioneerde luchtmachtpiloot die ook als burger in het bezit was van wapens. Zijn grootvader van vaders kant was een veteraan uit de Tweede Wereldoorlog. De opa van Drew Golden was jachtopziener en jager en zijn ouders waren leiders van een plaatselijke schietvereniging. Zoals besproken in hoofdstuk 2 groeiden

Drew en Eric niet alleen op in een familie met een traditie van legaal wapengebruik, maar beide jongens waren ook gefixeerd op wapens. Veel Amerikaanse kinderen groeien op in een gezin waarin vuurwapens een normaal onderdeel van het leven zijn, maar de meeste ontwikkelen geen fixatie op wapens. Wat was er anders aan Drew en Eric? Zij waren narcistisch, antisociaal en sadistisch; zij wilden macht. In het licht van hun persoonlijkheid was de aanwezigheid van vuurwapens wellicht een onweerstaanbare verleiding.

De twee psychopathische schutters werden bij hun aanslag ook gesteund door anderen. Zij waren de leiders van de schietpartij en kozen niet-psychopathische kameraden om mee samen te werken. Van alle besproken schietpartijen in dit boek was slechts in twee gevallen sprake van een tweetal jongens. In beide gevallen was de ene jongen psychopathisch en de andere niet. Beide koppels bestonden uit een jongen met een te groot ego en een jongen met te weinig ego. Eric, die zichzelf grandioos vond, werkte samen met Dylan, die zich door zijn schizotypische persoonlijkheid buitengewoon minderwaardig voelde. Drew, die narcistisch was, werkte samen met Mitchell, die door zijn traumatische verleden uiterst onzeker was.

Misschien hadden de psychopaten de behoefte om de rol van leider te spelen en zochten ze daarom meelopers. Misschien hadden ze de aanslag in hun eentje niet gepleegd. Buiten hun sadisme en narcisme hadden ze wellicht de steun van een partner of meeloper nodig om een massamoordenaar te worden.

Waarin verschillen psychotische schutters van andere jongeren met psychosen? Hoewel veel mensen denken dat er een verband bestaat tussen psychiatrische ziekten en geweld, is dat een misvatting. Schizofrene mensen zijn niet eerder geneigd tot geweld dan de rest van de bevolking.[*] Er zijn echter wel di-

---

[*] Voetnoot prof.dr. C. de Ruiter (met dank aan dr. Ewout Meijer)
De meeste patiënten met een psychose doen geen vlieg kwaad. Uit een in 2009 gepubliceerde meta-analyse over de relatie tussen psy-

verse factoren die verband houden met geweld onder personen die lijden aan schizofrenie.

De eerste factor die te maken heeft met een hogere frequentie van geweld onder personen met schizofrenie is gemakkelijk te bepalen: ze behoren tot het mannelijk geslacht. Alle vier de schizofrene schutters waren van het mannelijk geslacht. Hoewel onbekend is of deze factor te maken heeft met biologie of cultuur, of hoogstwaarschijnlijk een combinatie van beide, zijn mannen met schizofrenie eerder geneigd gewelddadig te worden dan schizofrene vrouwen.

Een andere factor die verband houdt met geweldpleging door mensen met schizofrenie is drugs- en/of alcoholmisbruik. De meeste psychotische schutters gebruikten drugs en alcohol, maar details over hun gebruik ontbreken. Het is dus

chose en geweld van Douglas, Guy en Hart (Douglas, Kevin S., Guy, Laura S., Hart, Stephen D. (2009). Psychosis as a risk factor for violence to others. A meta-analysis. *Psychological Bulletin, 135*, 679-706. doi: 10.1037/a0016311) blijkt weliswaar dat er een relatie bestaat tussen die twee, maar met een correlatie tussen de .12 en .16 is dit verband slechts zwak. Psychose verklaart slechts tussen de 1% en 3% van het geweld.

Zwakke statistische relaties zijn niet per definitie irrelevant. Ze kunnen relevant zijn als een verschijnsel veel voorkomt. Als je het aantal sterfgevallen door hart- en vaatziekten in Nederland met één procent omlaag kunt brengen, scheelt dit meer dan 300 doden per jaar. Maar als een fenomeen zeldzaam is, zijn zwakke statistische relaties betekenisloos. Niemand zit immers te wachten op een 1% vermindering van het aantal *school shootings*. Sterker nog: als het gaat om zeldzame fenomenen, kunnen zwakke statistische relaties misleidend zijn. Helemaal als ze worden uitgedrukt als relatief risico. Zo meldt bovengenoemde meta-analyse van Douglas en collega's dat psychose samenhangt met een toegenomen kans op geweld van 49%-68%. Dat klinkt angstaanjagend, en lijkt op het eerste gezicht de eerder genoemde zwakke correlaties tegen te spreken. Maar bedenk dat de *a priori* kans op geweld klein is. Zelfs met een toename van 60% blijft deze kans klein. Het is alsof je twee staatsloten koopt in plaats van één. Relatief heb je 100% meer kans om de jackpot te winnen. Maar absoluut blijft de kans minimaal.

moeilijk vast te stellen welke invloed dit misbruik kan hebben gehad op hun aanslagen. Geen van hen was ten tijde van de schietpartij high of dronken. Dylan was echter wel een gebruiker van alcohol en marihuana, net als Michael en Andrew. We weten dat Kip alcohol dronk. Of Seung drugs of alcohol gebruikte, is onbekend.

Drugs- en alcoholmisbruik kan geweld op diverse manieren bevorderen. Ten eerste verslechteren drugs en alcohol het inschattingsvermogen en de beheersing van impulsen. Onder invloed doen mensen dingen die ze normaal gesproken niet zouden doen. Ten tweede kan misbruik van middelen het realiteitsgevoel aantasten. Mensen die al minder grip op de realiteit hebben, kunnen door drugs nog verder in een psychose terechtkomen.

De derde factor die verband houdt met geweldpleging door schizofrenen is gebrek aan medewerking om hun antipsychotische medicatie in te nemen. Geen van de psychotische schutters had echter antipsychotische medicijnen voorgeschreven gekregen. Hun symptomen waren onopgemerkt gebleven of niet herkend als psychose. Zonder medicatie was er bij deze schutters een verhoogd risico op geweld.

De laatste factor die verband houdt met geweldpleging bij schizofrenie is leeftijd. Jonge mensen met schizofrenie zijn meer geneigd tot geweld dan oudere. De gemiddelde leeftijd waarop de eerste symptomen van schizofrenie bij mannen zichtbaar worden, is zo rond het 25e levensjaar.[2] Schizofrenie is een slopende ziekte. Maar wat is de impact wanneer het al in de adolescentie begint, of zelfs eerder? Stel je voor dat je bovenop alle spanningen van het opgroeien ook nog moet omgaan met hallucinaties en waanideeën en niet meer in staat bent om een normaal leven te leiden. Misschien is het niet verwonderlijk dat alle vijf psychotische schutters suïcidaal waren. Het is zelfs zo dat een op de tien personen met schizofrenie zelfmoord pleegt[3]; in de algemene bevolking van de Verenigde Staten pleegt ongeveer een op de tienduizend mensen zelfmoord. Het aantal zelfmoorden onder mensen met schizofrenie is dus duizend keer hoger dan onder de algemene bevolking.

Naast de vier zojuist besproken factoren was ook sprake van andere invloeden. Een daarvan is de gezinsstructuur. Alle vijf psychotische schutters waren het jongste kind in het gezin. Van alle vijf functioneerden de broer(s) of zus veel beter; enkelen daarvan waren zelfs hoogpresterende 'sterren'. Wat is de invloed op het zelfbeeld wanneer iemand niet alleen beduidend zwakker is, maar ook zeer goed functionerende ouders en oudere broers of zussen heeft? De kleine steekproef in dit boek suggereert dat de impact verwoestend is.

Een tweede consequentie van hun beperking is onenigheid met ouders. Een aantal van de psychotische schutters voelde zich duidelijk afgewezen door hun vader en sommigen gedroegen zich vreemd en/of vijandig tegenover hun moeder. Michael Carneal schreef een verhaal waarin de verteller (met de naam Michael) zijn moeder vijf verminkte lichamen cadeau gaf. Andrew Wurst voelde zich afgewezen door zijn vader en vertelde aan anderen dat zijn moeder een prostituee was. Kip Kinkel was voortdurend in heftig conflict met zijn vader. Seung Hui Cho's vader weigerde hem complimenten te geven, mogelijk uit frustratie of woede over het vreemde gedrag van zijn zoon.

En hoe zit het met de invloed van schoolgenoten en vrienden? Dit was geen belangrijke factor onder de psychotische schutters. Slechts in één geval had een vriend duidelijke invloed: Dylan had waarschijnlijk geen moorden gepleegd als Eric hem niet was voorgegaan. Het is interessant dat Dylan, de minst gehandicapte van de psychotische schutters, degene was die onder invloed van een vriend mensen ombracht. Misschien was de invloed van Eric een compensatie voor Dylans 'tekort' aan schizofrenie. Dus hoewel Dylan niet zo gehandicapt was als de andere psychotische schutters, ondervond hij een krachtige invloed van zijn vriend om te doden. In de andere vier gevallen was geen sprake van leeftijdsgenoten die deelnamen aan of een rol hadden in de schietpartijen.

Buiten vrienden of schoolgenoten waren er wel beruchte personen waardoor de schutters beïnvloed werden. Dylan identificeerde zich met Charles Manson en zijn 'familie'. Michael Carneal was geïnteresseerd in de Unabomber. Andrew Wurst voelde zich aangetrokken tot de twee schutters in Jonesboro, Arkansas. Kip Kinkel was ook een 'fan' van de Unabomber en vond de schietpartij in Jonesboro 'cool'. Seung Hui Cho identificeerde zich met Harris en Klebold, die hij 'martelaars' noemde. Elk van deze schutters voelde zich 'niemand' en ieder vond een krachtiger 'iemand' om zich mee te identificeren en die soms zelfs naar de kroon te steken.

Wat zijn, ten slotte, de opvallendste kenmerken die alle drie de getraumatiseerde schutters gemeen hadden? Ten eerste hadden zij gewelddadige en/of criminele vaders, waardoor zij wellicht genetisch een verhoogd risico hadden om geweld te plegen. Door de combinatie van genetische overerving en omgevingsfactoren kunnen deze jongens uiterst vatbaar zijn geworden voor gewelddadig gedrag. Het is onmogelijk vast te stellen in welke mate hun gedrag het gevolg was van biologie dan wel van ervaring.

Twee van de drie jongens hadden bijvoorbeeld een vader die verwikkeld raakte in een gewapende confrontatie met de politie. De vader van Evan, de Rambo van Alaska, was klaar voor de strijd omdat een krant weigerde zijn brief af te drukken. (Bovendien had Evans oudere broer een gewapende overval gepleegd vijf dagen voordat Evan de aanslag op de school pleegde.) Jeffreys vader pleegde zelfmoord tijdens een gewapend conflict met de politie. Het komt zelden voor dat mensen in een dergelijke situatie terechtkomen. Het feit dat twee van de drie getraumatiseerde schutters dergelijke vaders hadden, is een opmerkelijke parallel. Hoe moeten we die parallel zien? Waren Evan en Jeffrey genetisch kwetsbaar voor geweld? Of was de parallel het gevolg van imitatie? Bewonderden Evan en Jeffrey hun vaders? Vonden ze dat ze in de voetsporen van hun vader moesten treden? Na de aanslag verwees Evan naar zijn 'familievloek'. We weten echter niet wat hij vond van de daad van zijn vader voordat hij zelf zijn aanslag pleegde. We weten ook niet wat Jeffrey van zijn vader vond.

Evan en Jeffrey kwamen in een soortgelijke situatie als hun vaders en beiden eindigden ook als hun vader. De vader van Evan werd gearresteerd en ging naar de gevangenis; Evan gaf zich over aan de politie en ging ook naar de gevangenis. De vader van Jeffrey pleegde zelfmoord voor de ogen van de politie; Jeffrey pleegde ook zelfmoord voor de ogen van de politie. Zo vader, zo zoon.

Maar hoe past Mitchell Johnson in dit plaatje? Hoewel Mitchells vader nooit in een gewapende confrontatie met de politie terechtkwam zoals de andere vaders, werd Scott Johnson minstens één keer gearresteerd voor diefstal en de stiefvader van Mitchell had gevangengezeten vanwege een drugsdelict en overtreding van de wapenwet. Mitchell schijnt zijn stiefvader te hebben bewonderd en vond het gaaf dat hij gevangen had gezeten. Dus zowel zijn vader als zijn stiefvader had misdaden gepleegd en de stiefvader had illegale activiteiten ontplooid met vuurwapens. Mitchell zag de gevangenisstraf van zijn stiefvader blijkbaar als iets bewonderenswaardigs. Mitchell probeerde ook zijn leeftijdsgenoten ervan te overtuigen dat hij lid was van een bende om zo een gevaarlijk imago te creëren. Deze factoren wijzen erop dat Mitchell een criminele carrière ambieerde.

Een andere factor onder de getraumatiseerde schutters is de beïnvloeding door vrienden om de schietpartij te plegen. Bij alle drie de aanslagen die werden uitgevoerd door getraumatiseerde schutters was sprake van aanklachten tegen vrienden. In het geval van Mitchell ging Drew, uiteraard, naar de gevangenis voor moord. In het geval van Evan werden de twee vrienden die hem aanspoorden en hem leerden hoe hij een geweer moest hanteren, gearresteerd voor hun rol in de aanslag. In het geval van Jeffrey werd zijn neef, die de aanslag met hem had voorbereid, aangeklaagd. Naast de invloed van de mannen in hun leven, werden de drie getraumatiseerde schutters in belangrijke mate door vrienden beïnvloed om de schietpartij te plegen.

We kunnen nog verder speculeren over Mitchell. Het is misschien relevant dat juist de jongen wiens vader niet betrokken was bij een gewapende confrontatie met de politie, door een ander werd gevraagd om mee te doen met de aanslag. Waar de ouderlijke invloed met betrekking tot gewapend geweld kleiner was, was de invloed van vrienden groter. Het lijkt alsof de invloed van Drew Golden voor Mitchell het 'gebrek' aan een vader die een gewapend conflict had meegemaakt, compenseerde.

De geboortevolgorde is een andere factor die een rol kan hebben gespeeld in de dynamiek van de getraumatiseerde schutters. Dit is pure speculatie, maar het patroon is zo helder, dat een opmerking gerechtvaardigd lijkt. Terwijl alle vijf psychotische en beide psychopathische schutters de jongste kinderen waren in het gezin, was geen van de getraumatiseerde schutters de jongste thuis. Wat kan dit betekenen? Misschien voelden de getraumatiseerde jongens een bepaalde verantwoordelijkheid voor de jongere kinderen. Misschien probeerden ze hen te beschermen tegen mishandeling, maar mislukte dat en dachten ze daardoor nog slechter over zichzelf en de wereld.

Jeffrey had een jongere halfbroer en -zus. We weten niet of zij mishandeld werden. We weten ook niets over Jeffreys relatie met hen. In het geval van Mitchell werd zijn broer Monte niet alleen blootgesteld aan de terroriserende woede van hun vader, maar werd ook hij misbruikt door dezelfde jongen die Mitchell herhaaldelijk verkrachtte. En de jongen die Evan seksueel misbruikte, molesteerde ook Evans jongere broer. Welke impact heeft de wetenschap dat je je jongere broer niet kunt beschermen op een jongen? Dat ze hun jongere broer niet konden beschermen, veroorzaakte mogelijk een ondraaglijk gevoel van angst en schuld, wat hun gevoel van machteloosheid en woede weer verergerde.

Van de factoren die het onderscheid bepalen tussen de drie typen schutters, lijken met name de betrokkenheid van vrienden en het gebruik van vuurwapens door vaderfiguren een grote rol te spelen. Tabel 6.2 laat zien hoe deze factoren variëren tussen de typologieën.

Naast de invloed van de gezinsstructuur speelde de woonomgeving wellicht ook een rol. In hoofdstuk 1 stelde ik de vraag waarom de schietpartijen vooral plaatsvonden in kleine steden of buitenwijken en niet in grote steden. De vraag of er een verband bestaat tussen geografie en schietpartijen op scholen kan niet met zekerheid worden beantwoord, maar we kunnen erover speculeren. Hoewel er geen duidelijk patroon is in de geografie van de aanslagen gepleegd door de psychopathische schutters, zijn er trends waar te nemen bij de getraumatiseerde en psychotische schutters.

NAAM	1*	2*	3*	4*	CATEGORIE
Drew Golden	Ja	Nee	Ja	Nee	Psychopathisch
Eric Harris	Ja	Nee	Ja	Nee	Psychopathisch
Michael Carneal	Nee	Nee	Nee	Nee	Psychotisch
Andrew Wurst	Nee	Nee	Nee	Nee	Psychotisch
Kip Kinkel	Nee	Nee	Nee	Nee	Psychotisch
Dylan Klebold	Nee	Nee	Nee	Ja	Psychotisch
Seung Hui Cho	Nee	Nee	Nee	Nee	Psychotisch
Evan Ramsey	Nee	Ja	Nee	Ja	Getraumatiseerd
Mitchell Johnson	Nee	Ja	Nee	Ja	Getraumatiseerd
Jeffrey Weise	Nee	Ja	Nee	Ja	Getraumatiseerd

1* = Vader gebruikte vuurwapen legaal
2* = Vader gebruikte vuurwapen illegaal
3* = Betrok anderen erbij
4* = Werd beïnvloed door anderen

Alle drie de getraumatiseerde schutters kwamen uit kleine, afgelegen dorpen in het noorden met niet meer dan vijfduizend inwoners. Die gebieden waren zeker niet rijk. In de gemeente waar Mitchell Johnson opgroeide, lag het armoedecijfer vijftig procent hoger dan dat van de staat en het nationaal gemiddelde.[4] Van de streek in Alaska waar Evan Ramsey woonde, behoorden de cijfers met betrekking tot alcoholisme en kindermishandeling tot de hoogste van de staat.[5] In het jaar voorafgaand aan Evans aanslag schoot een jongen uit de eerste klas van de middelbare school zichzelf dood en een zestienjarige jongen schoot zich door het hoofd.[6] Beltrami County in Minnesota, waar Jeffrey Weise woonde, had grote problemen op het gebied van armoede, drugs, alcoholisme, geweld en zelfmoord. Een jaar voor de schietpartij van Jeffrey toonde een onderzoek in het indianenreservaat aan, dat tachtig procent van de meisjes uit de derde klas van de middelbare school over zelfmoord had nagedacht.[7] Tussen 1990 en 2005 was het zelfmoordcijfer onder indianen in Beltrami County ongeveer vier keer hoger dan dat van de rest van de staat.[8]

Wat is de invloed van deze factoren? Armoede en geweld hebben diverse nadelige effecten op kinderen. Bovendien wordt het risico dat iemand zelfmoord pleegt veel groter na zelfmoord onder medescholieren of in een kleine plaats. Zelfmoord, met name onder jonge mensen, kan een verwoestende invloed hebben op een gemeenschap en een gevoel van uitzichtloosheid en wanhoop teweegbrengen dat weer aanleiding kan zijn voor meer zelfmoorden. Zowel Evan als Jeffrey kwam dus uit een gemeenschap die onder druk stond door hoge cijfers met betrekking tot geweld en zelfmoord. De trauma's in deze gemeenschappen waren in overeenstemming met en vergrootten de trauma's waar de jongens thuis mee te maken hadden.

Daarentegen kwamen de meeste psychotische schutters uit relatief welvarende plaatsen en buitenwijken. Zij waren een mislukking binnen een gezin waarvan de andere leden wel succes hadden. Als zij om zich heen keken naar hun klas- en buurtgenoten, voelden zij zich waarschijnlijk ook mislukkelingen binnen die groepen. Terwijl steden ruimschoots laten zien dat niet iedereen succes heeft, deed de omgeving van de schutters dat wellicht niet. Misschien kregen zij het idee dat iedereen in hun omgeving slaagde in het leven, waardoor de schutters alleen nog maar meer het gevoel kregen dat zij een mislukkeling waren. De macrokosmos van hun gemeenschap liep parallel met de microkosmos van hun gezin.

Ten tweede was de woonomgeving van de psychotische schutters relatief homogeen. Voor mensen die niet passen in de heersende cultuur, zijn er minder opties om een omgeving te vinden die wel bij hen past. Een buitenbeentje in West Paducah heeft het waarschijnlijk moeilijker dan een buitenbeentje in New York City, omdat New York veel meer sociale mogelijkheden biedt.

MAAR WAARIN KOMEN ZIJ MET ELKAAR OVEREEN?

Hoewel de schutters verschillend waren, is het logisch om je af te vragen wat zij met elkaar gemeen hadden. Het vinden van kenmerken die alle schoolschutters bezitten, is echter verrassend moeilijk. Natuurlijk is er het feit dat alle tien besproken schutters jongens waren, maar bij verijdelde aanslagen waren ook meisjes betrokken, onder wie een meisje dat ik moest beoordelen en dat een hoog risico vertoonde om een schietpartij te gaan plegen.

Dit betekent niet dat de schutters niets met elkaar gemeen hadden, want er was wel sprake van soortgelijke dynamiek en eigenschappen. In sommige gevallen had de eigenschap die in meerdere schutters aanwezig was echter een andere oorzaak. Alle schutters waren bijvoorbeeld boos, maar het maakte uit of zij psychopathisch, psychotisch of getraumatiseerd waren. De psychopaten hadden andere redenen dan de psychotische schutters en de getraumatiseerde schutters. Door de vraag te onderzoeken waarom dezelfde kenmerken zich manifesteerden bij de drie schutters, kunnen we ons inzicht in de schoolschutters verdiepen.

GEBREK AAN EMPATHIE

Een fundamenteel aspect van de schietpartijen dat tot nu toe weinig aandacht heeft gekregen, is de afwezigheid van empathie onder de schutters. Gebrek aan empathie is al eerder genoemd in verband met de psychopathische schutters, maar het speelt bij alle schutters in hoge mate een rol. Om onschuldige mensen van dichtbij dood te schieten – onder wie klasgenoten en bekenden – is een fundamenteel gebrek aan gevoel voor de medemens noodzakelijk. Hoe kunnen we dat gebrek aan empathie verklaren? Er zijn drie situaties waarin mensen over het algemeen een verminderde empathie vertonen: van deze omstandigheden was sprake bij de schutters. Bovendien zijn ook andere factoren kenmerkend voor de drie typen schoolschutters.

Woede is waarschijnlijk de meest gebruikelijke oorzaak van een verminderde empathie. In hun boosheid doen of zeggen mensen vaak iets waar ze later spijt van hebben. Ze zeggen iets kwetsends, schreeuwen tegen hun echtgenoot, slaan een kind of doen iets anders wat betreurenswaardig is. Dit gebeurt vanwege een tijdelijk verlies van empathie. Bij veel mensen schakelt woede de empathie uit en dan voelen we ons verontwaardigd en in ons recht staan. Als we boos zijn vinden we dat we gerechtvaardigd zijn om anderen op die manier te behandelen. Wij vinden dat zij verdienen wat we hen aandoen, omdat wij immers alleen maar reageren op hun onacceptabele gedrag. Dit is een krachtige dynamiek en het feit dat de schoolschutters vol woede zaten, helpt hun gebrek aan empathie te verklaren. De verschillende bronnen van hun woede komen later aan de orde.

Een tweede situatie waarin mensen minder empathie hebben, is wanneer zij worden gescheiden in twee groepen, een 'in-groep' en een 'out-groep', wij tegen hen. Dit gebeurt in oorlogen, in de politiek, bij sport en op andere terreinen. Zodra we dit gevoel van anders-zijn hebben, hebben we de neiging om minder empathie te hebben met degenen die niet tot onze groep behoren. In de sport vinden we het bijvoorbeeld geweldig wanneer 'ons team' 'hun team' de grond in boort. In een oorlog maken we ons meer zorgen om 'onze' slachtoffers dan die 'van hen'.

Deze dynamiek was ook aanwezig bij de schoolschutters. Eric Harris zei bijvoorbeeld: 'Wat wij doen is een tweemansoorlog tegen alle anderen.'[9] Hij en Dylan plaatsten zich buiten de anderen door te beweren dat hun eigen status hoger was dan die van anderen. Als onderdeel van dit proces maakten zij anderen onmenselijk door hen 'robots' of 'zombies' te noemen. Het is niet alleen gemakkelijker om mensen te vermoorden als zij anders zijn, maar ook als ze worden beschouwd als inferieur of minder dan menselijk.

Bij andere schutters was het niet 'wij tegen hen', maar eerder 'ik tegen de wereld'. Dat was het geval bij Seung Hui Cho, die geloofde dat hij werd aangevallen door vijanden die hem wilden vernietigen. Hij zag mensen dus als zijn vijanden en vermoordde hen zonder genade of empathie. Deze dynamiek is ook relevant bij de getraumatiseerde schutters. Traumaslachtoffers voelen zich vaak langdurig onveilig en wantrouwend en zoeken voordurend of er bedreigingen zijn in hun omgeving. Dit kan een houding teweegbrengen van 'ik tegen de wereld'.

Een derde situatie waarin mensen handelen in strijd met hun normale empathische gevoelens is wanneer er sprake is van een toestand van wanhopige onzekerheid. Wat betekent dat? Stel dat een jongen zich wil aansluiten bij een groep klasgenoten. Hij ziet dat ze iemand voor de gek houden en hoewel hij dat normaal gesproken niet zou doen, gaat hij meeplagen in de hoop dat de groep hem zal accepteren. In sommige gevallen zal hij iets extreems doen om diegenen te imponeren door wie hij geaccepteerd of bewonderd wil worden.

Michael Carneal ervoer deze dynamiek. Toen het meebrengen van een wapen zijn medescholieren niet imponeerde, vond hij dat hij meer moest doen: 'Ik dacht dat als ik geen pistool tevoorschijn haalde en de school overnam, ze me niet zouden mogen.'[10] Michaels wanhopige onzekerheid schakelde zijn empathie uit en maakte dat hij iets deed waar hij later spijt van kreeg.

Evan Ramsey voelde ook druk om een intimiderende indruk te maken op zijn leeftijdsgenoten. Toen hij erover dacht om de aanslag niet door te zetten, zei zijn vriend: 'Je kunt niet terug, iedereen zou je een nul vinden. Ze zouden des temeer reden hebben om met je te sollen.'[11] Evan voelde dus van twee kanten druk: hij wilde zijn vijanden imponeren en hij wilde niet zwak lijken in de ogen van zijn vriend. Hij was zo wanhopig onzeker dat zijn normale empathie bezweek onder de druk van deze externe factoren.

Naast woede, in-groep/out-groepdynamiek en wanhopige onzekerheid zijn andere vormen van ontbrekende empathie kenmerkend voor de drie typen schutters. Psychopathische schutters hebben bijvoorbeeld per definitie een gebrek aan empathie. Zij zijn kil en egocentrisch. Zij zitten er niet mee als anderen lijden. Het gebrek aan empathie is bij hen min of meer een chronische toestand.

Bij psychotische schutters kunnen hallucinaties tijdelijk de empathie opheffen. Kip Kinkel zei bijvoorbeeld dat hij stemmen hoorde die hem opdroegen om mensen te doden. Hoewel hij daarna verteerd werd door het feit dat hij anderen zoveel leed had toegebracht, hadden de hallucinaties (en andere factoren) zijn empathie overwonnen. Ook waandenkbeelden kunnen empathische gevoelens blokkeren. Andrew Wurst geloofde dat iedereen op de wereld al dood was; hen ombrengen was dus niet echt moord. Zijn waanidee schakelde elke empathie uit die hij anders zou hebben gehad. Een psychiater die hem na de schietpartij onderzocht, zei dat Andrew geen idee had dat hij iets verkeerds had gedaan: 'Hij is onthecht (…) Hij zit in zijn eigen wereld.'[12]

Onder de psychotische schutters kan het gebrek aan empathie ook zijn veroorzaakt door hun emotionele handicap. Mensen met schizofrenie zijn vaak minder goed in staat om emoties te ervaren en hun sociale vaardigheden zijn vaak ernstig aangetast. Zij hebben de neiging zich te isoleren van anderen. Dit gebrek aan sociale verbondenheid en hun verminderde emotionele ervaring kan hun empathie verder verzwakken.

Ten slotte zijn getraumatiseerde mensen minder goed in staat om verbondenheid met anderen te ervaren. Trauma's kunnen mensen emotioneel verdoven, waarbij hun vermogen om gevoelens zoals liefde en genegenheid te ervaren, wordt aangetast. Hun emotionele verdoving kan hun vermogen tot empathie verminderen.

EXISTENTIËLE WOEDE

Alle schutters, in alle drie de categorieën, waren boos. Boosheid is echter een zwak woord als je het toepast op massamoordenaars. Ik geef de voorkeur aan de term 'existentiële woede'. Dit waren allemaal jonge mannen die tekeergingen tegen de omstandigheden van hun bestaan. Zij waren niet zomaar boos op een persoon of een groep mensen; zij waren kwaad op het leven, kwaad op de wereld.

De redenen voor hun woede verschilden wel. De twee psychopathische schutters, Drew Golden en Eric Harris, vertoonden een narcistische woede tegen een wereld die hen niet erkende als superieure mensen. Drew kon niet uitstaan dat leerkrachten de baas over hem probeerden te zijn. Eric kon niet uitstaan dat een wereld, die hij minachtte, wel macht over hem had.

Drew Golden zou de 'onzin' van zijn leraren spuugzat zijn geweest. Waarom richtte hij zich op leerkrachten? Omdat zij hun gezag over hem lieten gelden. Door een aanslag op de school te plegen, viel hij het instituut aan dat zijn leraren macht gaf. Hij kan ook boos zijn geweest op een meisje dat hem afwees. Dat was ook een situatie waarin iemand macht over hem had en hem niet gaf wat hij wilde. Voor een extreme narcist is dat onverdraaglijk.

Eric Harris koesterde een bijzondere haat tegen de politie. Toen iemand hem online vroeg om de persoon te noemen die hij het meest haatte, antwoordde hij: 'Zijn smerissen één persoon?'[13] Waarom haatte hij de politie? Omdat de politie gezag over hem uitoefende. In zijn fantasieën was Eric een superieur wezen. Toen hij de bestelwagen had gekraakt, werd hij echter gearresteerd en voor de rechter gebracht, net als iedereen. Dat was onverdraaglijk voor hem. Eric noemde zijn arrestatie zijn 'meest beschamende moment'.[14]

Eric maakte ook lijsten van leerlingen die hij wilde doden. Wie stonden er op die lijsten? Mensen die hem kleineerden, zoals jongens die hem plaagden bij gym en meisjes die niet met hem uit wilden. Naast deze specifieke mensen voelde Eric haat tegenover de samenleving als geheel. Hij bouwde een imago op van superioriteit, maar de wereld ondersteunde dat beeld niet. Erics woede was geworteld in zijn behoefte om machtig te zijn: 'Mijn overtuiging is dat als ik iets zeg, het ook gebeurt. Ik ben de wet en als dat je niet aanstaat, ben je er geweest.'[15] In werkelijkheid was hij echter niet de wet, wat hem woedend maakte.

De psychotische schutters voelden ook woede, maar om heel andere redenen. Toen Michael Carneal schreef dat hij het haatte om vergeleken te worden met zijn zus, schreef hij ook: 'Ik ben echt razend op de wereld.'[16] Hij was niet alleen boos op zijn zus omdat hij bij haar vergeleken minderwaardig was, maar hij was boos over de omstandigheden van zijn bestaan. Evenzo zei een vriend over Andrew Wurst: 'Hij haatte zijn leven. Hij haatte de wereld.'[17] Hij was woedend op een wereld die oneerlijk en onbegrijpelijk was.

De psychotische schutters realiseerden zich dat zij buitenbeentjes waren. Ze konden niet op tegen hun broers of zussen die normaal waren en, in sommige gevallen, zelfs bijzondere mensen waren. Hun ouders waren teleurgesteld in hen en ruzieden over hoe met hen moest worden omgegaan. Hun leraren zagen in dat ze niet in de voetsporen traden van hun oudere broer of zus. Ze worstelden op sociaal gebied en voelden zich geïsoleerd. Ze werden hopeloos verliefd, maar waren ervan overtuigd dat ze nooit intiem zouden kunnen zijn met iemand. Ze gingen tekeer tegen de wreedheid van het lot dat zij met een handicap waren geboren en nooit zouden kunnen zijn zoals andere mensen.

En de getraumatiseerde schutters? Zij gingen tekeer tegen een wereld die hen steeds maar weer tot slachtoffer maakte. Jeffrey Weise zei dit: 'Zo verrekte naïef man, zo verrekte naïef. Altijd maar verandering verwachten terwijl ik weet dat er nooit iets verandert (…) Ik moet toch wel verrekte waardeloos zijn. Deze plek verandert nooit, echt nooit. Ik vervloek alles.'[18]

Terwijl de psychotische schutters woede voelden vanwege de oneerlijkheid dat zij met beperkingen waren geboren, voelden de getraumatiseerde schutters woede over de oneerlijkheid die de wereld hen aandeed. Voor de psychotische schutters waren alle anderen normaal en waren zij zelf het probleem. Voor de getraumatiseerde schutters waren juist de andere mensen het probleem en zij waren onschuldig. Slachtofferschap maakt woedend.

Dus hoewel existentiële woede een gemeenschappelijke factor was onder de drie typen schutters, was de bron van die woede specifiek voor elke categorie schutters.

ZELFMOORD EN EXISTENTIËLE ANGST

Net zoals existentiële woede een drijvende kracht was in het plegen van de moorden, was existentiële angst een drijvende kracht in de zelfmoordgedachten van de schutters. Wat bedoel ik met existentiële angst? De term verwijst naar een ernstige depressie: uitzichtloosheid, machteloosheid en zelfverach ting. 'Depressie' is echter een te gewone term om uitdrukking te geven aan de ernst van het lijden van de schutters. Daarom zal ik de term 'existentiële angst' gebruiken om de intensiteit van de gevoelens van de schutters weer te geven.

Het feit dat de psychotische en de getraumatiseerde schutters suïcidaal waren, is niet verwonderlijk. Zij hadden allen jarenlang te maken gehad met ellende. Alle vijf psychotische schutters leden onder hun sociale gebreken en psychotische symptomen en hadden een verleden van suïcidale gedachten. De getraumatiseerde schutters leden omdat zij zo beschadigd waren door het leven. Alle drie waren suïcidaal geweest vóór de aanslag en twee van hen waren suïcidaal ten tijde van de schietpartij.

Hoe zit dat met de psychopathische schutters? Er is geen bewijs dat Drew Golden werd gekweld of suïcidale gedachten had. Hoewel suïcidale gedachten en gedragingen relatief veel voorkomen onder adolescenten, komt het zelden voor onder preadolescenten. Drew was met zijn elf jaar veel jonger dan de andere schutters in dit boek; misschien speelde zijn leeftijd ten tijde van de schietpartij mee in het ontbreken van zelfmoordgedachten bij hem. Een andere mogelijkheid is dat psychopaten meestal te narcistisch zijn om zichzelf om het leven te brengen.

Toch pleegde Eric Harris wel zelfmoord. Waarom? Meer dan een jaar voor de aanslag meldde Eric dat hij depressief was en suïcidale gedachten had.[19] Daarom kreeg hij een antidepressivum voorgeschreven. Zijn dagboek maakt echter niet duidelijk waarom hij suïcidaal was. Toch wijzen vele passages op diepe ontgoocheling en pessimisme. Eric noemde de wereld 'deze waardeloze plek'.[20] Elders zei hij: 'We zijn allemaal een verspilling van natuurlijke grondstoffen en zouden moeten worden afgemaakt.'[21] Een paar maanden later schreef hij: 'Het is allemaal gedoemd.'[22]

Hoewel dit geen suïcidale uitspraken zijn, suggereren ze wel dat Eric verbitterd, gedesillusioneerd en wanhopig was. Misschien waren deze gevoelens geworteld in zijn zelfhaat met betrekking tot zijn uiterlijk, zijn frustratie dat hij niet het aanzien kreeg dat hij naar zijn mening verdiende, en zijn gebrek aan succes bij de meisjes. Afgezien daarvan, probeer de wereld eens vanuit zijn perspectief te bekijken: hij wees conventionele moraliteit en waarden af. Goedheid bestond niet, gerechtigheid was een nietszeggend concept en liefde was slechts een woord. Behalve de aanslag had hij geen enkel doel. Er was niets wat hij wilde bereiken, niets om naar uit te kijken in het leven. Onder Erics narcisme en woede kan het gevoel hebben gezeten dat het leven volslagen zinloos was. Als liefde en relaties geen betekenis hebben, er geen doelen zijn en niets er toe doet, waarvoor zou je dan nog leven?

Bovendien zag Eric moord en zelfmoord als zijn toegangs-bewijs tot eeuwige roem. Zoals hij zei op zijn website: 'Ik wil een blijvende indruk op de wereld nalaten.'[23] Hij wilde zo ver-schrikkelijk graag een bepaalde status bereiken, dat hij bereid was deze weg te gaan. Door te sterven tijdens de aanslag vond hij zijn uitweg uit een zinloos bestaan op hetzelfde moment dat hij wereldfaam verwierf.

EXTREME REACTIVITEIT

Zoals ik in hoofdstuk 1 al uitlegde, is het idee dat schietpartijen op scholen wraakacties zijn voor pesten, zeer twijfelachtig. Dat betekent niet dat de relaties met leeftijdsgenoten irrelevant zijn. De schutters hadden vaak problemen met vriendschappen met andere jongens, maar ook problemen in hun (pogingen tot) ro-mantische relaties met meisjes. Deze moeilijkheden vergroot-ten hun woede en hun lijden. Daarnaast vertoonden de schut-ters echter een 'extreme reactiviteit', een term die verwijst naar een overdreven reactie op normale ervaringen met leeftijdsge-noten. Het is normaal om geplaagd worden; afgewezen worden voor een afspraakje is ook normaal. De schutters waren echter vaak zo emotioneel labiel of hadden zo'n kwetsbaar zelfgevoel, dat gewone gebeurtenissen zeer abnormale reacties uitlokten.

Dat is misschien wel het duidelijkst te zien bij Eric Harris. Toen hij zo'n vijftien jaar oud was, ging hij uit met een meisje en nog een ander stelletje. Toen dat meisje weigerde om nog een keer met hem uit te gaan, deed hij net of hij zelfmoord pleegde; voor haar ogen deed hij net of hij zijn hoofd met een steen insloeg en liet hij nepbloed over zijn gezicht lopen. Dat is geen normale reactie. Hij zond bedreigende e-mails naar een ander meisje dat hem afwees. Eric beschreef zijn extreme reac-ties in een opstel waarin hij zichzelf met Zeus vergeleek: 'Zeus en ik worden ook gemakkelijk kwaad en straffen mensen op ongebruikelijke manieren.'[24]

Het is niet verwonderlijk dat Eric soms conflicten had met zijn vrienden. Ooit werd hij woedend op zijn vriend Brooks omdat die hem te laat ophaalde voor school. Eric vernielde toen de voorruit van Brooks' auto, pleegde vandalisme in zijn huis en bedreigde hem online met de dood. Eric bracht ook vernielingen aan in het huis van Nick, een andere vriend. Andere scholieren vertelden dat een terloopse botsing met Eric op de gang al kon leiden tot intimidatie en dreigementen. Eric was duidelijk zeer reactief als gevolg van zijn kwetsbare narcisme, wat hem onverdraagzaam maakte zodra hij werd tegengewerkt, beledigd of afgewezen. Hij zei dat iedereen die hem tegenwerkte of hem opdroeg iets te doen wat hij niet leuk vond, zou worden gedood.

Sommige psychotische schutters vertoonden ook een extreme reactiviteit. Kip Kinkel noemde andere kinderen bijvoorbeeld vaak 'flikker', maar als iemand dat scheldwoord tegen hem gebruikte, voelde Kip een moorddadige woede. Toen zijn vrienden voor de grap een van zijn messen hadden verstopt, werd Kip razend en zijn vrienden zo bang, dat zij zich in een andere kamer opsloten totdat Kip rustig werd.

Van de getraumatiseerde schutters was Mitchell Johnson zeer reactief, hoewel niet in dezelfde mate als Eric Harris of Kip Kinkel. Mitchell vond het leuk om de stoere jongen uit te hangen en probeerde zijn leeftijdsgenoten te overtuigen dat hij lid van een bende was. Toen zij hem lachend negeerden, was hij helemaal van de kaart. Hij probeerde anderen te pesten of te intimideren, maar reageerde als door een wesp gestoken als hij zelf werd geplaagd of uitgelachen.

Hij wilde ook ontzettend graag serieuze relaties met meisjes en was blijkbaar zwaar teleurgesteld als die op niets uitliepen. Waarom was hij daar zo wanhopig naar op zoek? Nadat hij jarenlang was verkracht door een oudere jongen, worstelde Mitchell waarschijnlijk met vragen over zijn seksualiteit en zijn seksuele voorkeur. Door dergelijk misbruik gaan jongens zich vaak afvragen of ze homoseksueel zijn. Een manier om zichzelf – en de wereld – te bewijzen dat hij niet homoseksueel was, was succes bij de meisjes. Dat hij geen succes had bij de meisjes bedreigde zijn gevoel een heteroseksuele man te zijn, en op diezelfde manier vormde het belachelijk gemaakt worden door klasgenoten een bedreiging voor zijn gevoel een macho man te zijn.

Onder alle drie de typen hebben veel schutters zo'n fragiel zelfbeeld, dat zij zeer sterk reageren op alles wat hun stabiliteit bedreigt. Het narcisme van de psychopathische schutters maakte hen zeer gevoelig voor kleinerende opmerkingen en frustraties. Onder de psychotische schutters verergerden hun zwakke sociale vaardigheden en paranoia het gevoel dat zij bedreigd werden. Bij de getraumatiseerde schutters werd de reactiviteit versterkt door de hyperalertheid in combinatie met hun posttraumatische stressstoornis en hun emotionele instabiliteit vanwege hun trauma.

En ten slotte waren veel van de schutters als gevolg van depressie en zelfhaat zeer gevoelig voor pesterij en afwijzing. Een zelfverzekerd persoon kan gemakkelijker een belediging negeren dan iemand die weet (of vermoedt) dat de belediging waar is. Als je je al afgewezen of een mislukkeling voelt, zal elke ervaring die dat gevoel ondersteunt, in je gedachten uitvergroot worden. De kwestie is dus niet dat de schutters soms werden geplaagd of afgewezen, maar dat zij zeer kwetsbaar waren en dus extreem gevoelig voor dit soort ervaringen.

Er is nóg een factor om rekening mee te houden in termen van extreme reactiviteit. Eén reden waarom sommige schutters zo reactief waren, is dat zij niet alleen reageerden op gebeurtenissen in het heden, maar een hele voorraad wrok met zich meedroegen die zij in de loop der jaren hadden opgebouwd. In een rapport over schoolschutters merkte de FBI op dat veel schutters 'verzamelaars van onrecht' waren. Met andere woorden: het waren kinderen die vol wrok door het leven gingen met een alsmaar groeiende verzameling van onrechtvaardigheden waaronder ze hadden geleden.[25] John Douglas, een expert op het gebied van (serie)moordenaars, zag diezelfde dynamiek. In zijn bespreking van moordenaars viel Douglas hun neiging op om 'elke kleinering die hen was aangedaan' op te slaan.[26]

In termen van persoonlijkheidsdynamiek kan het verzamelen van onrechtvaardigheden worden gezien als een aspect van een masochistische persoonlijkheid. Hoewel veel mensen masochisme wellicht associëren met seksueel gedrag, gebruik ik die term hier niet op die manier. Mensen met een masochistische persoonlijkheid worden in beslag genomen door hun eigen lijden en overdrijven dat ook. Masochisme kan zelfmedelijden en/of zelfingenomen woede tot gevolg hebben. Eric en Dylan vertoonden masochistische neigingen.

Volgens dr. David Shapiro lijken masochisten 'zich op te fokken in een poging meer lijden te ervaren dan ze daadwerkelijk op dat moment voelen'.[27] Eric illustreerde dit in een video waarin hij zei: 'Meer woede. Meer woede. Blijf het opbouwen' en met bewegingen van zijn handen gaf hij aan dat hij zijn woede opstapelde.[28]

Eric bleef zijn wrok ook koesteren. Veel mensen zagen dit en Eric zelf schreef erover in zijn dagboek. Een masochistische persoonlijkheid voelt zich gekrenkt; die persoon gaat door het leven met een eeuwige voorraad grieven. In hetgeen Eric schreef is uitgebreid bewijs te vinden voor het feit dat hij zich onheus bejegend voelde, door mensen en de wereld. Masochisten houden niet alleen wrok vast, zij overdrijven tevens de grootte van het onrecht dat hen is aangedaan. Eric schreef bijvoorbeeld: 'Als je mij in het verleden kwaad hebt gemaakt, zul je sterven zodra ik je zie. Misschien kun je anderen wel kwaad maken en loopt dat met een sisser af, maar niet bij mij. Ik vergeet niemand die mij onrecht heeft aangedaan.'[29] In Erics gedachten was iets wat hem boos maakte een rechtvaardiging voor moord. Hij onthield dus niet alleen iedereen die hem onrecht had aangedaan, maar hij overdreef dit onrecht en reageerde buiten alle proporties daarop.

Dylan had ook masochistische kenmerken. Hij zei dat hij snobistische kinderen haatte die hem (in ieder geval volgens hem) hadden mishandeld toen hij in het kinderdagverblijf kwam.[30] Dat hij zijn lijden in het kinderdagverblijf als een beweegreden noemde voor het opblazen van zijn school, is opmerkelijk. Hij hield vast aan ervaringen van misschien wel vijftien jaar eerder en hield zijn gevoel van pijn en onrecht levend. Shapiro beschrijft masochisme als 'de chronische, meestal verbitterde overdrijving en "koestering" van vernederingen, nederlagen en onrechtvaardigheden'.[31] Dat Dylan vasthield aan de door hem ervaren mishandeling in het kinderdagverblijf en het doen herleven hiervan kort voor de aanslag, is een dynamiek die volgens Shapiro past bij een masochistisch persoon: 'Wanneer een oude wrok dreigt te vervagen, probeert hij deze terug te halen en de ervaring hiervan te doen herleven.'[32]

Masochisten overdrijven niet alleen hun lijden, maar hebben ook de neiging geobsedeerd te zijn door hun ongeluk. Dit is wat we aantreffen in het dagboek van Dylan: 'Ik bevind mij in een eeuwig lijden, in oneindige richtingen in oneindige realiteiten.'[33] Elders schreef hij: 'Ik zal m'n leven samenvatten (...) het ellendigste bestaan in de hele geschiedenis van de mens.'[34] Dylan zwolg in zijn eigen lijden.

Door vast te houden aan grieven en hun herinneringen aan oud zeer te verdraaien, vergrootten sommige schutters hun zelfmedelijden, hun ingebeelde verongelijktheid en hun woede. Zij reageerden niet alleen op spanningen van dat moment, maar ook op wat zij zagen als een leven vol onrecht dat hen was aangedaan.

SCHAAMTE, AFGUNST EN HET MANNELIJKE TEKORT

Zoals eerder opgemerkt, was de extreme reactiviteit van de schutters geworteld in hun kwetsbare identiteit, wat weer leidt tot een overweging van wat dr. Katherine Newman 'het mannelijk tekort' noemt.[35] De schutters hadden niet alleen een fragiele identiteit; zij hadden met name een fragiele mannelijke identiteit.

Misschien hield hun kwetsbare mannelijke identiteit verband met hun lichaam. De meeste schutters hadden geen geweldig fysiek voorkomen. Evan Ramsey was klein en mager. Michael Carneal was klein, mager en droeg een bril; hij was zo klein dat mensen hem plaagden met zijn lengte. Om toch een gevoel van macht te krijgen, verzamelde Michael wapens. 'Meer wapens is beter. Je hebt meer macht. Je ziet er beter uit als je veel wapens bezit', schreef hij.[36]

Andrew Wurst was te zwak om hetzelfde werk te doen als zijn broers in het tuinarchitectuurbedrijf van de familie; hij stelde zijn vader teleur en wist dat ook. Dylan Klebold was zich bewust van en voelde zich opgelaten door zijn gebrek aan fysieke coördinatie en vaardigheid. Jeffrey Weise was te zwaar en niet atletisch. Kip Kinkel was zijn hele leven al klein geweest; toen hij zes of zeven jaar oud was, deden zijn ouders hem op karateles, om hem te helpen zijn kleine gestalte te compenseren en zijn zelfvertrouwen te vergroten. Hij speelde American football maar was daar niet erg goed in en zijn vader vond hem een mislukte sporter.

Mitchell Johnson speelde echter mee in drie sportteams op school, wat suggereert dat hij een goede sporter was. Meisjes in zijn klas vonden hem ook aantrekkelijk. Mitchell voelde zich echter onzeker over zijn mannelijkheid als gevolg van de lichamelijke mishandelingen en het seksuele misbruik dat hij had doorgemaakt. Er waren ook veel meisjes die uitgingen met Eric Harris en/of hem leuk vonden. Eric was bovendien een behoorlijk voetballer. Objectief gezien had hij geen slecht fysiek voorkomen. Toch vond hij zichzelf te mager, was hij onzeker over zijn uiterlijk en kan hij een sterk gevoel van fysieke onvolkomenheid hebben gehad vanwege zijn aangeboren afwijkingen. Hij kan zich hebben geschaamd voor zijn ingevallen borst, met name bij de gymles waar hij zijn shirt moest uittrekken. Hij kan zich ook ontoereikend hebben gevoeld, omdat hij niet voldeed aan de hoge normen van zijn broer op sportgebied.

Drew Golden was klein voor zijn leeftijd, waardoor hij bij het sporten niet kon wedijveren met zijn leeftijdsgenoten. Zijn opa vertelde een verslaggever dat Drew wel football en basketbal wilde spelen, maar hij was 'te tenger voor het een en te klein voor het andere. Hij was het beste in schieten.'[37] Met wapens was hij dus in staat de gebreken van zijn lijf te overwinnen.

Studenten zeiden dat Seung Hui Cho soms 'met een zekere gedrevenheid in de sportzaal'[38] trainde. Hij probeerde zichzelf op te pompen. Zijn hele leven was hij tenger en ongewoon mager geweest. Hij was zelfs zo mager, dat in zijn autopsierapport een duidelijk gebrek aan spiermassa voor het lichaam van een jongeman staat vermeld. Uiteindelijk vond ook hij echter dat wapens hem, ondanks zijn zwakte, macht verschaften.

Naast het verband tussen de mislukte mannelijkheid en de lichaamsbouw en atletische eigenschappen, kunnen we ook een verband leggen met zaken die te maken hebben met sociale problemen, intieme relaties en identiteit als geheel. De schutters gingen gebukt onder veel van dit soort kwesties.

De schutters schaamden zich en voelden zich vernederd omdat ze geplaagd werden. Zelfs als het pesten vooral hun eigen beleving was in plaats van in de werkelijkheid en zelfs als ze hier zelf de oorzaak van waren, schaamden ze zich hier diep voor. In reactie op deze schaamte ontstond woede op hun leeftijdsgenoten.

Er waren nog andere oorzaken van schaamte. Kip Kinkel schaamde zich voor het feit dat hij stemmen hoorde en dus hield hij zijn psychose voor iedereen verborgen. Bovendien waren zijn ouders docenten die uitmuntende schoolprestaties op prijs stelden en verwachtten. Kip was dyslectisch en zelfs op dertienjarige leeftijd schreef hij zijn achternaam nog steeds verkeerd als 'Kinkle'. Zijn ouders waren hierdoor teleurgesteld;

het was bekend dat zij hem 'domkop' noemden. Kip moest de derde groep van de basisschool nog een keer doen, wat een vernedering kan zijn geweest. Jeffrey Weise bleef zitten in de eerste klas van de middelbare school, waarvoor hij zich wellicht ook schaamde. Andrew Wurst plaste tot zijn negende nog in bed. Zijn broers pestten hem daarmee, wat een voortdurende vernedering moet zijn geweest. Hij had ook een verzameling lappenpoppen uit de serie *Raggedy Ann*, wat niet alleen eigenaardig was maar waarmee hij ook kan zijn geplaagd. Dylan Klebold schaamde zich voor zijn seksuele driften, waaronder een voetfetisj en een voorkeur voor bondage. Mitchell Johnson en Evan Ramsey waren allebei seksueel misbruikt, een ervaring die veel schaamte oproept. Tot slot hadden veel van de schutters geen succes in hun relaties met meisjes. Al deze ervaringen droegen bij aan hun gevoel van schaamte en gebrek aan mannelijkheid.

Om de woede van de schutters tegenover hun leeftijdsgenoten te begrijpen, moeten we niet alleen kijken naar het pesten, maar ook naar de onderliggende afgunst. Voor jongeren die vonden dat zij faalden als man, was de aanwezigheid van 'normale' jongeren moeilijk te verdragen. Eric Harris was zich heel bewust van status en gedroeg zich vijandig tegenover mensen die wel aanzien hadden, of ze nu rijk of 'cool' waren. Dylan was jaloers op sportievelingen, die het soort leven leken te leiden dat hij graag wilde. Hoewel Dylan soms werd geplaagd, lijkt zijn afgunst ten opzichte van normale jongeren een grotere rol te hebben gespeeld.

Kip Kinkel voelde een moordzuchtige haat richting de jongen die de ster was van het footballteam en die uitging met het meisje met wie Kip uit wilde gaan. Zijn woede was het gevolg van afgunst en zijn onvermogen om de persoon te zijn die hij wilde zijn: 'Ik wil iets zijn wat ik nooit kan zijn. Ik doe elke dag zo mijn best. Maar uiteindelijk haat ik mezelf om wat ik geworden ben'.[39]

Michael Carneal schreef een verhaal waarin de verteller (met de naam Michael) zijn klasgenoten vermoordde. De woede van de hoofdpersoon was gericht op 'kakkers'. In het verhaal gebruikte Michael de namen van kinderen uit zijn klas. Zijn sadistische verhaal over het verminken en vermoorden van *kakkers* was een product van zijn afgunst. Na de aanslag erkende Michael dat hij jaloers was op de populariteit van de leerlingen in de gebedsgroep die hij had neergeschoten.⁴⁰

Ondanks zijn vernietigende commentaar op rijke mensen en hun decadente levensstijl, verlangde Seung Hui Cho ernaar een van hen te zijn. Hij haatte hen en toch wilde hij bij hen horen: 'O het geluk dat ik had kunnen hebben door mij te begeven onder jullie hedonisten, door te worden gezien als een van jullie.'⁴¹ In het verhaal dat hij schreef over de jongen Bud die erover dacht om een schietpartij te plegen, had Bud het idee dat alle anderen leefden in een 'hemel op aarde', terwijl hij gedoemd was een geïsoleerde buitenstaander te zijn. Hij was jaloers op het leven van alle anderen om hem heen.

In hun poging als adolescent een identiteit als man op te bouwen, kozen de schutters rolmodellen als Hitler, Charles Manson, de Unabomber, andere schoolschutters en mogelijk ook hun eigen vaders die wapens hadden gebruikt bij criminele activiteiten. Dat waren mensen met macht; figuren die zeer veel aantrekkingskracht uitoefenen op mensen die zich minderwaardig of machteloos voelen.

Ook in gewelddadige films en videogames vonden de schutters figuren om te imiteren. Wat deze figuren met elkaar gemeen hebben, is volgens Newman dat ze geweld gebruiken om hun status als man te verhogen. Dit is een belangrijk punt. De schoolschutters kregen niet zomaar een kick van de ontploffingen of vuurgevechten in films en games; ze kwamen erachter dat geweld het sociale aanzien van mannen vergroot.

Hoe word je van niemand iemand? Door geweld. Eric Harris wilde een blijvende indruk op de wereld nalaten. Hoe deed hij dat? Met geweld. Evan Ramseys vrienden vertelden hem dat hij niet alleen zichzelf moest ombrengen; hij moest ook anderen vermoorden. Ze zeiden hem dat hij 'moest genieten van de roem'. Hoe kon een niemand als Evan wereldfaam bereiken? Met geweld. Michael Carneal dacht dat het meebrengen van wapens naar school hem een hogere sociale status zou bezorgen. De schutters probeerden mannelijkheid te demonstreren door onschuldige, ongewapende mensen te vermoorden.

Thema's als mannelijkheid, schaamte en afgunst waren dus krachtige factoren onder de schoolschutters. De jongens stonden vijandig tegenover hun medescholieren, hun familieleden en de wereld. Vijandige gevoelens maken van kinderen echter nog geen moordenaars. Er zijn nog meer factoren.

DE ROL VAN DE FANTASIE: OEFENEN VOOR MOORDEN

De kwestie van de fantasie is belangrijk om de schoolschutters te begrijpen. De FBI heeft gerapporteerd dat schoolschutters vaak heel erg met fantasie bezig zijn: boeken, films, videogames en fantasie rollenspellen. Dit is echter niet uniek voor schoolschutters. John Douglas, een voormalige daderprofielanalist bij de FBI, stelt dat fantasie een centrale rol speelt in de geest van seriemoordenaars. Volgens Douglas is 'de rol van de fantasie waarschijnlijk de meest cruciale factor in de ontwikkeling van een serieverkrachter of -moordenaar'.[42] John Hinckley, die president Reagan probeerde te vermoorden, verklaarde: 'Je weet best wel wat van me, lieve schat, zoals mijn obsessie met fantasie; maar wat de menigte nog niet begrijpt is dat fantasieën in mijn wereld realiteit worden.'[43]

Helaas lieten de meeste schutters geen aantekeningen na over hun fantasieleven. De teksten die Eric Harris heeft geschreven bevatten echter wel bewijsmateriaal over de mate waarin hij realiteit en fantasie vermengde. Zijn fantasieleven was vooral gericht op het videospel *Doom*, waarvoor hij nieuwe levels programmeerde. Toen hij zijn nieuwe levels online zette, schreef Eric: 'Ik speel *Doom* al sinds november 1994, dus het is eigenlijk mijn leven. Deze levels zijn beter dan alles wat je ooit hebt gezien. Ik wil niet opscheppen over mijn eigen sh*t, maar deze levels komen van de Herrgott DOOM zelf (…) Heel wat kamers en geheimen komen rechtstreeks uit mijn fantasie, dus je loopt eigenlijk rond in mijn eigen wereld. Ik woon daar.'[44] Elders schreef hij: 'Ik wou dat ik in *Doom* woonde en '*Doom* zit zo in mijn hoofd gebrand, mijn gedachten hebben meestal iets te maken met het spel (…) Wat ik in het echte leven niet kan doen, probeer ik te doen in *Doom*.'[46] Wat heeft Erics obsessie met het videospel te maken met zijn schietpartij? Eric legde het verband zelf in zijn dagboek: 'Ik heb het doel om zoveel mogelijk te vernietigen dus ik mag niet worden afgeleid door gevoelens van sympathie, genade of iets dergelijks, dus ik zal mijzelf dwingen om te denken dat iedereen gewoon een monster is uit *Doom* (…) Het is dus ik of zij. Ik moet mijn gevoel uitschakelen.'[47]

Eric Harris verloor de grip op de realiteit door zijn aanhoudende fantasieën over *Doom*. Zoals hij zei, woonde hij in *Doom*. Dit betekent niet dat hij zich niet bewust was van wat hij deed tijdens de schietpartij; hij wist precies wat hij deed. In dat opzicht was hij net als Hitler: 'Hitler was een nuchtere pragmaticus die op opmerkelijke wijze de kunst verstond effectief om te springen met de realiteit van het politieke bestaan; maar hij was ook een persoon die leefde in een onwerkelijke droomwereld.'[48] Eric bewoog zich ook uitzonderlijk soepel in de echte wereld; hij beraamde een grootschalige aanslag terwijl hij ook de gewone activiteiten van een tiener ondernam. Tegelijkertijd leefde hij echter voor een deel in een fantasiewereld.

Voor Eric had zijn fantasie twee doelen:

1. Door in zijn fantasie te leven, werd de taak die hij zichzelf had opgelegd makkelijker uitvoerbaar. Zoals hij schreef, kon

hij zijn gevoel uitschakelen door zijn slachtoffers te zien als wezens uit *Doom*.

2. In *Doom* kon hij het doden jarenlang oefenen.

Hoewel geen van de andere schutters zoveel inzicht verschafte in zijn fantasieleven, was Eric niet de enige die zijn aanslag mentaal oefende. Michael Carneal schreef een verhaal vol bloederig en sadistisch geweld over een scholier die ook Michael heette en die andere leerlingen vermoordde en verminkte. Dylan Klebold schreef een verhaal over een koelbloedige moordenaar die een groep scholieren vermoordde. Jeffrey Weise schreef een aantal verhalen over geweld en moord. Hij maakte ook een animatievideo waarin iemand mensen neerschiet, politieagenten vermoordt en vervolgens zijn eigen hoofd eraf schiet – een angstaanjagende aankondiging van zijn eigen actie. Tot slot schreef Seung Hui Cho op de middelbare school een essay over de schietpartij op Columbine en tijdens zijn universitaire studie schreef hij een verhaal over een 'wannabe'-schoolschutter.

Diverse schutters fantaseerden over het plegen van moord ruim voordat zij hun aanslag uiteindelijk uitvoerden. Met behulp van deze fantasieën konden zij zich voorbereiden op de echte daad. Zo konden ze niet alleen mentaal oefenen maar ook ongevoeliger worden voor de pijn die ze zouden veroorzaken.

DE ZOEKTOCHT NAAR ANTWOORDEN

Waarom vinden er schietpartijen op scholen plaats? Hoe graag we ook een eenvoudig antwoord zouden willen geven op deze vraag, het is er niet. De schietpartijen die in dit boek worden besproken, vonden plaats ten gevolge van complexe combinaties van individuele, omgevings- en gezinsfactoren die per dader verschilden.

De psychopathische schutters kwamen uit gezinnen waar vuurwapens op legale wijze werden gebruikt; de schutters waren echter geobsedeerd door wapens. Het waren jongens met antisociale, narcistische en soms sadistische eigenschappen. Zij trokken zich niets aan van morele waarden, voelden zich verheven boven anderen en vonden het prettig om anderen pijn te doen en te doden. Zij hadden de rol van leider en trokken meelopers aan om mee te doen met de schietpartij.

De psychotische schutters erfden de psychiatrische ziekten die in hun families voorkwamen. Zij hadden allemaal verschillende manifestaties van hallucinaties en/of waandenkbeelden. Zij hadden sociale problemen en er was sprake van een intense vervreemding, soms zelfs zo erg dat ze geloofden dat ze niet menselijk waren. Zij hadden allemaal een zus of broer(s) die beter presteerde, waardoor zij zich een mislukkeling voelden en sommigen vonden dat ze werden afgewezen door hun ouders. Soms werden ze gepest door leeftijdsgenoten, hoewel geen van hen de kinderen die hen hadden gepest specifiek uitkoos als doelwit. Ze leken meer te worden verteerd door woede die was ontstaan uit afgunst op hun leeftijdsgenoten dan door boosheid over een slechte behandeling.

De drie getraumatiseerde schutters liepen genetisch gezien wellicht het meeste risico om gewelddadig te worden vanwege hun gewelddadige ouders. Alle drie hadden ook gewelddadige rolmodellen en voorbeelden van misbruik van vuurwapens. Zij groeiden allen op te midden van alcoholisme en huiselijk geweld. Twee werden buitenshuis seksueel misbruikt. Naast deze historische factoren stapelden andere factoren zich op voorafgaand aan de aanslagen: conflicten met schoolpersoneel, afwijzing door meisjes, de kans om weer bij hun vader te moeten gaan wonen, pesterij door leeftijdsgenoten en andere stressvolle gebeurtenissen. Zelfs met al deze factoren bij elkaar, zouden twee van de aanslagen niet hebben plaatsgevonden als de getraumatiseerde jongens niet waren gevraagd of aangemoedigd door hun mededader om moorden te plegen.

Verspreid over alle drie de typen schutters zijn gemeenschappelijke factoren te vinden: moorddadige woede, suïcidale neigingen, een zwakke identiteit die tracht door middel van geweld een imago van mannelijkheid te bewerkstelligen, afgunst tegenover degenen met een hogere status, een verlangen naar roem, een kwetsbare persoonlijkheid die uiterst reactief is bij alledaagse beledigingen en frustraties, en een masochistische neiging om wrok te koesteren en ervaren onrecht uit te vergroten. In alle gevallen was sprake van een verminderde empathie.

Veel van deze factoren droegen bij aan een overweldigend egocentrisme. Een gebrek aan empathie bijvoorbeeld creëert een afstand tussen het zelf en alle anderen. Bij narcisme is sprake van een extreme preoccupatie met zichzelf, vaak ten koste van het welzijn van anderen. Woede maakt iemand zelfingenomen en onverschillig tegenover andere mensen. Depressiviteit en psychisch lijden zorgen voor een blikvernauwing; wanneer men wordt verteerd door allesdoordringend lijden en machteloosheid, verliest men het perspectief op de rest van de wereld. Paranoia is een intense vernauwing van gewaarwording die is gericht op het behoud van het zelf, ongeacht de consequenties voor anderen.

De wereld van de schutters kromp als het ware ineen tot de behoeften van het zelf: hun vrienden deden er niet toe; hun ouders deden er niet toe; de rechten en gevoelens van anderen deden er niet toe; hun eigen dood deed er niet toe. De schutters waren in een toestand van psychologische crisis.

Zo'n verenging van de wereld is niet noodzakelijkerwijs blijvend. De meeste schutters die de schietpartij overleefden hebben consequent – en overtuigend – gezegd dat zij zich schuldig voelen, berouw hebben, gekweld worden en zichzelf haten om wat zij hebben gedaan. Dat geldt voor Evan Ramsey, Michael Carneal, Kip Kinkel en Mitchell Johnson. De moorden die zij pleegden waren niet de onvermijdelijke uitkomst van hun persoonlijkheid, maar daden die zij pleegden in een crisistoestand. Er is geen reden om aan te nemen dat zij, als zij tijdens hun crisis in een veilige setting waren opgenomen, op latere leeftijd moordenaars waren geworden. In hoofdstuk 7 komen vijf potentiële schoolschutters aan bod. In tegenstelling tot de daadwerkelijke schoolschutters kwamen zij in een psychiatrisch ziekenhuis terecht voordat zij hun plannen konden uitvoeren.

[7] Jongeren die net op tijd werden tegengehouden

Destijds wilde ik zo graag iemand vermoorden, dat ik mensen aansprak en zei: 'Voor een pakje sigaretten vermoord ik iemand voor jou.'
EEN EX-PATIËNT

Als psycholoog in een psychiatrisch ziekenhuis voor kinderen en adolescenten word ik vaak gevraagd om het risico op geweldpleging bij een jongere te beoordelen. Elk jaar gaat het in een of twee van die gevallen om een potentiële schoolschutter. Dit hoofdstuk gaat over vijf van zulke jongeren.

Gesprekken voeren met potentiële massamoordenaars is een intensieve en uitdagende ervaring. Soms weigeren ze te praten; ze denken dat hoe minder ze vertellen, hoe beter. Anderen zijn heel ontspannen en bagatelliseren de bedreigingen die ze hebben geuit. Het doet er niet toe hoe nadelig het bewijs tegen hen is, zij blijken zeer goed in staat alles goed te praten, alsof het alleen om een eenvoudig misverstand gaat. Andere potentiële moordenaars zijn verrassend open over hun moordplannen.

Waren de tieners die ik onderzocht daadwerkelijk van plan om een schietpartij te plegen, of fantaseerden zij slechts over geweld? Waren het moordenaars geworden als zij niet waren onderschept? Ik kan die vragen niet met enige zekerheid beantwoorden. Ik kan wel andere vragen beantwoorden: passen deze wannabe-schutters in de drie categorieën schoolschutters? Hoe vergelijkbaar en/of anders zijn zij vergeleken met daadwerkelijke schutters? Laten zij een van de facetten van de schutters zoals besproken in de vorige hoofdstukken zien?

DE KUNST VAN VINDINGRIJKE VERNIETIGING

Ik maakte me zorgen om Jonathan. Hij had plannen, grote plannen. Maar niet het soort plannen waar zijn ouders – of anderen – warm voor liepen. Hij was een aantrekkelijke, intelligente, welbespraakte zeventienjarige jongen uit een compleet middenklasse gezin dat woonde in een van de betere buitensteden in de staat Connecticut. Hij had aardige ouders die hem vertrouwden en hem veel vrijheid gaven. Er leek niet echt iets te zijn in zijn leven waarover hij kon klagen. Dat deed Jonathan echter wel. En hij had zijn plannen. Zeven, om precies te zijn. Zeven variaties op hetzelfde thema: massamoord onder mensen op zijn school.

Jonathans plannen liepen uiteen van het platbranden van de school, tot het neerknallen van specifieke leerlingen, het lukraak mensen neerschieten en het opblazen van de school. In een aantal plannen combineerde hij meerdere elementen, zoals het plaatsen van bommen op strategische locaties om de school op te blazen en vervolgens mensen neer te schieten die het gebouw zouden ontvluchten.

Dit laatste plan deed mij denken aan de plannen van Eric Harris voor Columbine. Eigenlijk waren er veel aspecten aan Jonathan die mij deden denken aan Eric Harris. Het is echter niet eenvoudig om ouders ervan te overtuigen dat hun kind een potentiële massamoordenaar is. In het geval van Jonathan hadden de ouders er spijt van dat ze hun zoon hadden laten opnemen, hoewel ze zich ervan bewust waren dat hij zowel suïcidale als moorddadige gedachten had. Ze waren er zeker van dat ze overdreven hadden gereageerd. Ondanks dat Jonathan voortdurend aan moord dacht, hielden ze vol dat hij een zachtaardige jongen was die nooit gewelddadig was geweest. Ze konden gewoon niet geloven dat hij zijn ideeën ook zou uitvoeren. Volgens hen waren zijn gewelddadige plannen slechts een manier om zijn boosheid te uiten.

Misschien hadden ze gelijk. Er zijn veel meer mensen die gewelddadige ideeën hebben dan mensen die ze daadwerkelijk uitvoeren. Misschien zou hij zijn plannen nooit uitvoeren. Hoe kunnen ouders het idee dat hun geliefde zoon een potentiële massamoordenaar is accepteren? Ik was echter verantwoordelijk voor de beoordeling van Jonathans geweldsrisico en in mijn ogen betekende het feit dat hij nooit gewelddadig was geweest, helemaal niets. Een gebruikelijke vuistregel bij de voorspelling van gedrag is dat gedrag in het verleden de beste voorspeller is van toekomstig gedrag. Voor schoolschutters is dit echter geen bruikbare regel. Sommige schoolschutters waren in het verleden nooit gewelddadig geweest en barstten op een dag zomaar los. Was het aannemelijk dat Jonathan in hun voetsporen zou treden? Het leek mij goed mogelijk.

Ik zei dat Jonathan op Eric Harris leek, maar dat is slechts ten dele waar. Hij leek ook op Dylan Klebold. Eric en Dylan waren heel verschillend, dus hoe kan één persoon op beiden lijken? Bovendien, wat kunnen we te weten komen van iemand die niemand gedood heeft maar wel heel wat tijd besteedde aan het nadenken over moord? Gelukkig was Jonathan niet alleen vaardig met taal maar ook ongewoon open over zijn gedachten, gevoelens en ervaringen.

Thuis was geen sprake van geweld of mishandeling. Beide ouders werkten en ze hadden een huis in een goede buurt. Zij woonden aan de 'arme' kant van de stad, die absoluut niet arm was, maar alleen niet zo opvallend rijk als de rest van de stad. Jonathan was als kind verlegen en rustig geweest. Er waren geen gedragsproblemen op de basisschool. Aan het begin van de middelbare school raakte Jonathan echter geobsedeerd door meisjes. Toen hij werd afgewezen door rijke meisjes, werd Jonathan moordzuchtig tegenover hen. Hij verklaarde: 'Ik wéét dat de wereld mooier zou zijn zonder deze meiden.'

Hij rechtvaardigde zijn haat door te zeggen dat die meisjes alleen maar om geld gaven.

Hoe zat het met Jonathans sociale acceptatie? Werd hij gepest of buitengesloten? Zijn ouders zeiden dat zijn leeftijdsgenoten hem altijd graag mochten. Jonathan vertelde mij dat hij zelfs populair was. Hij zei echter ook dat hij 'ernstige problemen had met zijn zelfwaardering', hij vond zichzelf een mislukkeling. Hij zei dat hij onzeker was over en obsessief bezig was met zijn uiterlijk en 'enorme hoeveelheden producten' op zijn huid smeerde. Jonathans onzekerheid en lage zelfwaardering waren niet het gevolg van pesterij, maar van zijn eigen verstoorde identiteit.

Uit het feit dat hij regelmatig veranderde van uiterlijk en van vriendenkring, bleek zijn sociale onzekerheid. Zijn moeder zei dat Jonathan 'wordt met wie hij omgaat'. Deze wanhopige onzekerheid en bereidheid om iemand anders te worden, doet denken aan Dylans onzekerheid en diens transformatie om te zijn zoals Eric.

Hoe zat het met Jonathans risiconiveau? Hij vertoonde veel eigenschappen die de schoolschutters ook hadden. Hij had bijvoorbeeld belangstelling voor vuurwapens en vernietigingswapens. Zijn ouders meldden dat hij wapensites op het internet bezocht. Toen ik hiernaar vroeg, zei hij dat hij gefascineerd was door 'wapens en creatieve vernietiging – verschillende manieren om mensen te doden'. Jonathans ouders gaven aan dat hij met wapens had geschoten bij een neef thuis. Hij wist hoe hij moest schieten en kon het ook goed. Hij vertelde mij dat hij een bom kon maken als hij dat wilde. Hoewel hij niet dacht dat hij iemand kon vermoorden door een pistool tegen diens hoofd te zetten, zei Jonathan wel dat hij absoluut iemand van een afstand kon doden, zoals een sluipschutter, of met behulp van een bom.

Net zoals andere schoolschutters ontmenselijkte hij zijn beoogde slachtoffers. Hij zei dat ze 'geen hart en ziel' hadden en 'de wereld beter af zou zijn zonder hen'. Over het vermoorden van mensen zei hij: 'Moreel doet het me niets om het te doen.' Hij had duidelijk een gebrek aan empathie, niet alleen voor de beoogde slachtoffers maar ook voor de onschuldige mensen die zouden omkomen. Hij bekritiseerde de aanslag op Columbine omdat daar onschuldige mensen bij waren omgekomen, maar bij zijn eigen plannen zouden ook onschuldige mensen het leven laten. Toen ik hem daarmee confronteerde, haalde hij zijn schouders op en zei dat dat onvermijdelijk was. Hij vertelde me zelfs dat hij in eerste instantie had gedacht aan 'lukraak doden'. Net als veel schootschutters 'lekte' Jonathan zijn plannen naar – of deelde hij zijn plannen met – zijn vrienden. Met minimaal één vriend maakte hij tekeningen en schema's van de wijze waarop de aanslag op de school gepleegd zou worden.

Jonathan was zeer gevoelig voor afwijzing en status. Zoals eerder opgemerkt, reageren schoolschutters in extreme mate op alles wat hun identiteit zou kunnen bedreigen of waardoor ze zich minderwaardig zouden kunnen voelen. Jonathans gevoeligheid voor afwijzing was vooral sterk in relatie tot meisjes. Dat hij zichzelf een mislukkeling noemde, duidde op problemen met identiteit en status. Dat hij zich concentreerde op rijke meisjes, was een andere indicatie voor zijn obsessie met status. Jonathans afkeer van rijke kinderen doet denken aan de tirades van Eric Harris over rijke mensen. Net als bij Jonathan was Erics familie niet arm en behoorde hij tot de degelijke middenklasse. Toch was Eric in zijn hoofd voortdurend bezig met mensen die hoger stonden op de economische ladder.

Jonathan had ook etnische vooroordelen. Groepen neonazi's fascineerden hem. Hij werd ook sterk beïnvloed door Columbine en zei dat hij bij de Trench Coat Mafia hoorde, een groep scholieren waartoe ook Eric Harris en Dylan Klebold behoord zouden hebben – wat niet waar was. Hij identificeerde zich met de daders van Columbine. Met betrekking tot Columbine zei hij: 'Ik was er heel erg voor.'

Bovendien had Jonathan moeite om zijn boosheid te hanteren: 'Zeker, ik explodeer.' Hij had het over periodes waarin hij 'alles binnen zijn bereik een klap gaf'. Eric Harris had ook moeite om zijn woede te bedwingen en sloeg tijdens woede-uitbarstingen gaten in muren.

Jonathan genoot, zoals wellicht alle schoolschutters, van gewelddadige videogames en gewelddadige films. Geweld was voor hem een belangrijke bron van vermaak. Hij was gek op bloederige beelden en vond het leuk om 'na te denken over de meest lugubere manier om een menselijk lichaam te verminken'. Deze belangstelling voor verminking doet denken aan wat Eric Harris schreef.

Samengevat leek Jonathan op Eric in zijn gebrek aan empathie, zijn obsessie voor wapens en geweld, zijn fascinatie voor de nazi's, zijn gevoeligheid voor status, zijn ontmenselijking van anderen als inferieure wezens en zijn sadistisch genoegen in het fantaseren over het verminken van menselijke lichamen. Hij leek op Dylan wat betreft zijn depressiviteit en intense onzekerheid, de beïnvloedbaarheid van zijn identiteit, zijn terugkerende zelfmoordgedachten, zijn wanhoop bij afwijzing door meisjes en zijn zelfbeeld als een mislukkeling. Hij combineerde de woede en het sadisme van Eric met het lijden en de depressie van Dylan.

Maar was Jonathan daadwerkelijk een gevaar? Ik denk het wel. Wat vóór hem pleitte was dat hij zei dat hij zijn moorddadige plannen niet zou uitvoeren om twee redenen. Ten eerste zou het verschrikkelijk zijn voor zijn ouders en dat wilde hij niet. Daarna zei hij echter: 'Maar als je mijn ouders erbuiten laat, dan zeker wel', dan kon hij mensen vermoorden. Dat was geen geruststelling. Stel dat Jonathan, net als Kip Kinkel, zijn ouders vermoordde? Dan zou de drempel weg zijn. En zelfs als zijn ouders nog leefden, zouden meer afwijzingen door meisjes hem wellicht over de streep trekken. Ten tweede wist hij niet zeker of hij bereid was zijn leven op te geven om 'de wereld tot een betere plek te maken' door mensen te doden. Hij wilde niet zijn hele leven in de gevangenis doorbrengen. Maar wat als hij nog suïcidaler zou worden? Als hij niet langer wilde leven en nog steeds vol woede zat, wat zou hem dan nog tegenhouden om zijn plannen ten uitvoer te brengen?

Zodoende had zijn bewering dat hij zijn plannen niet zou gaan uitvoeren weinig waarde voor me, mede vanwege andere opmerkingen die hij maakte. Op een bepaald moment zei hij dat hij geen moeite zou doen om zijn plannen te gaan uitvoeren, maar als iemand hem een vuurwapen zou geven zou hij het wel gebruiken. Hij kende tenminste één kind uit een gezin waar wapens in huis waren. Tenslotte zei hij nog dat er tijdens zijn opname niets veranderd was aan zijn moorddadige gedachten: "als ik hier wegga heb ik exact dezelfde gedachten." Dit stelde mij niet op mijn gemak.

Wat mij nog bezorgder maakte, was dat Jonathans ouders niet voldoende reageerden op de impact van zijn gedrag. Ondanks dat zij zich bewust waren van zijn suïcidale en moordzuchtige gedachten, verklaarden zij: 'Wij weten niet zeker of een opname noodzakelijk was.' Hoewel hij al jaren suïcidaal was, zeiden ze: 'We denken echt dat hij het nooit zou doen.' Bovendien zeiden ze, wetend dat hij plannen voor moord had: 'Hij is een heel redelijk, liefdevol en intelligent kind dat nog nooit actie heeft ondernomen op deze dingen' (d.w.z. zijn moordzuchtige gedachten). De ouders zeiden dat ze geen paniekzaaiers wilden zijn. Toch is het belangrijk om op te merken dat er momenten zijn wanneer aan de bel trekken geen paniek zaaien is.

Hoe past Jonathan in de typologie die ik in hoofdstuk 6 heb geschetst? Aangezien hij geen verleden had van mishandeling of psychotische symptomen, paste hij niet in de categorieën getraumatiseerd of psychotisch. Maar was hij een psychopaat? Ja. Hij vertoonde gebrek aan empathie; hij had geen gevoel voor de onschuldige mensen die hij van plan was om te brengen. Hij zei dat hij geen morele scrupules had om de wereld te verlossen van mensen die hij als ongewenst beschouwde en vond het prettig om na te denken over manieren om het menselijk lichaam te verminken. Jonathan had ook een opvliegend karakter, een fascinatie voor wapens en door zijn fanatisme voelde hij zich aangetrokken tot de neonazibeweging. Als zodanig leek hij op Eric Harris. Hij bleek ook vaardig te zijn in het maken van indruk op anderen. Zijn ouders waren ervan overtuigd dat hij een lieve, goedaardige jongen was. Ondertussen maakte Jonathan schematische voorstellingen van de school en bedacht hij waar hij bommen zou neerleggen en zich zou opstellen als sluipschutter. Hoewel ze wisten dat hij moordzuchtig was, moest ik zeer vasthoudend zijn om hen ervan te overtuigen zijn behandeling voort te zetten.

Natuurlijk was Jonathan een uniek individu dat op een aantal punten verschilde van Eric Harris. Hij maakte zich meer zorgen dan Eric en had ook niet het extreme narcisme van Eric, hoewel hij zich wel superieur voelde ten opzichte van zijn beoogde slachtoffers. Hij vertoonde ook niet Erics criminele gedrag. Jonathan verbreedt de verscheidenheid aan psychopathische schutters, maar hij valt nog steeds binnen de psychopathische categorie.

DE OGEN DIE NIET KNIPPERDEN

Ik heb nog nooit iemand ontmoet die niet met zijn ogen knipperde, maar Kyle kwam in de buurt. Hij had zichzelf getraind om zo min mogelijk te knipperen, want als je knippert ben je kwetsbaar. Knipperen is zo'n automatische en noodzakelijke beweging, dat het heel bijzonder was dat Kyle aan één stuk kon staren. Hij was een kleine, magere, veertienjarige jongen uit een groot gezin in een buitenstad in de staat New Jersey en hij had donkere ogen die maar bleven staren. Het was zenuwslopend om met hem te praten in het ziekenhuis. Met een vreemde intense blik fixeerde hij zijn niet-knipperende ogen op mij. Hij keek naar mijn ogen en als ik het oogcontact even verbrak, maakte hij zich direct ongerust over wat er achter hem gebeurde dat mijn aandacht trok. Hij lette op veranderingen in licht en schaduw, omdat die erop wezen dat er iemand in zijn nabijheid bewoog. Hij had zich ook aangeleerd om licht te slapen, want 'Ik wil geen mes in mijn rug krijgen.'

Dit niveau van alertheid, 'hyperalertheid' genoemd, is niet ongewoon bij een kind dat het slachtoffer is geworden van lichamelijke mishandeling of seksueel misbruik. Bij Kyle was dat echter niet het geval. Hij zei dat hij erg werd gepest op school, maar zijn verklaringen waren vaag en de school sprak zijn verhalen tegen. Kyle zei dat hij zeven jaar lang was gepest en hoewel hij op verschillende scholen had gezeten, beweerde hij dat hij overal was gepest. Waarschijnlijk was hier sprake van een dubbele dynamiek. Ten eerste was Kyle eigenaardig. Zelfs ik, een psycholoog die het gewend is om om te gaan met een breed spectrum van adolescenten in crisissituaties, vond de aanwezigheid van Kyle een ongebruikelijke ervaring. Het is goed mogelijk dat zijn klasgenoten hem vermeden of plaagden omdat hij vreemd was. Ten tweede maakte hij door zijn hyperalertheid en paranoia verkeerde interpretaties van sociale situaties en overdreef hij negatieve reacties van zijn klasgenoten. Hij zei inderdaad dat anderen op school net zo werden gepest als hij, maar dat zij daarmee om wisten te gaan. Hij was zich er dus van bewust dat hij anders reageerde dan de meeste mensen. Hij was zo in de war door de vermeende pesterij, dat hij een tijdje thuis les kreeg.

Ongeacht welke problemen er nu werkelijk waren met zijn leeftijdsgenoten, Kyle zei dat hij een jaar eerder een bom had gemaakt die hij wilde gebruiken om mensen op school te vermoorden. Hij vertelde me dat hij een aanslag had beraamd in de stijl van Columbine. Er werd echter geen bom gevonden en het is nooit duidelijk geworden of hij er daadwerkelijk één had gemaakt.

Kyle werd drie keer opgenomen om verschillende redenen,

waaronder risico op suïcide, kans op moord en psychotische symptomen. Hoewel ik gelegenheid had om hem tijdens elke opname te onderzoeken, kwam uit de psychologische tests maar weinig informatie naar voren. Hij weigerde de testen helemaal te maken, of maakte ze wel af maar vermeldde vrijwel niets over symptomen. Hij gaf weinig prijs tijdens gesprekken en vond het niet prettig als ik aantekeningen maakte. Hij was te paranoïde om mij persoonlijke informatie toe te vertrouwen.

Ironisch genoeg was het enige waar Kyle wel over wilde praten, zijn paranoia. Hij zei dat hij betekenis hechtte aan gebeurtenissen, wrok koesterde, regelmatig dacht dat hij werd uitgebuit of dat men van hem profiteerde. Hij waakte ervoor dat hij te veel over zichzelf onthulde, omdat hij bang was dat dat tegen hem zou worden gebruikt. Hij zei dat hij zich ongemakkelijk voelde in grote menigten, omdat hij dan dacht dat hij zou worden beroofd of aangevallen.

Zijn moeder vertelde dat Kyle de laatste tijd dacht dat hij werd bespied of gevolgd. Toen hij een kamer in liep waar zijn ouders in gesprek waren, dacht hij dat ze het over hem hadden. Kyle beschuldigde de moeder van zijn vriendin ervan dat zij hen was gevolgd naar een restaurant. Hij had een auto van hetzelfde model als de moeder had op de parkeerplaats van het restaurant gezien en volgens Kyle betekende dat duidelijk dat de moeder van zijn vriendin hen was gevolgd.

Kyle zei dat hij zich afvroeg of hij 'gek' was, omdat hij anders was dan anderen. Hij had ook problemen om helder te denken en zei dat zijn gedachten 'verstrooid' waren. Bij zijn derde opname leek hij nog slechter te functioneren. Hij meldde dat hij visuele hallucinaties had over de medescholieren die hem pestten. Hij hoorde ook stemmen die hem opdroegen die leerlingen te doden. Ondanks dat hij geobsedeerd was door het idee dat hij het slachtoffer was, gaf hij geen details over het pesten en de school bleef volhouden dat er geen sprake was van duidelijke pesterijen. Het leek dus waarschijnlijk dat Kyle sociale interacties verkeerd interpreteerde, of het gedrag van zijn schoolgenoten overdreef.

Hoe past Kyle in de typologie? Zijn vreemde houding en zijn duidelijk verminderde sociale functioneren doen denken aan een schizotypische persoonlijkheid. Schizotypische mensen zijn niet alleen zeer gespannen en incompetent in sociale situaties, maar hun sociale ongemak manifesteert zich vaak als paranoia. Kyle gaf ook aan dat hij visuele en auditieve hallucinaties had en schizotypische personen kunnen milde psychotische symptomen hebben. Wellicht was hij ziek genoeg voor de diagnose schizofrenie en het feit dat hij bezorgd was om zijn eigen geestelijke gezondheid en de verwardheid van zijn gedachten, suggereren dat hij wellicht die kant uit ging. Het was zeker nuttig geweest als hij meer had verteld tijdens het onderzoek, maar er zijn voldoende details beschikbaar om Kyle in de psychotische categorie te plaatsen.

Alle vijf psychotische schutters die in dit boek besproken worden, waren paranoïde. Voor zover kon worden vastgesteld, was geen van hen zo extreem hyperalert als Kyle. Anderen hadden echter meer paranoïde waanideeën dan Kyle. Michael Carneal, Kip Kinkel, Andrew Wurst en Seung Hui Cho hadden bijvoorbeeld uitgebreide paranoïde waandenkbeelden. Natuurlijk is het mogelijk dat Kyle uitvoeriger paranoïde waanideeën had, maar dat hij daarover geen mededelingen wilde doen. Op basis van wat hij wel vertelde, vertoonde Kyle een andere balans van symptomen dan de andere psychotische schutters, maar hij behoort duidelijk thuis in de categorie psychotisch.

BOMMEN ZIJN LEUK

Graham was onschuldig. Ja, explosieven fascineerden hem en hij maakte bommen, maar dat was alleen maar voor de lol. En ja, hij had een zwarte lijst van mensen die hij niet mocht en hij schreef over het gebruik van bommen om mensen te vermoorden, maar dat was alleen maar een manier om zichzelf te uiten, om zijn woede te ventileren. Anders dan patiënten die hun moordzuchtige plannen toegeven, bleef Graham volhouden dat hij vals werd beschuldigd en helemaal niet gevaarlijk was. Zijn ouders dachten daar echter anders over. Zij lieten hem niet alleen opnemen maar belden ook de politie. Bommen zijn immers illegaal en een zwarte lijst wijst op gevaar voor massamoord.

Graham was een intelligente, aantrekkelijke, veertienjarige jongen. Hij kwam uit een compleet gezin dat woonde in een stadje in het noorden van de staat New York. Voor zover ik kon nagaan, was er geen sprake van huiselijk geweld of andere ernstige problemen binnen het gezin. Toch was er iets mis. Graham bedreigde zijn zus en ouders met de dood. Natuurlijk zeggen mensen binnen een gezin weleens 'Ik vermoord jou' zonder daadwerkelijk een moorddadige bedoeling te hebben, maar in het geval van Graham namen zijn ouders duidelijk geen risico.

Zijn moeder zei dat ze vroeger een goede relatie met hem had gehad. Graham kon ook goed opschieten met zijn leeftijdsgenoten, totdat hij in de puberteit kwam. Toen hij dertien was, veranderde hij van vriendenkring en begon met oudere jongens om te gaan. Hij gaf een aantal van zijn oude hobby's op, ging luisteren naar gewelddadige muziek en tekende swastika's en satanische symbolen. Toen begon hij zich op te sluiten in zijn kamer en marihuana te roken en kreeg hij woede-uitbarstingen. Hij werd ook brutaal in het algemeen, maar met name tegen zijn moeder die hij regelmatig in haar gezicht uitschold voor 'teef'. Dat uitschelden was echter een kleinigheid in vergelijking met de keer dat hij haar aanviel en haar op de grond duwde. Door die gebeurtenis, en zijn moordzuchtige bedreigingen, kwam hij in het psychiatrisch ziekenhuis terecht.

Graham was een technisch vaardige jongen die een staafbom had gemaakt. Hoewel hij ontkende dat hij moorddadig was, was hij heel open over zijn voorliefde voor vuur en explosieven. Graham vond het volkomen normaal dat hij gek was van explosieven. Hij zei dat hij alleen maar voor de lol bommen maakte en liet ontploffen, niet om te vernietigen.

Graham was niet alleen bezig lol te trappen met explosieven, hij stelde ook een zwarte lijst samen van mensen die hij niet kon uitstaan. Zijn zus stond op die lijst en namen van medescholieren. Hij zei dat hij zijn zus haatte, alleen omdat zij van discomuziek hield. Hij zei ook dat hij zijn vader haatte vanwege zijn 'stomme regels'. De enige vervelende regel die hij kon opnoemen, was dat hij in het weekend 's avonds op een bepaalde tijd thuis moest zijn. Er waren geen echte redenen om zijn zus of vader te haten. Graham gaf niet aan waarom de andere leerlingen op de lijst stonden; hij kon ze gewoon niet uitstaan. Er was geen aanwijzing dat Graham het slachtoffer was van pesten of ander hinderlijk gedrag op school.

En de mishandeling van zijn moeder? Wat zei hij daarover? Ze hadden een ruzie en zij begon de consequenties voor zijn gedrag op te sommen, hetgeen hij onredelijk vond. Hij gaf haar een zet en drukte haar tegen de grond. Graham zei dat dit echt niet alleen zijn schuld was en rationaliseerde zijn gedrag. Ten eerste rechtvaardigde hij de mishandeling door te zeggen dat 'zij terugvocht', alsof hij van haar had verwacht dat ze de aanval passief zou ondergaan. Ten tweede zei hij dat zijn moeder hem 'op dezelfde manier zou hebben behandeld' als ze groter was geweest dan hij. Er was echter geen bewijs dat ze hem ooit op dergelijke wijze had behandeld toen hij jonger was.

Graham had wel spijt van wat hij had gedaan, maar niet op de juiste manier. Toen ik hem vroeg wat hij vond van het incident, zei hij dat hij 'het best wel vervelend vond' wat er was gebeurd. Toen ik hem vroeg waarom, zei hij: 'Ik wil hier [het ziekenhuis] helemaal niet zijn, ik hoef hier niet te zijn.' Hij toonde geen berouw en had geen schuldbesef over het feit dat hij zijn moeder had aangevallen. Hij vond het alleen maar vervelend omdat hij nu in een psychiatrisch ziekenhuis was opgenomen.

Naast familieleden bedreigen met de dood, het opstellen van een zwarte lijst en het maken van bommen, schreef Graham ook een verhaal voor school over het neerschieten en met bommen bestoken van mensen die hij niet mocht. Volgens Graham was het schrijven van zo'n gewelddadig verhaal alleen een manier om zijn woede te uiten. Hij wist absoluut zeker dat hij niemand kon vermoorden.

Het kan zijn dat hij de waarheid sprak. Misschien had hij niet de bedoeling om een aanslag uit te voeren. Te vaak echter hebben schoolschutters verhalen geschreven over moordzuchtige aanslagen die ze later wel pleegden. Denk maar aan Michael Carneal, Eric Harris, Dylan Klebold, Jeffrey Weise en Seung Hui Cho. Evenals Graham maakte Kip Kinkel bommen en liet hij die ontploffen om zijn woede te uiten. Er waren te veel waarschuwingssignalen die niet genegeerd konden worden.

Wat kwam er naar voren uit Grahams psychologische onderzoek? Zijn persoonlijkheidsprofiel wees op duidelijke antisociale neigingen en crimineel gedrag, maar ook op narcistische kenmerken. Hij zei dat hij zich superieur voelde aan de meeste mensen, dat hij graag in het middelpunt van de belangstelling stond en dat hij zich graag uitsloofde om anders te zijn en zich kon onderscheiden van de menigte. Hoewel zijn profiel niet wees op symptomen van depressieve aard, had Graham daar in het verleden wel mee geworsteld. Toen een meisje het met hem uitmaakte, werd hij bijvoorbeeld zo depressief dat hij aan zelfmoord dacht.

Eén ding dat me opviel aan Graham was dat hij voor een jongen met zijn intelligentie zo opmerkelijk weinig besef had van de ernst van zijn gedrag. Hij was woedend dat zijn ouders de politie hadden gebeld, maar hij gaf wel toe dat hij bommen had gemaakt en wist ook heel goed dat dat illegaal was. Dat hij de wet had overtreden liet hem koud, maar hij werd woedend omdat zijn ouders de politie erbij hadden gehaald. Hij weigerde enige verantwoordelijkheid te nemen voor zijn gedrag en gaf zijn ouders de schuld voor het feit dat hij was opgenomen.

Graham was duidelijk een psychopathisch type, hoewel hij op sommige punten verschilde van de andere besproken psychopaten. Net als de anderen had hij antisociale en narcistische eigenschappen. Explosieven waren voor hem een obsessie. Hij toonde geen empathie of berouw. Hij was boos en haatte zijn familieleden en leeftijdsgenoten. Er was echter geen aanwijzing voor sadisme. Hij was meedogenloos over de aanval op zijn moeder, maar dit leek eerder een impulsieve actie vanuit woede die naar zijn idee gerechtvaardigd was, dan een incident dat hem een sensatie van macht bezorgde.

Er waren ook minder aanwijzingen voor kwetsbaarheid. Hij was op het moment niet depressief of angstig. De enige aanwijzing voor kwetsbaarheid was zijn depressiviteit nadat de verkering was uitgemaakt. Terwijl Jonathan duidelijk continu psychisch lijden ervoer, leek Graham relatief vrij van psychische pijn. Hij was in contact met zijn woede maar leek niet met veel andere zaken in contact te staan – niet met zichzelf of met anderen.

ZIN HEBBEN OM TE DODEN

Roger was eng, ronduit eng. Hij verwoordde heel helder en kalm de meest gruwelijke dingen die ik ooit van een patiënt had gehoord. Heel nonchalant zei hij dat hij had nagedacht over een massamoord 'om iets te doen te hebben', alsof het een soort amusement was. Hij zei: 'Destijds wilde ik zo graag iemand ombrengen, dat ik mensen aansprak en zei: "Voor een pakje sigaretten vermoord ik iemand voor jou."' Hij zei dat hij niet geïnteresseerd was in een beloning, maar hij wilde gewoon de ervaring van het doden hebben. Toen ik hem vroeg hoe hij dacht dat hij zich zou voelen zodra hij iemand gedood had, zei hij: 'Ik denk niet dat ik iets zou voelen.' Hij dacht er nog even over na en zei toen: 'Waarschijnlijk vond ik het erg leuk en zou ik het nog eens willen doen. Waarschijnlijk zou ik er nog meer zin in krijgen.' Roger was 17 jaar oud op dat moment.

Roger was een nogal kleine, dikke jongeman die om een aantal redenen was opgenomen. Ten eerste had hij zijn moeder zodanig aangevallen, dat er twee mensen nodig waren geweest om haar te bevrijden. Zij was van mening dat als die anderen er niet geweest waren, Roger haar zou hebben vermoord. Roger dacht er ook over om een automatisch wapen te kopen, dit mee te nemen naar school, zijn klasgenoten dood te schieten en daarna zichzelf te doden.

Roger kwam uit een kleine plaats in de staat West-Virginia. Als kind had hij geen vriendjes gehad; niet omdat hij werd buitengesloten, maar omdat hij daar geen behoefte aan had. Als er kinderen naar zijn huis kwamen en vroegen of hij kwam spelen, zei hij dat ze weg moesten gaan. Hij was niet geïnteresseerd. ·

Oorlog fascineerde hem en hij hield van oorlogsfilms. Uiteindelijk kreeg hij door zijn interesse voor oorlog toch behoefte aan andere kinderen. Hij ging zich bezighouden met een groepje jongere kinderen om soldaatje mee te spelen en gevechten na te spelen. Roger, de drilmeester, was behoorlijk streng voor zijn 'rekruten'.

Thuis hing Roger ook de drilsergeant uit. Zijn moeder was gescheiden en hij probeerde invloed uit te oefenen op haar afspraakjes met mannen. Hij schaamde zich ervoor dat zij als bediende werkte in een buurtwinkel en wilde dat zij van baan veranderde. Als zij hem wilde straffen, lachte hij haar uit. Uiteindelijk, toen zij probeerde haar gezag te laten gelden, viel hij haar aan. Kortom, Roger was de baas.

Toch was Roger niet altijd kil en probeerde hij niet altijd de baas te spelen. Toen zijn moeder ziek was, was hij zorgzaam en hulpvaardig. Hij beweerde ook dat hij zijn excuses had aangeboden voor de aanval op zijn moeder. Hij zei tegen mij: 'Het spijt me echt dat ik haar pijn heb gedaan.' Zijn moeder zei echter dat Roger geen excuses had aangeboden voor de aanval. Ze zei zelfs dat hij zich zelden verontschuldigde of berouw had over iets.

Hoe was Roger op school? Zelf zei hij dat hij een pestkop was en dat hij kinderen vijf jaar lang had gepest. Hij was onredelijk, intimideerde ze en begon met ze te vechten, gewoon omdat hij daar zin in had. Hij zei dat hij lol had in het fysiek pijn doen van anderen.

In de vijfde klas van de middelbare school stuitte hij echter op iemand die hem pestte. Opeens waren de rollen omgedraaid en dat vond hij niet leuk. Hij zei dat die pestkop kreeg wat hij verdiende als iemand hem neerschoot. Hij zei ook dat als een van de slachtoffers van Columbine de moordenaars had geplaagd, zij het verdienden om te sterven. Rogers moordzuchtige gedachten dateren echter uit de tijd voordat hij zelf werd gepest. Toen had Roger al dagdromen over massamoorden en schietpartijen op scholen.

Roger werkte mee aan het psychologisch testonderzoek. Zijn persoonlijkheid bleek opvallend sadistisch, hij liet een gebrek aan empathie zien. Hij was iemand die heel gemakkelijk maatschappelijke normen overschreed en inbreuk maakte op de rechten van anderen. Hij zou zijn eigen behoeften bevredigen ten koste van anderen. En dat niet alleen, hij zou er ook nog van genieten. Dit deel van zijn profiel was niet verrassend, aangezien hij zo open was geweest over zijn moordzuchtige neigingen.

Maar er was meer. Roger liet een extreme mate van sociale onzekerheid zien. Hij voelde zich niet op zijn gemak bij zijn leeftijdsgenoten. Hij voelde zich sociaal verloren en buitengesloten. Een deel van hem wilde dicht bij anderen zijn, maar hij wist niet hoe hij intimiteit moest creëren en was te bang voor afwijzing om toenadering te zoeken. Hij leek alleen contact te kunnen maken met anderen door middel van macht en intimidatie. Hoewel hij daar een tijdelijke kick van kreeg, gaf het hem geen zinvol bestaan.

De testen gaven aan dat Roger duidelijk symptomen had van depressiviteit en minderwaardigheid. Hij had een lage zelfwaardering. Eigenlijk zag hij zichzelf als iemand die zichzelf continu in de weg zit. Hij was zelf zijn ergste vijand en in plaats van dingen te doen die hem zouden helpen om aan zijn behoeften tegemoet te komen, zakte hij steeds verder weg. Drie jaar eerder had hij een mes op zijn pols gezet, hoewel hij niet echt had geprobeerd om zichzelf te doden. Meer recent had zijn beraamde schietpartij op school moeten eindigen met zijn zelfmoord.

Onder het gebluf van de pestkop was Roger een onzekere jongen die bang was en sociaal gehandicapt. Net als Eric Harris gebruikte hij dominantie als compensatie voor zijn gevoel van zwakte. Eric probeerde God te spelen en de macht te hebben over leven en dood. Roger probeerde dat ook. Gelukkig grepen er mensen in voordat hij zijn doel kon bereiken.

Was Roger het slachtoffer van mishandeling? Nee. Was er enig bewijs voor psychotische symptomen? Totaal niet. Was er bewijs voor een gebrek aan empathie en sadistische neigingen? Absoluut. Roger past binnen de typologie van een psychopaat. En toch had Roger, net als Eric Harris, wel gevoel. Juist zijn onderliggende gevoelens van kwetsbaarheid waren de motor achter zijn verlangen naar macht.

HET KINDERLOZE MEISJE MET KINDEREN

Veel mensen denken dat alleen mannen schoolschutters zijn. Afhankelijk van hoe schoolschutters worden gedefinieerd, kan dat waar zijn. In 1979 opende de zestienjarige Brenda Spencer het vuur op een basisschool tegenover haar huis. Dit was echter geen 'echte' schietpartij op een school volgens de definitie van dit boek. Brenda was geen leerling van de school die zij aanviel; het lijkt gewoon een toevallig doelwit te zijn geweest. Als ze tegenover een restaurant of een speelplaats had gewoond, had ze de kogels wellicht daarop gericht. Ik heb geen aanwijzingen gevonden dat ze een van de slachtoffers kende of op die mensen richtte omdat ze een wrok koesterde. Ze pleegde een moordaanslag op een school, maar deze was anders dan massamoorden op scholen die we eerder in dit boek zagen.

In 2001 nam een meisje in Williamsport, Pennsylvania, een vuurwapen mee naar school. Ze schoot en verwondde een klasgenoot. Dit was ook geen schietpartij op een school zoals ik die definieer. De aanslag was geen massamoord, maar een doelgerichte actie tegen een meisje met wie de dader continu ruzie had.

Een onderzoek naar de vraag waarom de daders van moord en andere gewelddadige acties overwegend mannelijk zijn, valt buiten het bestek van dit boek. Vele factoren zijn daarop van invloed, waaronder biologie, opvoedingsverschillen tussen de seksen, beïnvloeding door leeftijdsgenoten en de relatie tussen mannelijkheid en macht. Onze cultuur wordt overspoeld met beelden waarin geweld de status van de man verhoogt. Dat geldt niet voor vrouwen. Toch zijn er ook vrouwen die gewelddadig zijn. Zo heb ik een potentiële vrouwelijke schoolschutter beoordeeld. Wat kunnen we van haar geval leren? Lijkt zij op de jongens die we hebben bekeken?

Shalisa was veertien jaar oud en woonde in een buitenwijk van Washington D.C. Ze werd in het psychiatrisch ziekenhuis opgenomen omdat ze het plan had opgevat haar ouders te vermoorden, mensen op school om te brengen en daarna zichzelf te doden. Ze had dit plan verteld aan een vriend, die het vervolgens had gemeld aan een schooldecaan. Toen haar ouders haar slaapkamer doorzochten, vonden zij een groot jachtmes. Wat het gevaar vergrootte, was dat Shalisa een wapenvergunning had en wist hoe ze met een geweer moest omgaan. De familie had meerdere vuurwapens in huis. Die waren echter verwijderd toen Shalisa's toestand achteruitging; op één wapen na, dat ze niet konden vinden. Toen haar vader het huis doorzocht, vond hij het vermiste wapen onder de matras in de slaapkamer van zijn dochter. Aangezien zij een mes en een vuurwapen had, was de uitvoering van haar plan niet ver weg meer.

Maar waarom? Shalisa zei dat ze thuis mishandeld werd, maar die verklaring werd niet bevestigd. Als enige noemde ze dat haar vader haar een keer een klap tegen haar hoofd had gegeven. Volgens haar vader had hij haar echter in het gezicht geslagen, omdat ze hem had uitgescholden. Wat er ook was gebeurd, dit incident was geen rechtvaardiging om haar ouders te gaan vermoorden. Ze zei dat al haar problemen zouden verdwijnen als haar familie dood was. Haar verklaring voor het doden van mensen op school was dat ze gepest werd en dat één jongen sarcastische opmerkingen in haar richting had gemaakt. Haar moorddadige plannen waren uitzonderlijke reacties op kleine provocaties.

De situatie was gecompliceerd, omdat Shalisa zwaar depressief was en zelfmoordneigingen had. Aan de ene kant zei ze dat haar problemen zouden verdwijnen als haar familie dood was. Aan de andere kant was ze ervan overtuigd dat 'iedereen gelukkiger zou zijn' als zij dood zou zijn. Ze vond haar toekomst uitzichtloos en had niets om voor te leven. Was de familie wel echt het probleem, of lag het probleem bij Shalisa?

Gebaseerd op wat Shalisa vertelde, zaten de problemen in haar hoofd. Ze zei dat ze al vanaf jonge leeftijd mannen- en vrouwenstemmen in haar hoofd had gehoord, stemmen die 'zeker niet' haar 'eigen gedachten' waren. De stemmen waren soms bemoedigend, soms beledigend en soms commanderend. Ze vertelden haar dat ze mensen pijn moest doen die haar pijn deden. Ze had ook visuele hallucinaties van mensen en duivels. Hoewel dergelijke ervaringen verband kunnen houden met drugsgebruik, was er niets bekend over een drugsverleden en de uitslag van de drugstest die het ziekenhuis had uitgevoerd, was negatief.

Shalisa had ook vreemde ideeën. Ze dacht bijvoorbeeld dat

haar gedachten rond haar hoofd zweefden en dat anderen die konden zien. Haar gedachten zelf waren ook vreemd. Ondanks haar sterke suïcidale gevoelens, zei ze ook dat ze drie dingen had om voor te leven: haar kinderen. Ze was oud genoeg om kinderen te hebben, maar niets in haar dossier wees erop dat ze die ook had gekregen. Na veel twijfels van mijn kant en veel doorvragen, gaf Shalisa toe dat haar 'kinderen' eigenlijk knuffelbeesten waren. Dit was geen waandenkbeeld, omdat ze wist dat die knuffels niet werkelijk haar kinderen waren. Ze speelde met hen en deed alsof het kleine jongens en meisjes waren. Niettemin is het vreemd om een psycholoog in een psychiatrisch ziekenhuis te vertellen dat je drie kinderen hebt die eigenlijk knuffelbeesten zijn.

Hoe was Shalisa op sociaal terrein? Na een psychologisch onderzoek wees haar persoonlijkheidsprofiel uit dat ze iemand was die geen persoonlijke banden aanging met anderen en heel onzeker was tegenover leeftijdsgenoten. Ze was ambivalent over relaties. Een deel van haar had geen interesse in persoonlijke relaties. Een ander deel verlangde echter naar intimiteit, maar was zo bang om afgewezen te worden, dat ze zichzelf geen emotionele nabijheid toestond.

Shalisa paste duidelijk in de psychotische categorie. Ze had symptomen van sociale vervreemding, had vreemde gedachten, hoorde stemmen en zag duivels.

HOE GEVAARLIJK WAREN ZIJ?

Hoe bepaalde ik de mate van bedreiging die deze patiënten vormden? De belangrijkste factor daarin was, wat zij aan aanslaggerelateerd gedrag hadden laten zien. Tot aanslaggerelateerd gedrag behoort alles wat te maken heeft met het ondernemen van stappen richting de uitvoering van een moorddadige aanslag. Dat kan zijn het opstellen van plannen, het tekenen van een schematische voorstelling van de school, het bespreken van een plan met een vriend, het in het bezit krijgen van bommen of vuurwapens en het oefenen met die wapens.

Had Jonathan zich beziggehouden met aanslaggerelateerd gedrag? Hij had geen wapens aangeschaft, maar zei wel dat hij een vriend had met een wapen. Hij had ook zeven verschillende plannen bedacht en hoewel sommige daarvan onrealistisch leken, besteedde hij duidelijk veel tijd aan het overdenken van een aanslag. Bovendien had hij tekeningen gemaakt van de school om te bedenken waar hij de bommen moest plaatsen zodat ze de meeste schade zouden aanrichten en wat de beste plek zou zijn om zich als sluipschutter op te stellen. De ideeën bleven dus niet alleen beperkt tot zijn gedachten: hij was begonnen om stappen te ondernemen richting de uitvoering ervan. Hij had ook met een vriend gesproken over zijn plannen. Jonathan vormde een aanzienlijke bedreiging.

Terwijl Jonathan opmerkelijk open was over zichzelf en zijn plannen, was Kyle bijzonder gesloten. Hij beweerde dat hij een bom had gemaakt, maar niemand had die gezien en hij kon (of wilde) mij niet vertellen hoe hij die had gemaakt. Het was dus niet duidelijk of hij aanslaggerelateerd gedrag had vertoond. Kyle zei niets over actuele plannen, maar dat betekende niet dat hij die niet had. Hij uitte geen directe dreigementen over het uitvoeren van een aanslag, maar hij was wel zo psychotisch dat hij visuele hallucinaties had over medescholieren en stemmen hoorde die hem vertelden dat hij zijn vermeende treiteraars moest doden. Zelfs zonder aanslaggerelateerd gedrag vormde Kyle een serieus risico.

En hoe zat het met Graham, de jongen die voor de lol explosieven maakte? Vormde hij een bedreiging? Hij beweerde met kracht dat hij niet de bedoeling had om iemand te doden. Hij hield vol dat hij dingen voor de lol opblies en niet om mensen kwaad te doen. Ondanks zijn protesten dat hij geen bedreiging vormde, zag ik hem als een potentieel gevaar.

Was bij Graham sprake van aanslaggerelateerd gedrag? Hij had een zwarte lijst opgesteld van mensen die hij niet kon uitstaan. Dat is niet zo gevaarlijk als het aanschaffen van een wapen, maar het suggereert wel dat hij stappen aan het ondernemen was om zijn ideeën te verwezenlijken. Hij schreef ook een scenario waarin hij mensen vermoordde met wapens en bommen. Dan was er ook nog het feit dat hij een staafbom had gemaakt. Spelen met vuurwerk is wellicht onschuldig, maar het maken van een staafbom, vooral door iemand met een zwarte lijst en een verhaal over het vermoorden van mensen met bommen, is niet zo onschuldig.

En Roger dan? Oorlog en geweld waren zijn obsessies en hij wilde heel graag ervaren hoe het zou zijn om iemand van het leven te beroven. Hoe verontrustend die factoren ook zijn, dit is niet noodzakelijkerwijs aanslaggerelateerd gedrag. Natuurlijk, hij had erover gedacht een vuurwapen te kopen en een schietpartij op school te plegen. Volgens zijn moeder en grootmoeder kon Roger echter niet gemakkelijk aan wapens komen en voor zover dat kon worden vastgesteld, had hij daartoe ook geen stappen ondernomen. Dit betekent niet dat hij geen risico vormde, maar alleen dat hij niet zo'n onmiddellijk gevaar vormde als iemand met een meer uitgewerkt plan die al stappen had ondernomen om dat plan ook daadwerkelijk uit te voeren. Zoals Shalisa.

Shalisa had geschreven dat ze haar ouders met een mes in het hart wilde steken en hun lichamen in stukken zou snijden. Ze wilde ook mensen op school doden. Ze had niet alleen plannen, maar had ook stappen ondernomen om ze uit te voeren. Haar ouders vonden twee messen die ze in haar slaapkamer had verstopt en onder haar matras lag een vuurwapen. Dit zijn duidelijke voorbeelden van aanslaggerelateerd gedrag.

Het is opvallend dat bij Shalisa het risico op onmiddellijk geweld het grootst was. Ten eerste was ze een meisje en dat klopt niet met wat de meeste mensen verwachten. Ten tweede had ze geen obsessie voor wapens of geweld; ze was geen bewonderaar van Hitler en speelde geen gewelddadige videogames; ze droeg geen trenchcoat en luisterde niet naar gewelddadige muziek. De lering die we hieruit kunnen trekken is dat er niet één profiel is voor een schoolschutter waarmee we de anderen kunnen vergelijken om te bepalen hoe gevaarlijk ze kunnen zijn. Een beoordeling van potentieel gevaar is gebaseerd op gedrag en niet op muziekvoorkeur, fascinatie voor geweld of negatieve rolmodellen. Shalisa paste niet in het populaire beeld van een schoolschutter, maar ze was wel de enige die de wapens had bemachtigd om een massamoord te plegen.

Hoewel een volledige uitleg over de beoordeling van potentieel gevaar buiten het bestek van dit boek valt, is het fundamentele punt hierbij dat een dreigingstaxatie gebaseerd is op wat een persoon heeft gedaan, niet op hoe iemand is. Een jongen kan op Eric Harris lijken in termen van een fascinatie voor Hitler, het spelen van dezelfde videogames en spelen met vuurwerk, maar deze overeenkomsten vormen geen bedreiging. Hij kan narcistisch zijn en sadistisch, maar als zijn handelingen niet laten zien dat hij stappen zet om een massamoord te gaan plegen, vormt hij geen direct gevaar.

POTENTIËLE SCHUTTERS EN DAADWERKELIJKE SCHUTTERS

Deze gevallen van tegengehouden schutters leren ons diverse dingen. Ten eerste is één factor opvallend omdat hij ontbreekt. Geen van de tegengehouden schutters die hiervóór is besproken en geen van de tegengehouden schutters met wie ik te maken heb gehad, paste binnen de getraumatiseerde categorie. Dit is vooral opmerkelijk omdat veel van de patiënten die in het ziekenhuis waar ik werk worden opgenomen, in het verleden zijn mishandeld. In feite behandelt het ziekenhuis veel meer getraumatiseerde tieners dan tieners met schizofrenie of psychopathie. Maar als het aantal getraumatiseerde patiënten zo hoog is, waarom waren alle potentiële schoolschutters die ik ontmoette dan psychotisch of psychopathisch?

Dat geen van de potentiële schutters in de categorie getraumatiseerd past, wijst op het belang van andere factoren in de acties van mensen zoals Evan Ramsey, Mitchell Johnson en Jeffrey Weise. Zoals eerder opgemerkt, waren er twee belangrijke factoren in het leven van de getraumatiseerde schutters: vaderfiguren die illegaal vuurwapens gebruikten en, in twee gevallen, een gewapende confrontatie met de politie hadden; en duidelijke beïnvloeding door vrienden om de aanslag te plegen, waaronder aanmoediging en/of samenwerking. Trauma's komen bij kinderen helaas al te vaak voor. Hoewel hun trauma onderdeel uitmaakt van het beeld van getraumatiseerde schutters, is het niet het hele verhaal, want anders zouden er veel meer kinderen moorden plegen. Naast trauma's spelen andere factoren een bepalende rol in het ontstaan van getraumatiseerde schoolschutters. Het gebrek aan die factoren bij de vele getraumatiseerde kinderen die in het psychiatrisch ziekenhuis terechtkomen, blijkt in deze steekproef een verklaring te zijn voor het gebrek aan getraumatiseerde kinderen die een schietpartij op een school beramen.

De hier besproken patiënten zijn ook interessant omdat zij de factor extreme reactiviteit benadrukken. Wellicht waren er conflicten thuis of op school, maar niets wees op mishandeling. Toch overwogen ze allemaal moord. Hun moordzuchtige neigingen waren een gevolg van hun psychopathische persoonlijkheid of hun psychotische symptomen.

Een ander opmerkelijk punt is dat alle potentiële schutters passen binnen de bestaande typologie. Natuurlijk waren er variaties, omdat iedereen nu eenmaal een uniek individu is. Alle psychotische en psychopathische schutters hebben kenmerken gemeen met andere psychotische en psychopathische schutters, maar zij hebben hun eigen persoonlijkheid. Toch is het interessant dat uit deze steekproef geen nieuwe typen naar voren zijn gekomen.

Welke andere typen zouden er kunnen bestaan? Misschien een schutter die alleen depressief is. Mensen associëren depressiviteit eerder met zelfbeschadiging dan met geweld in de richting van anderen, maar dat is niet altijd juist. Depressieve mensen, in het bijzonder adolescenten, kunnen agressief worden. Desondanks was geen van de daadwerkelijke of potentiele schutters alleen maar depressief. Depressiviteit speelde wel een grote rol in de meeste gevallen, maar altijd in combinatie met andere factoren. De schutters waren dus getraumatiseerd en depressief, psychotisch en depressief of psychopathisch en depressief. Geen van de hier besproken schutters leed alleen aan depressie. Dit feit wijst erop dat depressie, los van andere persoonlijkheidskenmerken of psychiatrische symptomen, niet genoeg is als oorzaak van een schietpartij op een school.

Buiten het vraagstuk van de typologie, verbreden de psychopathische patiënten in dit hoofdstuk onze kennis van dit type schutter. De algemeen gangbare opvatting over psychopaten is dat zij mensen zijn zonder gevoel. Zij voelen geen schuld of berouw, maar zij kennen ook geen angst, bezorgdheid of depressie. Ze kunnen wel woede voelen, maar wanneer zij doden gebeurt dat niet uit woede, maar omdat op dat moment een behoefte moet worden bevredigd.

Dr. Robert Hare beschrijft psychopaten als 'tweedimensionale figuren (…) zonder de emotionele diepgang en de ingewikkelde en verwarrende drijfveren, conflicten en psychologische ontreddering die zelfs gewone mensen interessant maken (…) Vrijwel alle onderzoeken naar de innerlijke wereld van de psychopaat schilderen een dor beeld'.[1]

De psychopathische schoolschutters zijn echter niet in deze mate psychopathisch. Zij zijn narcistisch en missen empathie, maar hebben wel gevoel. Het zijn juist hun gevoelens die hen zo gevaarlijk maken. Omdat ze zich klein en minderwaardig voelen, moeten ze anderen domineren. Omdat ze sociaal ang-stig zijn en er niet bij horen, voelen ze zich ellendig. Omdat ze onzeker zijn, worden ze razend op degenen die zij benijden.

Aangezien er weinig bekend is over Drew Goldens inner-lijke belevingen, zijn de meeste opvattingen over psychopa-thische schutters gebaseerd op Eric Harris. De drie potenti-ele psychopathische schutters die in dit hoofdstuk worden besproken, bevestigen echter de innerlijke beleving van de psychopathische schoolschutter. Jonathan was narcistisch en sadistisch, maar hij was ook depressief en had een hekel aan zichzelf. Hij voelde zich machteloos omdat hij werd afgewezen door meisjes. In reactie daarop had hij de behoefte om hen te domineren door hen te vermoorden. Roger was een pestkop die intimidatie en kracht gebruikte om zich beter te voelen. Onder die stoere buitenkant zat echter een depressieve jongen die sociaal angstig was en het gevoel had dat hij overal buiten stond. Graham toonde duidelijk minder kwetsbaarheid dan Jonathan en Roger, maar zelfs hij werd depressief en suïcidaal nadat zijn vriendin het had uitgemaakt.

Van klassieke psychopaten wordt vaak gezegd dat ze on-behandelbaar zijn. Zij zijn tevreden met zichzelf en zien geen reden om te veranderen. Dit geldt niet per definitie voor de psychopathische schutters en de potentiële schutters. Hun narcisme is een poging om hun gevoel van minderwaardigheid te compenseren. Hun woede is een reactie op hun sociale en persoonlijke frustratie. Er zijn dus aanknopingspunten voor interventie. Depressie kan worden behandeld. De zelfwaar-dering is te verbeteren. Sociale vaardigheden kunnen worden ontwikkeld. Empathie kan worden aangeleerd. Een jongen die een potentiële psychopathische schoolschutter blijkt te zijn, is geen hopeloos geval.

Ook getraumatiseerde kinderen die potentiële schoolschut-ters zijn, zijn te behandelen. Ze dienen de impact van hun trau-ma's op hun identiteit, hun relaties en hun kijk op het leven te verwerken. Zij moeten goede vaardigheden leren waarmee ze in staat zijn om stress te hanteren zonder gevaarlijk te worden.

Potentiële psychotische schutters moeten behandeld worden voor hun psychotische symptomen met behulp van medicatie en individuele therapie. Ze hebben ook hulp nodig ten aanzien van hun depressiviteit, hun emotionele isolement, lage zelfwaardering en sociale tekortkomingen.

In zijn algemeenheid werden veel schoolschutters gedreven door gevoelens van diepe wanhoop. Bij de behandeling van potentiële schutters is het van groot belang om vertrouwen in de toekomst te ontwikkelen. Als ze kunnen zien dat er andere manieren zijn om hun crises op te lossen dan moord en/of zelfmoord, is de kans groot dat ze minder gewelddadig worden.

Wat gebeurt er met potentiële schutters die worden tegengehouden voordat zij hun plannen kunnen uitvoeren? Zijn zij slechts tijdelijk gedwarsboomd en zullen ze op een later moment toch gewelddadig worden? En hoe zit het met de daadwerkelijke schutters? Als zij waren tegengehouden, zouden ze dan als volwassene alsnog ergere gruweldaden hebben gepleegd?

Dat laatste is opgemerkt over Eric Harris, dat als hij op school was tegengehouden, hij veel meer schade zou hebben aangericht als volwassene. Dat is zeker mogelijk. Hij wilde bij de marine en over wapens en explosieven studeren. Stel je Eric Harris eens voor als volwassene: ex-marinier, expert in het maken van explosieven. Op Columbine was geen van Erics grotere bommen ontploft. Als explosievendeskundige zou hij bommen hebben gemaakt die wel werkten. Die gedachte is beangstigend.

Maar dat is niet het enig denkbare scenario. Laten we zeggen dat hij inderdaad bij de mariniers terecht was gekomen. Hij verlangde naar status en als marinier zou hij een hoge status hebben gekregen. Ook zou hij een plek hebben gehad waar hij zich thuis voelde, een plek waar hij werd geaccepteerd. Hij was een intelligente, leergierige jongen die wellicht een uitblinker was geworden in het leger. Als marinier had zijn leven misschien weer zin gekregen. Zoals hij schreef in zijn dagboek: 'Ik had een verdomd goede marinier kunnen zijn – het zou me een reden hebben gegeven om iets goeds te doen.'[2] Naast het leger hadden andere factoren Eric wellicht in staat gesteld om zijn koers te wijzigen. Hij schreef dat hij complimenten krijgen wellicht genoeg zou vinden om de aanslag af te blazen. Het hebben van seks was mogelijk ook voldoende geweest. Hij was wanhopig en verkeerde in een crisis. Misschien was alles anders geweest als hij een vriendin had gevonden.

Voor veel mensen is de adolescentie een periode van crisis. Veel tieners denken bijvoorbeeld na over zelfmoord, of proberen dit zelfs. De overgrote meerderheid van hen doorstaat de crisis en gaat uiteindelijk tevreden door het leven. Hetzelfde kan gebeuren met degenen die moord overwegen. Als zij veilig door de crisis heen worden geholpen, kunnen ze later productieve – en ongevaarlijke – levens leiden. Een risicovolle tiener blijft niet per definitie de rest van zijn leven een risico vormen.

Ik ken mensen die achteraf terugkijken op hun moorddadige gedachten en zich afvragen: 'Wat dacht ik nou toch in hemelsnaam?' Destijds leek geweld de beste oplossing maar zelfs korte tijd later zijn ze al in staat om de dingen in een totaal ander perspectief te zien. Het is dus cruciaal om jonge mensen die in een crisis verkeren, tegen te houden voordat zij gewelddadig worden. Hoofdstuk 8 geeft richtlijnen hoe we dat kunnen doen.

[8] Hoe we schietpartijen op scholen kunnen voorkomen

> *Kinderen worden geschorst of van school gestuurd, verjaagd, en ik denk dat hun afwijzing een groot deel is [van hun boosheid en pijn]. Het is veel zinniger hen binnen te houden.*
> BRENDA CUMMING

Sinds Columbine zijn er veel aanslagen op scholen verijdeld. Dit is zowel goed als slecht nieuws. Het goede nieuws is dat mensen alerter zijn geworden voor waarschuwingssignalen van moorddadig geweld. In plaats van bedreigingen in de wind te slaan, zijn leerlingen nu meer geneigd hun bezorgdheid te melden. Hun handelen heeft veel potentiële aanslagen voorkomen.

Het slechte nieuws is dat er veel meer jongeren zijn die op het punt staan gewelddadig te worden dan we denken. Naast verijdelde aanslagen die in de media worden gemeld, zijn er veel die niet bekend worden gemaakt. Geen van de in het vorige hoofdstuk besproken patiënten kwam bijvoorbeeld in het nieuws. We moeten dus al het mogelijke doen om de veiligheid op onze scholen te waarborgen.

Wat kunnen we leren van de daadwerkelijke en verijdelde aanslagen? Bij nadere beschouwing van die gebeurtenissen vallen meerdere punten op die ons in de toekomst kunnen helpen.

LES 1: DE GRENZEN VAN PRIVACY

Ouders van schoolschutters krijgen vaak de schuld. Zij worden beschuldigd van het opvoeden van haatdragende kinderen. Hen wordt verweten dat ze de waarschuwingssignalen niet zagen en dat ze moordende monsters voortbrachten. Die verwijten zijn misplaatst. Geen enkele van de ouders moedigde hun kinderen aan om een moord te plegen of hielp mee met de beraming van de aanslag. Achteraf gezien is het eenvoudig om hen te bekritiseren voor wat zij deden of nalieten. Dat is echter niet productief. Het is veel nuttiger om te leren van de gebeurde tragedies in de hoop dat we die in de toekomst kunnen voorkomen.

Wat is de rol van de ouders in het voorkomen van schietpartijen op scholen? Ouders kunnen diverse dingen doen om het risico zo klein mogelijk te houden, niet alleen op schietpartijen op scholen maar op gevaarlijk gedrag in het algemeen. Misschien is het wel het belangrijkste dat je je kind kent. Dat is natuurlijk gemakkelijker gezegd dan gedaan, vooral bij tieners. Adolescenten zijn er opmerkelijk goed in om een eigen leven te leiden dat hun ouders nooit zien. Toch is het in stand houden van een steunende, warme relatie heel belangrijk. Bij een open communicatie kun je direct reageren zodra een probleem zich voordoet. Veel problemen kunnen worden voorkomen als je weet met wie je kinderen omgaan, waar ze heengaan, wat ze doen, welke websites ze bezoeken, wat ze op hun eigen websites plaatsen, enzovoorts.

Maar hoe zit het dan met privacy? Ouders willen hun tieners graag meer privacy geven naarmate ze ouder worden. De noodzaak om toezicht te houden op je kinderen is afhankelijk van hun gedrag. Bij de meeste tieners hoeft de kamer niet regelmatig geïnspecteerd te worden, maar als je je zoon betrapt met een staafbom, dan zijn regelmatige inspecties op zijn plaats. Als je weet dat je dochter boos is en een obsessie heeft voor wapens, dat ze websites over wapens bezoekt en veel praat over dood en geweld, is het een goed idee om haar nauwlettend in de gaten te houden en professionele hulp te zoeken.

Erics ouders wisten bijvoorbeeld dat hij een staafbom had

gemaakt. Achteraf gezien lijkt het duidelijk dat ze daar meer aandacht aan hadden moeten schenken, maar ze leefden in een wereld van vóór Columbine. Eric vond het leuk om buiten vuurwerk af te steken en zelfgemaakte explosieven tot ontploffing te brengen; bij niemand in zijn omgeving ging er waarschijnlijk een alarmbel af. Wij leven nu echter in een wereld van ná Columbine. De tijden zijn veranderd. Als ouders weten dat hun zoon of dochter bommen maakt, of boeken leest over het maken van bommen zoals *The Anarchist's Cookbook*, moeten ze dat nader onderzoeken.

Kip Kinkel vertelde in de klas hoe je een bom kon maken. Hij maakte ook zelf bommen en bracht die tot ontploffing. Hij smeekte zijn ouders om vuurwapens voor hem te kopen. Wapens, wapens, wapens; dat was het enige wat hij wilde. Zijn ouders zagen wel in dat het niet goed ging, maar zijn vader bleef wapens kopen voor Kip, in de hoop dat hij zo diens wapengebruik in de gaten kon houden en misschien de vader-zoonrelatie kon verbeteren. Achteraf zijn de waarschuwingssignalen gemakkelijk te zien. Als kinderen of jongeren nu te veel in beslag worden genomen door wapens, openlijk praten over het maken van bommen en heel graag wapens willen hebben, zijn zij niet per definitie potentiële moordenaars, maar het is van cruciaal belang dat zij geen toegang krijgen tot wapens en dat de situatie goed wordt onderzocht.

Zowel Kip als Eric maakte een grote hoeveelheid bommen en sloeg die thuis op. Ze hadden ook meerdere vuurwapens in hun kamer of elders in huis verborgen. Als kinderen zo in beslag worden genomen door wapens, moeten ouders hun gedrag en persoonlijke ruimte goed in het oog houden om te zien wat er gaande zou kunnen zijn.

In het geval van Shalisa, uit het vorige hoofdstuk, waren haar ouders bezorgd om haar en lieten ze haar opnemen. Ze doorzochten haar kamer en vonden een mes en een geweer. Niet alle ouders hoeven hun huis te doorzoeken, maar wanneer er een reden tot bezorgdheid is, is het essentieel om het huis te inspecteren. Als er reden is om aan te nemen dat er bommen in huis zouden kunnen zijn, is het het beste om de politie te waarschuwen en hen het huis te laten doorzoeken. Ten eerste zijn zij beter in het herkennen van bommen en ten tweede zijn de bommen wellicht gevaarlijk. Nadat Kip de schietpartij op school had gepleegd, doorzocht de politie zijn huis. Zij vonden niet alleen zijn omgebrachte ouders, maar ook zo veel geavanceerde bommen dat ze de buurt moesten evacueren om alles weg te kunnen halen.

Ouders moeten ook alert zijn op waarschuwingssignalen van potentieel geweld. Als ze een kort verhaal of een dagboek lezen dat is geschreven door hun kind en zich zorgen maken over de inhoud, moeten ze weten wat hen te doen staat. Afhankelijk van hoe zorgwekkend het is, dient hiervan melding te worden gemaakt bij de school, een professionele hulpverlener of de politie. Een duidelijke bedreiging met geweld zou moeten worden gemeld aan de politie. Bezorgdheid over iemands woede en depressiviteit, zonder een duidelijke geweldsdreiging, zou moeten leiden tot een afspraak met een professionele hulpverlener van de geestelijke gezondheidszorg. In andere gevallen is een melding bij de school de aangewezen weg. Als een kind meldt dat een leeftijdsgenoot een aanslag overweegt, moet die informatie direct worden doorgegeven aan de school en de politie.

LES 2: LIEG NIET OM JE KIND TE BESCHERMEN

De dag voordat Kip zijn aanslag op school pleegde, werd hij geschorst omdat hij een wapen bij zich had op school en vervolgens werd hij naar het politiebureau gebracht. Meneer Kinkel zei tegen de agent op het bureau dat zijn zoon thuis veilig zou zijn. Hij verzekerde de agent dat er verder geen wapens in huis waren. Dit was een leugen en meneer Kinkel wist dat. Hij had wapens voor Kip gekocht, dus hij wist heel goed dat er meer wapens waren. Kennelijk wilde hij een schandaal voorkomen. Hoewel het geladen wapen was aangetroffen in het kluisje van Kip, dacht zijn vader meer aan de cijfers van Kip en hoe hij hem zo goed mogelijk door het schooljaar kon loodsen. De ernst van de situatie leek niet tot hem door te dringen. En als dat wel zo was, dacht meneer Kinkel waarschijnlijk meer aan de schoolcarrière van Kip dan aan de veiligheid van anderen. De nalatigheid om de politie te vertellen over Kips andere wapens, kostte het leven aan meneer en mevrouw Kinkel en twee scholieren.

Lang vóór de schietpartij vertelde mevrouw Kinkel ook een leugen die nadelige gevolgen kan hebben gehad. Ze maakte zich zodanig zorgen om Kip, dat ze hem meenam naar een psycholoog. Toen de psycholoog haar vroeg of er psychische ziekten voorkwamen in de familie, zei ze: 'Nee'. Aan beide kanten van de familie van Kip was echter sprake van ernstige psychische aandoeningen; er waren familieleden die een gevaar voor anderen waren geweest en een aantal was opgenomen. Psychologen vragen naar de familiegeschiedenis, omdat veel psychologische problemen een erfelijke basis hebben. Als de psycholoog had geweten hoe extreem de familiaire belasting op het gebied van psychiatrische ziekten was, had hij wellicht anders gehandeld. Misschien had hij Kip dan grondiger onderzocht of er bij de ouders op aangedrongen om het gedrag van de jongen nauwlettender in de gaten te houden. Liegen tegen deskundigen op het moment dat een kind in een crisis verkeert, maakt de situatie alleen maar erger.

LES 3: LEEF DE REGELS NA, ONGEACHT OM WIE HET GAAT

Er speelt nog iets anders in het verhaal van de Kinkels. De ouders van Kip waren leerkrachten en zijn vader had jarenlang lesgegeven op de school van Kip. Het feit dat de school Kips ge-

zin kende, had invloed op de gang van zaken. Beleid en procedures werden niet gevolgd en Kip kreeg niet dezelfde behandeling als het geval zou zijn geweest wanneer een andere leerling
een geladen wapen mee naar school had gebracht.

Het maakt niet uit wie een gevaar vormt, de dreiging dient
altijd op de juiste manier te worden beoordeeld. Dat geldt voor
iedereen, of het nu de zoon van de directeur is of de dochter van
de politiecommissaris. Beleid en procedures zijn er niet voor
niets en het terzijde schuiven van protocollen omdat het gezin
bekend is of een goede reputatie heeft, kan een ernstige fout
zijn. Dick Doyle, de adjunct-directeur van Kips school, zei: 'De
regels die we hadden opgesteld, werden in het uur van de waarheid genegeerd. Ze werden niet nageleefd, heel eenvoudig, omdat hij Kinkel was. In plaats van het feit van het wapen te overwegen, werd rekening gehouden met het gezin van de jongen
die ermee was betrapt.'[1]

LES 4: ALS DE SCHOOL ZICH ZORGEN MAAKT OVER JE KIND, BESTEED DAAR DAN AANDACHT AAN

Het is voor ouders niet altijd gemakkelijk om negatieve informatie te krijgen over je kinderen. Dat is begrijpelijk. Niettemin,
als iemand van school belt omdat hij of zij bezorgd is dat het
gedrag van jouw kind een gevaar kan opleveren voor anderen,
moet je dat als ouders serieus nemen. Het kan vals alarm zijn,
maar het kan ook van levensbelang blijken te zijn.

Enkele weken voor de schietpartij op Columbine schreef
Dylan Klebold een verhaal over een man die meedogenloos
een groep scholieren vermoordde. Zijn lerares Engels was hierdoor zo ontdaan, dat ze met Dylan sprak en zijn ouders belde.
Dylans uitleg was dat het 'maar een verhaal' was. Zijn ouders
geloofden dat, omdat er geen reden was om dat niet te doen.
Hoe konden ze weten dat Dylan van plan was het verhaal uit
te voeren?

Een vergelijkbare situatie deed zich voor toen Kip Kinkel in de klas een spreekbeurt hield over het maken van bommen. Een schooldecaan hoorde erover en drong er bij mevrouw Kinkel op aan dat zij professionele hulp zou zoeken voor haar zoon. Mevrouw Kinkel voelde zich blijkbaar beledigd en vroeg of Kip een andere decaan toegewezen kon krijgen.[2]

We kunnen hieruit leren dat ouders de school het voordeel van de twijfel moeten geven. Leerkrachten lezen duizenden opstellen zonder contact op te nemen met ouders. Als een leerkracht dat wel doet vanwege iets wat een kind heeft opgeschreven, kan er een goede reden tot bezorgdheid zijn. Dit betekent niet dat het kind moet worden geschorst of gearresteerd terwijl direct gevaar ontbreekt, maar er moet een soort follow-up zijn. Als ouders niet weten hoe ze de situatie met hun kind moeten aanpakken, kunnen ze hulp zoeken bij de school of hun kind psychologisch laten onderzoeken.

Een punt dat daarmee te maken heeft, is dat leerkrachten aandacht moeten hebben voor hun eigen reactie. Zij hebben te maken met honderden leerlingen en lezen duizenden werkstukken. Als een bepaald verhaal hen zorgwekkend of dreigend voorkomt, kan daar een goede reden voor zijn. De lerares Engels van Dylan Klebold maakte zich terecht zorgen naar aanleiding van zijn verhaal over een man die scholieren vermoordde. Helaas luisterde niemand.

LES 5: SLUIT GEMAKKELIJKE TOEGANG TOT WAPENS UIT

Gemakkelijke toegang tot wapens is een kritisch punt. De meeste schoolschutters halen de wapens uit hun eigen huis, dat van hun grootouders of bij vrienden of buren. Drew Golden was elf jaar oud en kon heel snel een arsenaal aan wapens bij elkaar krijgen. Michael Carneal pakte wapens bij de buren. Andrew Wurst nam het pistool van zijn vader mee naar de dansavond. Kip Kinkel kon zijn vader niet alleen overtuigen om wapens voor hem te kopen, maar wist ook waar ze lagen.

Het is niet voldoende om wapens ergens in huis veilig op te bergen. Kinderen weten vaak waar de wapens verborgen zijn of waar de sleutel voor de wapenkluis ligt. Toen Drew Golden wapens wilde, wist hij precies waar hij die kon vinden in zijn eigen huis en dat van zijn grootouders. Zijn opa had een wapenrek waarin de geweren met een afgesloten metaaldraad waren vastgemaakt. Drew sneed de draad door en had zo een kant-en-klaar arsenaal. Als kinderen met behulp van gereedschap, zoals een hamer, schroevendraaier, koevoet of elektrisch gereedschap, bij wapens kunnen komen, dan zijn de wapens niet veilig opgeborgen. Wapens dienen te worden bewaard bij een schietclub of op een andere plaats die niet bekend is bij en/of buiten het bereik ligt van adolescenten.

Stel dat ouders er absoluut van overtuigd zijn dat hun kinderen geen misbruik zullen maken van vuurwapens. Zij moeten dan wel bedenken dat hun vertrouwen mogelijk misplaatst is. Dat was absoluut het geval in de gezinnen van diverse schoolschutters. Zelfs als hun kinderen wel te vertrouwen zijn, hoe zit het dan met hun vrienden? Als kinderen uit de buurt weten waar de wapens opgeborgen zijn, liggen die wellicht niet veilig meer. Michael Carneal pakte wapens uit de garage van de buren. Als de kinderen in huis weten waar de wapens liggen, is het waarschijnlijk dat andere kinderen dat ook weten.

LES 6: NEEM BEDREIGINGEN SERIEUS TOT HET TEGENDEEL IS BEWEZEN

Na alle schietpartijen die er zijn geweest, zou het een geruststellend idee moeten zijn dat iedereen inmiddels wel inziet dat een doodsbedreiging niet mag worden genegeerd. Helaas is dat niet het geval. In 2007 dreigde Asa Coon, een scholier in Cleveland, Ohio, naar school te komen en iedereen te doden. Heel veel scholieren hoorden hem die bedreigingen uitspreken. Niemand nam hem serieus. Een paar dagen later verscheen hij met een vuurwapen en begon te schieten.

Leerlingen moet worden geleerd waar ze op moeten letten en wat ze moeten doen wanneer ze een potentiële bedreiging zien. Dat is de basis om schietpartijen op scholen te voorkomen en zal later in dit hoofdstuk verder worden besproken.

LES 7: IEDEREEN KAN EEN SCHIETPARTIJ OP EEN SCHOOL VOORKOMEN

Er zijn veel aanslagen voorkomen doordat leerlingen iets hoorden en doorhadden dat ze dit moesten melden aan hun ouders of het schoolpersoneel. Leerlingen zijn echter niet de enigen die schietpartijen kunnen voorkomen. Iedereen die alert is en waarschuwingssignalen herkent, kan een heldenrol vervullen door aan de bel te trekken en levens te redden.

In 2001 beraamde Al Deguzman, een negentienjarige student aan het Anza College in Cupertino, Californië, een massamoord op de universiteit met behulp van vuurwapens en bommen. Kort voor de aanval nam Deguzman foto's van zichzelf met zijn wapenarsenaal. Een medewerkster van de winkel waar de foto's werden ontwikkeld, werd ongerust en lichtte haar vader in die politieagent was. Dit leidde tot een inval in de kamer van Deguzman en de ontdekking van zijn wapens, bommen, een kaart met daarop de locaties waar de bommen zouden worden geplaatst en een bandopname van Deguzman waarin hij excuses aanbiedt voor zijn nog uit te voeren actie. De aanslag was gepland voor de dag daarna.

In juli 2007, slechts drie maanden na de aanslag op Virginia Tech, voorkwam een wapenhandelaar een mogelijke aanslag. Een klant met de naam Olutosin Oduwole was wel heel erg enthousiast over de partij halfautomatische vuurwapens die hij had besteld. Oduwole was een student aan Southern Illinois

University. Iets in de jongeman maakte de handelaar nerveus: hij zag iets van urgentie en vertwijfeling in zijn gedrag. De handelaar meldde zijn bezorgdheid aan de politie. Toen de wagen van Oduwole werd doorzocht, vond de politie een geschreven document waarin hij dreigde een soortgelijke aanslag te zullen plegen als die op Virginia Tech.

Eveneens in juli 2007 vond iemand een notitieboekje op een parkeerplaats van een McDonald's restaurant op Long Island, New York. Daarin stonden aantekeningen over een geplande aanslag op Connetquot High School. In het notitieboekje stond ook de verklaring: 'Ik zal een kettingreactie van terrorisme op gang brengen in de wereld.' De potentiële moordenaar schreef eveneens: 'Haal iedereen neer, richt de wapens op de politie, dan op mijzelf. Perfecto.'[3] Een onderzoek wees uit dat er twee scholieren betrokken waren bij de beraming van de aanslag. Zij hadden een video gemaakt over hun plannen en hadden geprobeerd een Uzi machinegeweer, een AK-47 aanvalsgeweer, en vijf pond buskruit te kopen. Hun plannen werden verijdeld door een notitieboekje op een parkeerplaats en een alerte burger.

Zoals deze voorbeelden laten zien, zijn schietpartijen op scholen te voorkomen door iedereen die een mogelijke dreiging ziet en adequaat actie onderneemt.

LES 8: HERKEN MOGELIJKE OEFENINGEN VOOR AANSLAGEN

Het is gebruikelijk dat schoolschutters denkbeeldig oefenen voor wat zij van plan zijn. Dat kan zijn in de vorm van tekeningen, animaties, een video, of een kort verhaal. Eric Harris en Dylan Klebold deden mee aan een cursus videofilms maken. Een van hun films was getiteld *Moordenaars te huur*, waarin een gepeste leerling Eric en Dylan inhuurde om mensen te vermoorden die hem lastig vielen. Naast dit project, dat daadwerkelijk werd opgenomen, praatten ze over het maken van een video waarbij ze een kantine in gingen en mensen neerknalden.[4]

Dylan schreef ook een kort verhaal over een man die een groep scholieren vermoordt. Michael Carneal schreef een verhaal over een jongen die scholieren verminkt, martelt en doodt. Jeffrey Weise maakte een animatievideo over iemand die onschuldige mensen neerknalt, een politiewagen opblaast en daarna zichzelf door het hoofd schiet.

Achteraf is het makkelijk om deze werkstukken als duidelijke waarschuwingssignalen te zien. Huiswerkopdrachten over oorlog, misdaad of gruwelijkheden zijn echter gewoon in onze cultuur, dus hoe onderscheid je een potentiële schoolschutter van een leerling die in de voetsporen van Stephen King treedt?

Het is niet gegarandeerd dat we een potentiële moordenaar herkennen via een verhaal dat hij of zij geschreven heeft. We moeten voorzichtig zijn met conclusies trekken over waarschuwingssignalen voor moord in creatieve werkstukken. Toch is het opvallend hoe vaak schoolschutters dergelijke creatieve oefeningen hebben gedaan, dus lijkt het verstandig om mogelijke waarschuwingssignalen nader te bekijken.

Een van die signalen is de identificatie van de leerling met de geweldpleger in het verhaal. In het verhaal van Michael Carneal heet de moordenaar bijvoorbeeld Michael. Bovendien waren de namen van de slachtoffers de namen van daadwerkelijke medescholieren. Dergelijke factoren vergroten het gevaar. Een leerling die schrijft over de moord op andere leerlingen die in het verhaal bij naam worden genoemd, dient nader onderzocht te worden.

Ook in Dylans verhaal is er een duidelijke identificatie met de moordenaar, hoewel de verteller niet de moordenaar is. Dylan was linkshandig, ongeveer 1 meter 90 lang en droeg een zwarte trenchcoat; de moordenaar in het verhaal was linkshandig, 1 meter 90 lang en droeg een zwarte trenchcoat. Bovendien had de verteller begrip voor de moorden en grensde zijn bewondering voor de moordenaar aan aanbidding. Het verhaal eindigt met deze passage: 'Als ik een emotie van god zou kunnen zien, zou die eruit hebben gezien als de man. Ik zag het niet alleen in zijn gezicht, maar ik voelde ook kracht, voldaanheid, beëindiging en goddelijkheid van hem uitgaan. De man glimlachte en op dat moment, zonder dat ik daar moeite voor deed, begreep ik zijn daden.'[5]

Op deze manier creëerde Dylan de moordenaar naar zijn eigen beeld, schreef hij dat de verteller de uitvoering van de massamoord begreep en gaf hij de wrede moordenaar een goddelijke status. Dit zijn aanwijzingen die ouders en leerkrachten kunnen helpen om potentiële waarschuwingssignalen van geweld te herkennen in het werk van hun kinderen/leerlingen.

Er is nog een andere gedraging het vermelden waard. Schoolschutters hebben soms de behoefte om zichzelf met hun wapens op beeld vast te leggen. Harris en Klebold maakten video's van zichzelf terwijl ze spraken over de geplande aanslag en daarbij hun wapens vasthielden. Ze filmden zichzelf ook terwijl ze aan het oefenen waren met hun illegale wapens.

Kimveer Gill, een vijfentwintigjarige man die in 2006 twintig studenten neerschoot in Montréal, zette 51 foto's van zichzelf op zijn website, waarop hij in diverse houdingen met zijn wapens is te zien. Seung Hui Cho maakte een multimediamanifest met foto's waarop hij poseerde met diverse wapens. In 2007 zette de Finse scholier Pekka-Eric Auvinen een video op YouTube over zijn geplande aanslag. Zoals eerder opgemerkt wist een medewerkster bij een fotograaf een aanslag te voorkomen nadat foto's van een jonge man poserend met een arsenaal aan wapens haar waren opgevallen. Dergelijke opnames of foto's kunnen aanwijzingen zijn voor geplande aanslagen.

Werkstukken van scholieren die wijzen op een verlangen een moordaanslag te plegen, moeten nader worden onderzocht. De verhalen of video's kunnen ongevaarlijk blijken te zijn, maar ze kunnen ook de rode vlag zijn die ons in staat stelt levens te redden.

LES 9: STRAF IS GEEN PREVENTIE

In de afgelopen tien jaar zijn veel scholen overgegaan op een lik-op-stukbeleid bij geweld. Theoretisch lijkt dit een goed idee, maar in de praktijk leidt dit vaak tot ongepaste reacties op ongevaarlijke situaties, omdat niet goed wordt gekeken of de situatie daadwerkelijk bedreigend is. Het schorsen van een leerling omdat hij een plastic poppetje met een geweer in de hand mee naar school brengt, is geen adequate reactie.

Straf in de vorm van schorsing of verwijdering vanwege dreigen met geweld is niet effectief om geweld te voorkomen. In feite kan dit type straf diverse ongewenste effecten hebben. De woede van de leerling en het verlangen naar vergelding kunnen erdoor toenemen. Het kan ook hun gevoel van isolement versterken. Ook kan de leerling zich afgewezen voelen en verlies van status ervaren. Bij mensen die al emotioneel onevenwichtig zijn, kan zo'n straf de dingen juist nog erger maken. Bij wegsturen of schorsen vermindert bovendien het toezicht op de jeugdige; de hele dag is vrije tijd geworden. Bij gebrek aan toezicht kan het voorbereiden van een aanslag eenvoudiger zijn. In sommige gezinnen kunnen ouders zo kwaad worden vanwege een schorsing, dat zij hun kinderen een uitbrander geven of mishandelen, waardoor de crisis alleen maar verergert. Verder lost straf het probleem niet op. Met schorsing of verwijdering van leerlingen worden de problemen die leidden tot de moorddadige gedachten, niet aangepakt.

Het grootste probleem met straf is echter dat het geen schietpartijen op scholen voorkomt. Zowel de veiligheidsdiensten als het ministerie van Onderwijs hebben dit erkend: 'Reageren met zware bestraffende kracht kan maar hoeft niet de grootste preventieve kracht te hebben.'[6] Als geweld voorkomen het doel is, moeten scholen meer doen dan het straffen van leerlingen die ongepast of dreigend gedrag vertonen. De beperkingen van het straffen van scholieren kunnen met diverse gevallen worden aangetoond, waaronder diverse school-schutters die nog niet in dit boek werden besproken.

In de Verenigde Staten was de grootste aanslag na een schor-sing die van Kip Kinkel. Kip werd op school betrapt met een vuurwapen. Hij werd onmiddellijk geschorst in afwachting van de formele hoorzitting die tot verwijdering kon leiden. La-ter die dag schoot Kip zijn vader en z'n moeder dood. De vol-gende dag ging hij naar school en schoot 27 mensen neer. Nie-mand voerde een onderzoek uit om te zien of Kip thuis andere wapens had, of iemand wist van een geplande aanslag en of er in Kips werkstukken zaken stonden die wezen op een gevaar voor moord. De straf leidde niet tot preventie.

Zowel binnen als buiten de Verenigde Staten hebben ver-gelijkbare incidenten plaatsgevonden. In 1995 werd Toby Sin-cino in South Carolina geschorst omdat hij een obsceen gebaar had gemaakt. Een week later ging hij met een vuurwapen naar school, schoot een leraar en een lerares neer en pleegde vervol-gens zelfmoord. In 2005 werd de Canadese scholier Peter Kea-tainak van school gestuurd. Hij ging terug naar school, schoot een lerares neer en pleegde zelfmoord. In 2002, in het Duitse Erfurt, keerde de van school gestuurde Robert Steinhauser naar school terug en doodde zeventien mensen voordat hij zelf-moord pleegde. En de lijst is nog langer.

Een scholier die met massamoord dreigt, is een scholier in een crisis. Zo iemand wegsturen van school of schorsen, lost de crisis niet op. Zo iemand heeft aandacht nodig, geen afwij-zing. Dit betekent niet dat serieuze bedreigingen met geweld geen consequenties moet hebben. Om diverse redenen kan het goed zijn om dergelijke personen niet op school te laten zijn, vanwege hun eigen geestelijke gezondheid maar ook vanwege de veiligheid op school. Leerlingen die op het punt staan tot ge-weld over te gaan, dienen echter buiten de school toezicht en behandeling te krijgen.

Hiermee wil ik twee dingen zeggen:

1. Schorsing of verwijdering moet in de juiste situatie worden toegepast en niet als automatische reactie op allerlei mogelijke bedreigingen.
2. Met schorsing of verwijdering van een leerling wordt niet per definitie geweld voorkomen. Het kan een noodzakelijke reactie zijn, maar het moet niet de enige reactie zijn.

LES 10: DE GRENZEN VAN FYSIEKE BEVEILIGING

Na een schietpartij verhogen scholen vaak hun fysieke beveiligingsmaatregelen door onder andere leerlingen identificatiebadges te geven, meer bewakingscamera's op te hangen en metaaldetectoren aan te brengen. Dergelijke maatregelen voorkomen echter geen schietincidenten op scholen.

Wanneer leerlingen een schietpartij op een school plegen, doen zij dat meestal op hun eigen school. Identificatiebadges kunnen wel voorkomen dat vreemden de school binnenkomen, maar dat is geen relevante factor bij de schietpartijen die in dit boek worden besproken. Identificatiebadges en andere vormen van beveiliging kunnen wel voorkomen dat buitenstaanders een massamoord op een school plegen, maar dat is een andere kwestie.

Bewakingscamera's kunnen mensen afschrikken die in het geheim een misdaad willen plegen, maar schoolschutters worden er niet door tegengehouden. Anders dan de meeste moordenaars doen schoolschutters geen moeite om hun identiteit te verbergen. Zij verrichten hun daden in het openbaar zonder poging tot geheimhouding. De aanwezigheid van een camera houdt een aanslag niet tegen. Er waren camera's op Columbine en Red Lake, Minnesota, maar zij hadden geen afschrikkende werking.

Metaaldetectoren kunnen voorkomen dat leerlingen stiekem vuurwapens of messen mee naar school brengen. Schietpartijen op scholen zullen er echter niet mee worden voorkomen. Op Red Lake was een metaaldetector en er waren beveiligingsmedewerkers. Jeffrey Weise schoot een van hen neer en liep het gebouw binnen. De aanwezigheid van een metaaldetector betekende niets. Als je verwacht tijdens de aanslag dood te gaan, doet het er niet toe of je een alarm laat afgaan bij de metaaldetector. Het doet er ook niet toe of mensen je zien met een vuurwapen, want je bent daar om te doden en te sterven.

Dus wat kunnen we doen? De beste verdediging is vroege opsporing. Tegen de tijd dat een schutter met een vuurwapen bij de school aankomt, is het te laat. Zelfs als kan worden voorkomen dat hij het gebouw binnengaat, kan hij nog steeds om zich heen schieten. Hij kan mensen neerschieten voordat zij 's ochtends de school binnengaan, of wachten totdat de school uitgaat. Een afgesloten deur kan hij wellicht openschieten. Schutters moeten worden tegengehouden voordat ze met wapens naar de school gaan. Dit betekent een andere wijze van preventie dan alleen materiële beveiliging.

DREIGINGSTAXATIE

Vandaag de dag dienen scholen procedures op te stellen om de dreiging te kunnen beoordelen. De details voor het maken en invoeren van procedures voor een dreigingstaxatie vallen buiten het bestek van dit boek, maar een aantal inleidende opmerkingen zijn wel te maken.

Een fundamentele aanname voor een dreigingstaxatie is dat er verschillende soorten dreigingen zijn. De FBI verdeelt ze in een laag, matig en hoog risiconiveau. Dr. Dewey Cornell verdeelt ze in voorbijgaande en substantiële dreigingen. Welke terminologie er ook wordt gebruikt, het doel is om een onmiddellijke dreiging te onderscheiden van een ongevaarlijke (of zelfs niet bestaande) dreiging.

Wat maakt een dreiging substantieel of met een hoog risico? Over het algemeen is het zo dat hoe gedetailleerder de dreiging is in termen van tijd, plaats of zelfs methode, hoe groter het risico is. Een leerling die zegt: 'Als er niets verandert, ga ik ooit iets drastisch doen', uit een vage bedreiging. Deze is niet alleen vaag, maar ook voorwaardelijk; zij is afhankelijk van het feit of dingen beter worden voor degene die de bedreiging uit. Misschien zal die leerling de bedreiging uitvoeren, maar misschien ook niet.

Als een scholier echter tegen een vriend zegt: 'Zorg dat je morgen tussen de middag niet in de kantine bent, omdat ik de tent ga opblazen', impliceert dit een gedetailleerd plan dat een zeer hoog risico inhoudt. Niet alleen tijd, plaats en methode worden genoemd, maar de aanslag is ook nog eens gepland voor de volgende dag. Dat is zeer dreigend.

Het wel of niet bestaan van een dreiging is echter niet altijd een goede voorspeller van geweld, en wel om twee redenen:

1. Veel mensen uiten bedreigingen die ze niet van plan zijn uit te voeren. De bedreiging kan als grapje worden gemaakt, of impulsief uit boosheid, maar zonder de intentie om deze ook uit te voeren.

2. De afwezigheid van een directe bedreiging betekent niet dat er geen gevaar is. Bij veel schietpartijen op scholen ontving niemand een directe bedreiging. Of al dan niet een bedreiging is geuit, is geen betrouwbare richtlijn voor het beoordelen van potentieel gevaar.

Een dreigingstaxatie richt zich niet op leerlingen die een dreiging úíten maar op leerlingen die een bedreiging vórmen. Leerlingen kunnen een bedreiging vormen door hun gedrag, zelfs als zij niet rechtstreeks iemand bedreigen. Wat voor soort gedrag vormt een bedreiging? Aanslaggerelateerd gedrag, dat betrekking heeft op alles wat iemand doet en wat kan wijzen op de intentie om een aanslag te plegen. Het belangrijkste aanslaggerelateerd gedrag is misschien wel wat de FBI 'lekken' noemt, waarbij men plannen laat uitlekken.

Een vorm van lekken vindt plaats wanneer de toekomstige dader iemand vraagt om mee te doen met de aanslag. Andrew Wurst en Kip Kinkel vroegen allebei een vriend om mee te doen. Als die vrienden dat hadden gemeld, waren de aanslagen wellicht voorkomen. In 2007 probeerde een veertienjarige jongen in Plymouth Meeting, Pennsylvania, een vriend mee te krijgen. De vriend vertelde het aan een volwassene en de politie onderzocht de zaak. De potentiële dader bleek iemand te zijn die Harris en Klebold bewonderde, zijn eigen leger wilde beginnen en zijn moeder ervan overtuigd had om een geweer voor hem te kopen. Omdat de vriend melding had gemaakt, werd een mogelijke schietpartij voorkomen.

Een ander soort lekken vindt plaats wanneer de toekomstige dader iemand vertelt om van school weg te blijven op een bepaalde dag. Mitchell Johnson zei tegen een meisje met wie hij bevriend was, dat ze niet naar school moest komen op de dag van de aanslag. Het kan ook zijn dat de toekomstige dader een vage mededeling doet door te zeggen: 'Maandag gaat er iets groots gebeuren.' Dat deed Michael Carneal. Hij liet mensen weten dat hij iets van plan was maar zei niet wat. In het geval van Evan Ramsey wisten veel leerlingen dat er iets groots zou gaan gebeuren en een van hen had zelfs een camera meegebracht om foto's te maken zodra het zou gaan gebeuren.

Soms is het moeilijk te bepalen of een opmerking een vorm van lekken is of niet. Jongeren kunnen gemakkelijk zeggen dat ze iemand willen vermoorden of opmerkingen maken zoals: 'Zou het niet 'cool' zijn om de school op te blazen?' Dit kan lekken zijn, maar het kan ook totaal onschuldig zijn. Als je niet zeker weet wat je aan moet met een mogelijke dreiging, is het altijd het beste om de zaak te onderzoeken.

Wat is nog meer aanslaggerelateerd gedrag? Het maken van plannen en het tekenen van plattegronden van de school is aanslaggerelateerd gedrag. Het in het bezit krijgen van wapens of materiaal voor het maken van bommen is aanslaggerelateerd gedrag. Het oefenen met schietschijven en het testen van zelf-gemaakte explosieven is aanslaggerelateerd gedrag. Een jongen die ik behandelde, wilde zijn familieleden en medescholieren doden. Hij was van plan zijn familie neer te steken. Nadat hij een mes had gekocht, testte hij op een stuk hout hoe scherp dat was. Toen het gemakkelijk doordrong in het hout, dacht hij: 'Met vlees zal het ook goed gaan.' Dat was aanslaggerelateerd gedrag.

Wanneer een procedure voor een dreigingstaxatie opgesteld is, kunnen bedreigingen en ander aanslaggerelateerd gedrag goed worden beoordeeld. Voor de juiste werking van het systeem, moeten mensen echter wel hun bezorgdheid over mogelijk geweld kenbaar maken. Scholen dienen vroegtijdig te detecteren. Het is het meest effectief om gebruik te maken van de ogen en oren van de leerlingen. Zij weten het beste wat er gaande is. Door leerlingen te leren de waarschuwingssignalen van mogelijk geweld te herkennen, kunnen we de veiligheid op onze scholen aanmerkelijk verbeteren.

Om de basis hiervoor te leggen, dienen leerlingen het verschil te leren tussen klikken en melden. Klikken, of roddelen, wordt gedaan om iemand in moeilijkheden te brengen. Melden wordt gedaan om de veiligheid te bewaren. Zelfs als leerlingen dit verschil begrijpen, is het niet gemakkelijk om over een vriend een melding te doen. Leerlingen zouden de mogelijkheid moeten hebben om dergelijke kwesties te bespreken. Rollenspellen kunnen daarbij helpen. Hoewel het doen van een melding over een vriend de vriendschap in gevaar kan brengen, moeten leerlingen begrijpen dat het beter is een boze vriend te hebben, dan dat mensen het risico lopen te worden vermoord. Als zij de aanslag niet tegenhouden en moeten leven met een schuldgevoel omdat ze geen actie hebben ondernomen, is dat veel erger dan de tijdelijke boosheid van een vriend. Bovendien kunnen ze met hun melding wellicht het leven van hun vriend redden. Schoolschutters overleven het niet of ze belanden in de gevangenis. Als ze om hun vriend geven, moeten ze al het mogelijke doen om zo'n uitkomst te voorkomen.

Behalve het instrueren van de leerlingen over de waarschuwingssignalen van schietpartijen op scholen, zouden scholen moeten zorgen voor meerdere manieren waarop de scholieren hun ongerustheid kunnen melden, zoals voicemail, e-mail, een brievenbus en speciale personen waar de leerlingen naartoe kunnen om te spreken over veiligheidskwesties. Leerlingen zijn echter niet de enigen die moeten worden geschoold. Leerkrachten, administratief personeel en overig personeel dienen ook te weten waar men op moet letten en wat men moet doen als men signalen opmerkt.

De bovenstaande informatie over dreigingstaxatie is afkomstig uit diverse uitstekende bronnen, die ik van harte kan aanbevelen. De Amerikaanse geheime dienst en het ministerie van Onderwijs hebben gezamenlijk twee documenten opgesteld, die op de website staan van de geheime dienst: *The Final Report and Findings of the Safe School Initiative: Implications for the Prevention of School Attacks in the United States* en *Threat Assessment in Schools: A Guide to Managing Threatening Situations and to Creating Safe School Climates*.[7] De FBI heeft ook een groot onderzoek verricht naar schoolschutters en daarover een rapport gepubliceerd dat op hun website is te vinden: *The School Shooter: A Threat Assessment Perspective*.[8] Dr. Dewey Cornell en dr. Peter Sheras hebben een boek geschreven dat duidelijke, omvattende richtlijnen geeft voor niet alleen de taxatie van potentiële schietpartijen op scholen, maar voor elke dreiging van geweld: *Guidelines for Responding to Student Threats of Violence*.[9]

GOEDE COMMUNICATIE EN POSITIEF KLIMAAT

Een systeem voor dreigingstaxatie kan geweld op scholen voorkomen door in te grijpen bij herkenning van vroegtijdige waarschuwingssignalen. Dat is een cruciale functie, maar het is niet de enige manier om schietpartijen op scholen te voorkomen. Dr. Katherine Newman deed onderzoek onder de bevolking en op de scholen van West Paducah, Kentucky, en Jonesboro, Arkansas, de plaatsen waar Michael Carneal, Drew Golden en Mitchell Johnson hun schietpartijen pleegden. Zij constateerde een aantal dingen die scholen kunnen doen aan de verbetering van de communicatie, documentatie en manieren waarop ze tegemoetkomen aan de behoeften van de leerlingen. Deze aanbevelingen zijn afkomstig uit het boek van Newman, *Rampage: The Social Roots of School Shootings*.[10]

Eén zaak die Newman constateert, is de versplintering van informatie. In het geval van Michael Carneal waren verschillende leerkrachten getuige van verontrustende gebeurtenissen, maar afzonderlijk leek elke gebeurtenis ze niet belangrijk. Niemand had het complete overzicht. Door de manier te veranderen waarop verslagen van schoolprestaties, besprekingen en disciplinaire maatregelen worden bijgehouden tijdens het doorlopen van de school en over bureaucratische grenzen heen, kunnen scholen waarschuwingssignalen van potentieel geweld beter herkennen. Om de communicatie te verbeteren kan ook worden overgegaan tot het lesgeven in teams. Verder dient men ervoor te zorgen dat bij de rapportbesprekingen tussen leerkracht en ouders niet alleen over schoolprestaties wordt gesproken maar ook over gedrag.

Zoals eerder opgemerkt kunnen materiële veiligheidsmaatregelen schietpartijen op scholen niet voorkomen. In plaats van geld te steken in metaaldetectoren of andere vormen van beveiliging, is Newman van mening dat scholen veel meer hebben aan beschikbaarheid van professionals uit de geestelijke gezondheidszorg en hulpverlening. Ook pleit zij ervoor dat de scholen speciaal personeel inhuren dat het handhaven van de veiligheid combineert met het verbeteren van de communicatie tussen scholieren en schoolpersoneel.

Om het aantal leerlingen met sociale problemen zo klein mogelijk te houden, adviseert Newman scholen om ervoor te zorgen dat elke leerling wordt gekoppeld aan minstens één volwassene. Als personeel van de school het idee heeft dat een leerling niet echt contact heeft met een van de leerkrachten, coaches of andere personeelsleden, dient de school zich ervoor in te zetten om dat contact tot stand te brengen. Zij wijst erop dat een verscheidenheid aan leerkrachten de leerlingen allerlei rolmodellen biedt om zich aan te spiegelen. Verscheidenheid beperkt zich niet tot etnische aspecten, maar betreft ook interesses, talenten en andere zaken. Bovendien zouden plaatselijke bedrijven, gemeenten en oudergroepen hun steun moeten uitbreiden en niet alleen sportgerelateerde prestaties van leerlingen moeten erkennen. Scholen dienen een breed scala aan activiteiten voor leerlingen te ontplooien.[*]

Leerlingen moeten zich veilig voelen op school. Hoewel pesten op zich geen schietpartijen veroorzaakt, kan alles wat bijdraagt aan de ellende, angst en woede van leerlingen een rol spelen in de toevlucht tot geweld. De schoolleiding dient de veiligheid van leerlingen serieus te nemen, zowel de lichamelijke als de emotionele veiligheid.

Newman adviseert scholen ook om regelmatig het onderwerp schoolschutters in de les te behandelen, om leerlingen eraan te herinneren waarop ze moeten letten en waar ze hun zorgen kunnen melden. Om het systeem van dreigingsdetectie effectief te laten zijn, moeten leerlingen erop kunnen vertrouwen dat wat zij zeggen vertrouwelijk zal worden behandeld. Zij moeten ook weten dat er iets wordt gedaan met hun melding. Als niet aan die voorwaarden wordt voldaan, wordt de kans dat leerlingen melden steeds kleiner.

---

[*] Voetnoot C. de Ruiter: In Nederland bestaat sinds een aantal jaren het concept van de Brede School. Dit komt in grote mate overeen met de aanbevelingen die hier geschetst worden.

In de documenten van de FBI, de Amerikaanse geheime dienst en het ministerie van Onderwijs gaat het niet alleen om een dreigingstaxatie, maar worden ook aanbevelingen gedaan om door middel van het handhaven van een positieve sfeer op school geweld te voorkomen. Scholen kunnen dat op diverse manieren aanpakken, van het creëren van programma's voor leerlingbegeleiding en ondersteuning door medescholieren, tot het scheppen van mogelijkheden voor leerlingen om een actieve rol te spelen in het creëren van een veilige schoolcultuur en het aanbieden van training aan ouders om hen te leren hoe ze tekenen van psychische problemen bij hun kinderen kunnen herkennen.

Er zijn nog meer opties, zoals meditatieprogramma's om conflicten onder leerlingen te verminderen en het doceren van vaardigheden voor conflicthantering. Voorbeelden van dergelijke programma's worden besproken in het boek van dr. Ralph Larkin, *Comprehending Columbine*.[11] Andere initiatieven richten zich op de ontwikkeling van emotionele veerkracht door het aanleren van stressmanagement en/of sociale vaardigheden. Een andere aanpak richt zich op het herstructureren van de klas om positieve relaties tussen leerlingen te versterken en de zelfwaardering van leerlingen te vergroten, een methode die wordt besproken in het boek van dr. Elliot Aronson, *Nobody Left to Hate: Teaching Compassion after Columbine*.[12]

De factoren die bijdragen aan schietpartijen op scholen zijn een complexe mengeling van erfelijkheid, gezinssituatie, persoonlijkheidskenmerken, psychiatrische symptomen en relaties met leeftijdsgenoten. Hoewel dit boek naast plagen en pesten vele factoren heeft benadrukt die jongeren tot geweld kunnen aanzetten, wil ik daarmee niet zeggen dat schoolervaringen irrelevant zijn. Elke gebeurtenis die stress, vernedering, frustratie, depressiviteit of woede opwekt, is olie op het vuur dat reeds vanbinnen brandt. Door het creëren van een positief klimaat onder de scholieren, het verminderen van onderlinge conflicten en pesten, en het nemen van stappen om de sociale verbondenheid van leerlingen te vergroten, kunnen scholen proactief bijdragen aan het voorkomen van schietpartijen op scholen.

Massamoorden in Europa
Corine de Ruiter

[9] Schietpartijen tussen 2000 en 2009

Nog niet zo lang geleden was men er in Europa van overtuigd dat massamoorden en schietpartijen op scholen een 'typisch-Amerikaans' fenomeen waren. Amerika wordt door vele mensen in Europa gezien als een land waar veel meer geweld voorkomt en vuurwapens gemakkelijk te verkrijgen zijn. Voor een deel klopt deze observatie, hoewel er grote verschillen zijn tussen de 50 Amerikaanse staten onderling wat betreft *'gun control'* wetgeving en misdaadcijfers. De massamoord in winkelcentrum De Ridderhof in Alphen aan den Rijn op 9 april 2011 lijkt in Nederland definitief een einde gemaakt te hebben aan het idee dat massamoorden uitsluitend 'Amerikaanse toestanden' vertegenwoordigen.

In dit hoofdstuk wordt ingegaan op schietpartijen op scholen en vergelijkbare massamoorden op andere plaatsen binnen Europa. Eerst wordt een chronologisch overzicht gegeven van de meest recente (vanaf eind jaren '90) Europese schietpartijen. Vervolgens worden uit dit overzicht de incidenten geselecteerd die de meeste overeenkomst vertonen met de schietpartijen die Langman beschreven heeft. Het hoofdstuk eindigt met een bespreking van dit type incidenten in Nederland, waarbij we ook stilstaan bij de vraag hoe wij als maatschappij met deze problematiek zouden kunnen omgaan.

EUROPESE MASSAMOORDEN

Op de website http://en.wikipedia.org/wiki/School_shooting#Europe staan 17 voorbeelden van schietpartijen op scholen. De eerste vond volgens dit overzicht plaats op 20 juni 1913 in Bremen, Duitsland; de meest recente op 26 november 2009 in Pécs, Hongarije. In verband met het schrijven van dit hoofdstuk hebben wij een eigen onderzoek verricht naar schietpartijen op scholen in Europa, en wij ontdekten dat de Wikipedia-site nog een aantal recente incidenten mist, waaronder de aanslag op een school in Veghel, Nederland, in december 1999 en een in Bosnië in april 2002. In Tabel 1 staan de aanslagen vanaf de massamoord in het Schotse plaatsje Dunblane weergegeven.

TABEL 1   CHRONOLOGISCH OVERZICHT VAN SCHOOLSCHUTTERS/
MASSAMOORDENAARS IN EUROPA (2000-2009)[1]

Schotland Dunblane	**13 maart 1996** School: Dunblane Primary School[14] Schutter: Thomas Watt Hamilton[14] leeftijd: 44[14] Aantal dodelijke slachtoffers: 16 kinderen en 1 volwassene[14] Zelfmoord: ja N.B. De dader was geen leerling van de school
Nederland Veghel	**7 december 1999** School: ROC De Leijgraaf Schutter: Ali D. leeftijd: 17[1, 17] Aantal gewonden: 1 leraar + 4 leerlingen[1] Zelfmoord: nee Het pistool was eigendom van de vader van de schutter. Bij de Turkse dader speelde eerwraak thematiek.

Duitsland Branneburg	**maart 2000** School: onbekend Schutter: onbekend leeftijd: 16[1] Aantal dodelijke slachtoffers: 57-jarige leraar[1] Zelfmoord: ja, deed poging, raakte in coma[1]
Zweden	**18 januari 2001** School: onbekend Schutters: namen onbekend leeftijd: 17 & 19[1] Een scholier werd gedood door twee jongens[1]
Duitsland Freising	**19 februari 2002** School: technische school[1] Schutter: voormalig student leeftijd: 20 Aantal dodelijke slachtoffers: 2 werknemers van de fabriek in Eching waar hij werkte en ontslagen was, 1 schoolhoofd van de techni- sche school waar hij in het verleden geschorst was[1] Zelfmoord: ja[1]
Duitsland Erfurt	**26 april 2002** School: Gutenberg-Gymnasium[5] Schutter: Robert Steinhäuser[5] leeftijd: 19[5] Aantal dodelijke slachtoffers: 16 (13 leraren, 2 scholieren, 1 politieagent)[5] Zelfmoord: ja[5] Hij was geschorst van de school.

Bosnië Vlasenica	**29 april 2002** School: Schutter: Dragoslav Petkovic[1] leeftijd: 17[1] Aantal dodelijke slachtoffers: 1 leraar[1] Aantal gewonden: 1 leraar[1] Zelfmoord: ja[1]
Duitsland Coburg	**3 juli 2003** School: Realschule II in Coburg[4] Schutter: Florian Klien[4] leeftijd: 16[4] Aantal dodelijke slachtoffers: 1 (de school psycholoog)[4] Zelfmoord: ja[4]
Nederland Den Haag	**13 januari 2004** School: Terra College Schutter: Murat Demir leeftijd: 17 Aantal dodelijke slachtoffers: 1 leraar, Hans van Wieren[11, 16] Zelfmoord: nee Murat verklaarde later in de rechtbank dat hij "heel boos" was op Van Wieren omdat die hem het leven zuur zou hebben gemaakt en omdat hij dreigde te worden geschorst. Tijdens de rechtszitting werd duidelijk dat Murat vaak stoned of dronken was op school, zonder dat zijn moeder dat wist.[16]

Duitsland
Emsdetten

20 november 2006
School: Geschwister Scholl School[3]
Schutter: Sebastian Bosse aka ResistantX[3]
leeftijd: 18[3]
Aantal dodelijke slachtoffers: 0 Aantal gewonden: 8[3]
Zelfmoord: ja[3]

Finland
Tuusula

7 november 2007
School: Jokela High School
Schutter: Pekka-Eric Auvinen   leeftijd: 18[1]
Aantal dodelijke slachtoffers: 5 jongens, 2 meisjes, 1 schoolhoofd[1]
Zelfmoord: ja[1]

Zwitzerland
Lausanne

8 april 2008 (voorkomen)
School: Beaulieu High School[15]
Schutter: leeftijd: 20[15]
Een 20-jarige man met een vuurwapen en een rugzak met meer munitie wordt omsingeld door de politie en ontwapend terwijl hij in de buurt van de ingang van de school staat[15]

Finland
Kauhajoki

23 september 2008
School: Seinäjoki University of Applied Sciences[1]
Schutter: Matti Juhani Saari   leeftijd: 20[1]
Aantal dodelijke slachtoffers: 10[1]
Zelfmoord: ja[1]

Duitsland	11 maart 2009
Winnenden	School: Albertville Technical High School[1]
	Schutter: Tim Kretschmer leeftijd: 17[1]
	Aantal dodelijke slachtoffers: 16[1]
	Zelfmoord: ja

Denemarken	17 maart 2009 (voorkomen)
Helsingør	School: Rønnebær Alle School[2]
	Schutter: ? leeftijd: 14[2]
	Een jongen chatte over zijn plannen online. Een andere jongen informeerde de politie, die het IP-adres traceerde. De jongen werd gearresteerd, maar er werd geen wapen aangetroffen in zijn huis[2]
	Deze bedreiging kwam binnen een paar dagen na het tragische incident in Duitsland.

Griekenland	10 april 2009
Athene	School: OAED Vocational College[7]
	Schutter: Dimitris Tachmanidis[7]
	leeftijd: 19[7]
	Aantal dodelijke slachtoffers: 1 student, 2 voorbijgangers[7]
	Zelfmoord: ja[7]

Noorwegen	28 april 2009
Harstadt	School: Kanebogen skole[13]
	Schutter: naam ombekend leeftijd: 9[13]
	Een jongen werd beschoten, niemand raakte gewond of werd gedood. De dader gebruikte een vuurwapen en munitie van zijn vader. De jongen zou gepest zijn door een oudere leerling. Dit was het eerste schietincident op een school in Noorwegen.

Hongarije	**26 november 2009**
Pécs	School: University of Pécs[18]
	Schutter: farmacologie student
	leeftijd: 23[18]
	Aantal dodelijke slachtoffers: 1; aantal ge-
	wonden: 3[18]
	De dader kwam de klas binnen en opende het
	vuur met een handvuurwapen.
	Daarna sloeg hij op de vlucht, maar werd bin-
	nen een uur gearresteerd.

BRONNEN

1 http://www.infoplease.com/ipa/A0777958.html
2 http://www.cphpost.dk/news/local/87-local/45081-teen-ager-threatens-school-shooting.html
3 http://en.wikipedia.org/wiki/Emsdetten#Emsdetten_school_shooting
4 http://en.wikipedia.org/wiki/Coburg_shooting
5 http://en.wikipedia.org/wiki/Erfurt_massacre
6 http://news.bbc.co.uk/2/hi/europe/1953425.stm; http://www.wsws.org/articles/2006/nov2006/germ-n22.shtml
7 http://news.bbc.co.uk/2/hi/7993401.stm
8 http://www.nu.nl/algemeen/1269640/dode-bij-steekpar-tij-school-amsterdam-video.html
9 http://www.nu.nl/algemeen/1014769/gewonde-bij-steek-partij-op-rotterdamse-school-video.html
10 http://www.militantislammonitor.org/article/id/420
11 http://www.nu.nl/algemeen/259517/geschorste-leerling-schiet-conrector-neer.html
12 http://www.nu.nl/algemeen/1955513/vu-professor-schrapte-test-voor-schietpartij.html?px_feedsPage=5
13 http://en.wikipedia.org/wiki/Kanebogen_elementary_school_shooting
14 http://wapedia.mobi/en/Dunblane_massacre
15 http://genevalunch.com/2008/04/09/update-suicide-planned-school-shooting-drama-avoided-in-lausanne
16 http://www.hbvl.be/Archief/guid/verdachte-schiet-partij-terra-college-den-haag-verschijnt-voor-rechter.aspx?artikel=816475e1-59d6-4561-9391-e83c3d7edbcc

17 http://weblogs.nrc.nl/onderwijsblog/2009/11/26/ernsti-
ge-schietincidenten-op-school-zijn-te-voorkomen/
18 http://en.wikipedia.org/wiki/University_of_P%C3%A9cs

Globaal gezien komen uit dit overzicht twee typen daders naar voren. Het eerste type is de dader die het gemunt heeft op een specifieke persoon (of personen). Dit type heeft vaak een afwijzing door een specifiek persoon ervaren en de moorddadige actie richt zich ook op deze persoon. Een voorbeeld van dit type dader is de 16-jarige jongen uit het Duitse Branneburg (2000) die op zijn school positief was bevonden bij een cannabis test en mogelijk van school gestuurd zou worden. Hij heeft de betreffende leraar gedood en daarna ook zichzelf verwond. Ook de Nederlandse casus van het Terra College (2004) behoort tot deze eerste categorie. Murat Demir was boos op conrector Hans van Wieren omdat hij mogelijk door hem van school geschorst zou worden. Het geval van Dragoslav Petkovic uit Bosnië is een grensgeval. Hij zou geen voldoende krijgen op school. Hij heeft de betreffende leraar buiten school aangesproken en gevraagd om een kans zijn cijfer te verbeteren, maar werd afgewezen. Petkovic heeft hem toen in het hoofd geschoten. Vervolgens is hij de school ingelopen en heeft een lerares in haar nek geschoten, maar zij heeft het overleefd. Daarna heeft hij zelfmoord gepleegd. Achteraf bleek hij met voorbedachten rade gehandeld te hebben. Hij liet een zelfmoordbrief achter waarin hij vergeving vraagt van zijn moeder, en zijn vader en zijn broers bedankt. Ook gaf hij daarin aan hoe hij begraven wilde worden. Hij sloot de brief af met de woorden "mensen leren van hun fouten".

Het tweede type is het prototype van de schoolschutter: de schutter die zoveel mogelijk doden wil maken. De woede is in dit geval niet louter gericht tegen specifieke personen, maar naar de gehele mensheid of naar een groep mensen waar zij veel mee in aanraking gekomen zijn en waar zij een hekel aan hebben gekregen. Het doel is om zoveel mogelijk mensen te doden/verwonden en uiteindelijk (meestal) zelfmoord te plegen. Deze schutters hebben ervaring met het hanteren van wapens (vuurwapens en soms bommen) en hebben de aanslag meestal voorbereid. Vaak vindt de aanslag plaats op een voor hen betekenisvolle dag. Deze schutters laten vaak brieven, manifesten en/of internetfilmpjes achter waarin zij hun aanslag motiveren. Dit type heeft zich vaak verdiept in bekende 'school shootings' zoals Columbine. Sommigen blijken actief te zijn geweest op speciale chatsites die deze schietpartijen idealiseren. De aanslagen in Duitsland (Freising, Coburg, Erfurt, Emsdetten, Winnenden) en Finland (Tuusula, Kauhajoki) vallen hoofdzakelijk in deze tweede categorie.

De incidenten die in Duitsland plaatsvonden vertonen opvallend veel overeenkomsten met de aanslag in Columbine. De daders waren veelal gekleed in gevechtskleding en hadden gemakkelijk toegang tot vuurwapens. Een aantal van hen gebruikte, net als Eric Harris en Dylan Klebold, bommen. Ook pleegden zij na afloop in veel gevallen zelfmoord.

De eerste Duitse dader van massamoord in Freising (2002) droeg combat kleding, een pistool en twee pijpbommen. Hij doodde twee mensen op zijn voormalige werkplek waar hij recent was ontslagen en ging daarna naar zijn voormalige school waar hij het schoolhoofd neerschoot. Uiteindelijk pleegde hij zelfmoord. De laatste Duitse massamoord op een school vond plaats in Winnenden in Zuid-Duitsland (2009). Tim Kretschmer liep geheel gekleed in een zwart gevechtsuniform de school binnen waar hij leerling was geweest. Zijn cijfers waren niet voldoende, hierdoor kon hij zijn stage niet gaan doen. Enkele dagen voor de aanslag had zijn vriendin het uitgemaakt. Zijn slachtoffers waren voornamelijk vrouwen. Buiten de school heeft hij ook iemand vermoord in een psychiatrische kliniek. Hij heeft een auto gekaapt en de bestuurder gedwongen hem naar Wendlingen te brengen. Daar is hij een Volkswagendealer binnen gegaan en heeft weer geschoten. Toen de politie hem eenmaal verwond had, pleegde hij zelfmoord. De 9 mm Beretta waarmee hij de moorden pleegde was eigendom van zijn vader. Zijn vader was de legale bezitter van 15 vuurwapens en lid van de lokale schietclub. Volgens de rapportage die later in opdracht van het Openbaar Ministerie gemaakt werd, had Kretschmer psychische problemen. Hij zou vijf maal met een therapeut gesproken hebben, onder andere over zijn toenemende woede en zijn gewelddadige neigingen. De therapeut zou dit met zijn ouders gedeeld hebben. Tim Kretschmer lijkt ook depressief geweest te zijn, getuige het feit dat hij drie weken voor de schietpartij een brief aan zijn ouders schreef waarin hij aangaf niet meer verder te kunnen.

Bijzonder aan de twee daders van de aanslagen op scholen in Finland is dat zij contact met elkaar hebben gehad. Bij de eerste aanslag op Jokela High School in Tuusula (2007), gebruikte Pekka-Eric Auvinen een .22 kaliber pistool. Hij doodde acht mensen op zijn school en heeft daarna geprobeerd brand in de school te stichten. Uiteindelijk heeft hij zelfmoord gepleegd. Hij had tijdens het voorbereiden van zijn daad veel contact met Matti Saari, de man die iets minder dan een jaar later (2008) een massmoord pleegde in het Finse Kauhajoki. Op YouTube is een indrukwekkend interview te vinden met de ouders van Pekka-Eric, ongeveer een jaar na de aanslag opgenomen (http://www.youtube.com/watch?v=2Pkylzqyhd 8&feature=related). Zij beschrijven een eenzame jongen die al jaren buitengesloten werd door leeftijdsgenoten, maar ze hadden duidelijk geen idee van hetgeen er in het hoofd van hun zoon omging. Pekka-Eric heeft een manifest op internet gepubliceerd dat laat zien dat hij de maatschappij ziet als een waandenkbeeld ('delusion') en zichzelf als held die dit systeem de oorlog verklaart (zie kader).

YouTube Profile Pekka-Eric Auvinen:

Sturmgeist89
Joined: October 19, 2007
aka NaturalSelector89 (3/15/2007 – 10/19/2007).

YouTube suspended my previous account but I am back now ☺ My new account name is German and means "Stormspirit" in English.
Name: Pekka-Eric Auvinen
Age: 18
Male from Finland.

I am a cynical existentialist, antihuman humanist, antisocial socialdarwinist, realistic idealist and godlike atheist.

SI VIS PACEM, PARA BELLUM! JUSTITIA SUUM CUIQUE DISTRIBUIT! SIC SEMPER TYRANNIS!

I am prepared to fight and die for my cause. I, as a natural selector, will eliminate all who I see unfit, disgraces of human race and failures of natural selection.

You might ask yourselves, why did I do this and what do I want. Well, most of you are too arrogant and closedminded to understand... You will proprably say me that I am "insane", "crazy", "psychopath", "criminal" or crap like that. No, the truth is that I am just an animl, a human, an individual, a dissident.

I have had enough. I don't want to be part of this fucked up society. Like some other wise people have said in the past, human race is not worth fighting for or saving...

only worth killing. But... When my enemies will run and hide in fear when mentioning my name... When the gangsters of the corrupted governments have been shot in the streets... When the rule of idiocracy and the democratic system has been replaced with justice... When intelligent people are finally free and rule the society instead of the idiocratic rule of majority... In that great day of deliverance, you will know what I want.

Long live the revolution... revolution against the system, which enslaves not only the majority of weak-minded masses but also the small minority of strong-minded and intelligent individuals! If we want to live in a different world, we must act. We must rise against the enslaving, corrupted and totalitarian regimes and overthrow the tyrants, gangsters and the rule of idiocracy. I can't alone change much but hopefully my actions will inspire all the intelligent people of the world and start some sort of revolution against the current systems. The system discriminating naturality and justice, is my enemy. The people living in the world of delusion and supporting this system are my enemies.

I am ready to die for a cause I know is right, just and true... even if I would lose or the battle would be only remembered as evil... I will rather fight and die than live a long and unhappy life.

And remember that this is my war, my ideas and my plans. Don't blame anyone else for my actions than myself. Don't blame my parents or my friends. I told nobody about my plans and I always kept them inside my mind only. Don't blame the movies I see, the music I hear, the games I play or the books I read. No, they had nothing to do with this. This is my war: one man war against humanity, governments and weak-minded masses of the world! No mercy for the scum of the earth! HUMANITY IS OVERRATED! It's time to put NATURAL SELECTION & SURVIVAL OF THE FITTEST back on tracks!

Justice renders to everyone his due.
Country: Finland
Occupation: Unemployed Philosopher, Outcast
Companies: Human Race (evolved one step above though)
Interests and Hobbies: Existentialism, Freedom, Truth, Misantrophy, Social / Personality Psychology, Evolution Science, Political Incorrectness, Women, BDSM, Guns (I love you Catherine), Shooting, Computer Games, Sarcasm, Irony, Mass / Serial Killers, Macabre Art, Black Comedy, Absurdism
Movies and Shows: The Matrix, A View To A Kill, Falling Down, Natural Born Killers, Reservoir Dogs, Last Man Standing, Full Metal Jacket, Dr. Butcher MD (aka Zombie Holocaust), Saw 1-3, Lord Of War, The Deer Hunter, True Romance, The Untouchables, 28 Days Later, 28 Weeks Later, Idiocracy, They Live, Apocalypse Now, End Of Days, The Shining, The Dead Zone, Dr. Strangelove, House MD (TV), Monty Python, TV Documentaries Relating To History
Music: KMFDM, Rammstein, Eisbrecher, Nine Inch Nails, Grendel, Impaled Nazarene, Macabre, Deathstars, The Prodigy, Combichrist, Godsmack, Slayer, Children Of Bodom, Alice Cooper, Sturmgeist, Suicide Commando, Hatebreed, Suffocation, Terrorizer
Books: Fahrenheit 451 (Bradbury), 1984 (Orwell), Brave New World (Huxley), The Republic (Plato), all works of Nietzsche "

Opvallend zijn de gelijkenissen met de daders van Columbine, zoals het idee bij te dragen aan natuurlijke selectie en deel te nemen aan een oorlog tegen de mensheid.[2] Er staan foto's van hem op internet in een zwart T-shirt met in witte letters "Humanity is Overrated". Op Dylan Klebold's T-shirt stond "Wrath" en op dat van Eric Harris "Natural Selection."

De tweede Finse schoolschutter Matti Saari zette video's van zichzelf schietend met zijn pistolen online. Aan het einde van een video wendt hij zich naar de camera en zegt op gedecideerde toon: "You will die next", waarna hij 4 kogels afvuurt. De lokale politie ondervroeg hem kort voor de aanslag over de videobeelden, maar vond niet genoeg reden om zijn wapenvergunning in te trekken. Dit was een week voor de massamoord. Matti Saari had een voorgeschiedenis van geweld: in 2006 was hij ontslagen uit het Finse leger wegens het tegen de orders in schieten tijdens een oefening in de bossen.

De modus operandi van Matti Saari tijdens de moorden vertoont opvallende gelijkenis met die van Pekka-Eric Auvinen een jaar eerder. Hij opent het vuur op een groep studenten die examen aan het doen zijn.[3] Volgens drie studenten die uit het examenlokaal wisten te vluchten, schoot hij elk slachtoffer individueel dood, als ware het een executie. Hij leek er genoegen aan te beleven en gedroeg zich zeer agressief. Hij bedekte het klaslokaal vervolgens met een brandbare vloeistof, waarschijnlijk benzine, en zette het lokaal in brand. Hij schoot de ramen van de school kapot vanuit de centrale gang die door de school liep. Later stichtte hij ook nog op andere plaatsen in de school brand. Alle scholieren die het leven lieten waren klasgenoten van Matti. Het incident begon rond 10.40 uur in de ochtend; om 12.30 uur wordt Matti door de politie gevonden met een schotwond aan zijn hoofd. Hij overlijdt later in het ziekenhuis aan zijn verwondingen.

Matti Saari liet twee handgeschreven brieven achter in zijn studentenflat, waarin hij zijn motief uit de doeken deed:

"I hate the human race." Hij schreef ook: "The solution is Walther 22", een verwijzing naar het vuurwapen dat hij gebruikte voor de aanslag. De brieven maakten ook duidelijk dat hij al 6 jaar bezig was met het plannen van de massamoord. Beide Finse schutters hadden foto's van zichzelf gemaakt in vergelijkbare poses. Beiden maakten ook deel uit van een groep mensen die actief was op YouTube en de Finse sociale netwerksite IRC-Galleria, die een interesse deelden in massamoorden op scholen. Deze internet *community*, met leden uit Finland, Duitsland en de Verenigde Staten, wisselde video's van schietpartijen op scholen uit.

Tenslotte is het interessant om de serie Europese massamoorden uit Tabel 1 te bezien in relatie tot het *copycat* effect, dat verwijst naar de idee dat veel media-aandacht voor een bepaald geweldsincident leidt tot meer van hetzelfde type gewelddaden door imitatie. Het is opvallend dat de twee Duitse incidenten in het voorjaar van 2002 (Freising en Erfurt) maar iets meer dan twee maanden na elkaar plaatsvinden. Vooral de aanslag in Erfurt krijgt veel media-aandacht. Drie dagen daarna pleegt Dragoslav Petkovic zijn aanslag in Bosnië met het vuurwapen van zijn vader. Op het internet is geen informatie te vinden dat Petkovic uitlatingen heeft gedaan dat hij Erfurt ging "kopiëren" of iets dergelijks, maar het kan hem natuurlijk wel over de spreekwoordelijke drempel getrokken hebben.

Over de Europese daders van massamoorden is veel minder informatie beschikbaar dan over de Amerikaanse daders die Langman in zijn boek beschrijft. Amerikaanse journalisten lijken veel actiever op zoek te gaan naar "de mens achter de massamoord"; ze bevragen vrienden en familieleden over de persoon van de dader; reconstrueren de aanloop naar de aanslag. Ook de Amerikaanse overheid is veel transparanter dan de Duitse en de Finse wat betreft het verstrekken van informatie aan het algemene publiek over wat er misging in een aantal van deze gevallen. Zo heeft de staat Virginia, waar de

aanslag op de Virginia Tech University in april 2007 plaatsvond, bijvoorbeeld een analyse van de psychiatrische voorgeschiedenis en behandeling van de dader laten maken om daaruit lessen voor de toekomst te trekken.[4] Door het ontbreken
van gedetailleerde informatie uit betrouwbare bronnen is het
niet mogelijk om voor de Europese schoolschutters uit Tabel
1 een indeling te maken volgens de drie typen die Langman
onderscheidt: psychotisch, psychopathisch en getraumatiseerd.

NEDERLAND

De aanslag op het Terra College in 2004, waarbij conrector
Hans van Wieren om het leven kwam, heeft veel media-aandacht gekregen. Formeel valt deze gebeurtenis echter niet in
de categorie massamoord op scholen, waarover dit boek gaat.
Hetzelfde geldt voor de aanslag op de school in Veghel in 1999.
Wat wel opvallend is, is de golf van geweld op scholen die na
de aanslag op het Terra College lijkt te hebben plaatsgevonden
(zie Tabel 2).

TABEL 2   GEWELDSGOLF OP SCHOLEN BEGIN 2004[5]

Murat D. schoot de conrector neer. In de weken daarna volgde
een golf van geweld op scholen:

✳ 14 januari, Rotterdam: "Alle leraars dood" op de school-
muur.

✳ 15 januari, Terra College, Den Haag:

"Enkele tientallen jongeren hebben vanochtend voor het
Haagse Terra College hun sympathie betuigd met Murat D.,
de leerling die dinsdagmiddag leraar Hans van Wieren dood-

schoot. Volgens een politiewoordvoerder probeerden circa dertig jongeren rond 10.30 uur vanochtend een plakkaat op te hangen, dat door de politie is weggehaald. Op het plakkaat stond de tekst 'Murat we love you' met daaronder 'Matties 4 life' (vrienden voor altijd) en zo'n twintig namen. Volgens een van de betrokken meisjes wilden ze het plakkaat op de auto van een medewerker van school leggen."
(NRC 15 januari 2004)

* 15 januari, Almere: twee jongens bedreigen leraar.

* 15 januari, Amsterdam: meisje bedreigt docent met de dood.

* 16 januari, Amsterdam: Vijf leerlingen bedreigen leraren, o.a. met kogelbrief.

* 17 januari, Nijmegen: drie leerlingen m/v bedreigen leerlingen en docent.

* 18 januari, Zevenaar: Leerling bedreigt agenten.

* 22 januari, Zaandam: Jongen wil leraren neerschieten en heeft vuurwapen in huis.

* 23 januari, Wassenaar: jongen van acht heeft revolver en kogels bij zich.

* 23 januari, Leerdam: website om op de leraren te schelden.

* 30 januari, Rotterdam: jongens zwaaien met neppistool.

* 01 februari, Groningen: jongen bedreigt leerlingen met alarmpistool.

* 03 februari, Haarlem: jongen slaat politieagenten.

* 10 februari, Emmen: jongen, 14 jaar, heeft pistool op zak.

* 16 februari, Leeuwarden: jongen bedreigt directeur met de dood.

* 20 februari, Alphen a/d Rijn: jongen aangetroffen met nep-pistool, vijf messen en wapenstok.

Nederland is tot nu toe gelukkig een massamoord op een school bespaard gebleven. De 'spree killing' op 9 april 2011 in winkelcentrum De Ridderhof in Alphen aan den Rijn past echter in meerdere opzichten in de rij van Tabel 1, zoals we hierna zullen beschrijven.

Massamoorden in winkelcentra zijn vaker voorgekomen. In de Verenigde Staten vindt op 30 oktober 1985 een massamoord plaats in Springfield Mall[6], ongeveer 16 km ten zuidwesten van Philadelphia in de staat Pennsylvania. De dader was Sylvia Seegrist, een 25-jarige vrouw die leed aan paranoïde schizofrenie. Zij doodde drie personen en verwondde zeven anderen, waarna ze werd overmeesterd door andere winkelende mensen. Een recentere massamoord vond plaats in de Westroads Mall in Omaha in de staat Nebraska op woensdag 5 december 2007. De 19-jarige Robert Hawkins doodde 9 mensen (inclusief zichzelf) en verwondde er twee. Een uur voor de aanslag gaf zijn moeder een afscheidsbrief aan de lokale politie waarin stond: "*I just want to take a few peices [sic] of shit with me... just think tho [sic], I'm gonna be fuckin [sic] famous.*" Het semi-automatische wapen waarmee hij de aanslag pleegde had hij gestolen van zijn stiefvader. Robert had al vanaf zijn zesde jaar last van serieuze psychische klachten. In de loop der tijd kreeg hij verschillende diagnoses: aandachtstekortstoornis met hyperactiviteit (ADHD), oppositioneel-opstandige gedragsstoornis, en stemmingsstoornis. De dag na zijn 14de verjaardag bedreigde hij zijn stiefmoeder (zijn ouders waren gescheiden) met een bijl. Vier maanden later werd hij onder voogdij van de staat Nebraska geplaatst, wat in totaal 4 jaar zou duren. Hij werd diverse keren opgenomen in een psychiatrische kliniek en maakte de middelbare school niet af. Debora Maruca-Kovac, de eigenaar van het huis waar Hawkins ten tijde van de aanslag woonde, beschreef hem als "troubled". Ze vertelde dat hij depressief was omdat hij onlangs ontslagen was van zijn baan bij McDonald's en ook was de relatie met zijn vriendin twee weken daarvoor uitgegaan. Hawkins had op 24 november 2007 een boete gekregen voor overtreding van de alcoholwet. Daarvoor zou hij op 19 december voor de rechter moeten verschijnen.

Op 31 december 2009 pleegt de 43-jarige Ibrahim Shku-polli, een Kosovaarse immigrant een aanslag in de Sello Mall in Espoo, Finland. Bij deze daad lijkt relatieproblematiek een belangrijke rol gespeeld te hebben. Shkupolli doodde namelijk als eerste zijn 42-jarige ex-vriendin in haar appartement. Eerder had hij een contactverbod gekregen omdat hij gedreigd had haar te zullen doden. De nieuwe vriend van zijn ex werkte in de Sello Mall. Shkupolli doodde vier personen in het winkelcentrum met een gestolen handvuurwapen, waarbij hij specifieke personen als doelwit had. Later die dag werd hij in een bijna lege flat dood aangetroffen nadat hij zelfmoord had gepleegd. Shkupolli had al veroordelingen voor verboden wapenbezit en mishandeling op zijn naam staan (2004 en 2007). Omdat ook de vier personen die hij in het winkelcentrum doodde een bewust doelwit waren, kan deze massamoord niet geschaard worden onder de categorie "spree killings", maar de tragedie is er uiteraard niet minder om.

Terug naar zaterdag 9 april 2011. Op deze zonovergoten voorjaarsdag trok de 24-jarige Tristan van der Vlis lopend en schietend door het Alphense winkelcentrum. Er vielen zeven doden (inclusief Tristan die zelfmoord pleegde) en 17 gewonden. Tristan gebruikte zijn eigen arsenaal aan wapens, waaronder een semi-automatisch enkelloopsgeweer en twee handvuurwapens.[7] In de auto van de schutter werd een briefje gevonden waarin stond dat er explosieven in drie andere Alphense winkelcentra zouden liggen, waarop de autoriteiten besloten ook deze winkelcentra in de stad te ontruimen. Ooggetuigen beschrijven Tristan als een blonde man met "dode ogen". Hij droeg tijdens de schietpartij een bomberjack, camouflagebroek en een kogelwerend vest.

PSYCHISCHE PROBLEMEN VAN TRISTAN

Al snel na de aanslag werd duidelijk dat Tristan een psychiatrische voorgeschiedenis had. In 2006 was hij 10 dagen gedwongen opgenomen geweest in een psychiatrische kliniek in verband met een zelfmoordpoging. Ook in 2008 zou hij twee zelfmoordpogingen gedaan hebben. Hij was lid van een schietvereniging, net als zijn vader, en in bezit van een vergunning voor 5 vuurwapens. Het Openbaar Ministerie (OM) liet een zogenaamde psychologische autopsie verrichten door het Nederlands Instituut voor Forensische Psychiatrie en Psychologie (NIFP). De resultaten hiervan werden op 11 juli 2011 naar buiten gebracht door het OM op een persconferentie. Het NIFP rapport zelf werd echter niet vrijgegeven 'uit privacy-overwegingen'. Op de website van het NIFP staat slechts een A4-tje met enkele opmerkingen over de werkwijze bij deze post mortem analyse.[8] De belangrijkste van de inhoudelijke opmerkingen staan in onderstaand kader.

Uit dit onderzoek kwam naar voren dat de schizofrene stoornis van Tristan Van der V. van doorslaggevende betekenis is geweest voor het tot stand komen van het incident. Gebleken is dat de ouders ernstig bezorgd waren over de psychiatrische ziekte en het disfunctioneren van hun zoon, hoewel hij een façade van gezondheid in stand hield. Tristan van der V. gebruikte geen medicijnen meer. Hij zag uiteindelijk door zijn, met de schizofrenie samenhangende, psychotische overtuigingen geen andere uitweg dan zich te suïcideren, nadat hij God gestraft had door zijn schepselen om te brengen. De (schijnbare) verbeteringen in zijn stemming en gedrag in de periode voorafgaand aan het drama kunnen gezien worden als gevolg van het besluit om zijn al langer bestaande suïcidale en homicidale ideeën ten uitvoer te brengen.

De analyse is gebaseerd op het uitgebreide dossier, op video- en geluidsfragmenten en op uitvoerige gesprekken met familie en personen uit de directe omgeving van Tristan van der V. Met de ouders worden de bevindingen uitgebreid doorgenomen. Voor de analyse zijn gangbare psychiatrische en psychologische onderzoeksmethodes gebruikt. De relevante literatuur over zelfdoding in combinatie met doding is bestudeerd. Er was uitgebreid multidisciplinair overleg. Er was voldoende basis voor een onderbouwd en genuanceerd onderzoeksrapport. Bij Tristan van der V. kon retrospectief een psychiatrische stoornis worden vastgesteld.

Bron: www.nifp.net

Op 6 september 2011 besloot de rechtbank te Den Haag dat het OM het NIFP rapport ook niet hoeft vrij te geven omdat dit volgens advocaat Knoester van belang zou zijn in de strafzaak van zijn cliënt, de jongeman die wordt vervolgd omdat hij van de plannen van Tristan van der Vlis zou hebben geweten. Knoester wilde het rapport hebben, omdat het zou kunnen aantonen dat de verdachte de dreigementen van Tristan terecht niet serieus nam en dus terecht niet naar de politie stapte.[9]

Op de persconferentie van 11 juli gaf hoofdofficier van justitie Kitty Nooy nog iets meer details over de psychotische belevingen van Tristan.[10] Zij vertelde dat hij op 14-jarige leeftijd de stem van God begon te horen en hij steeds werd aangetikt. Hij werd volgens zichzelf 'paranormaal onderzoeker'. Hij schrijft dat hij veel gebeden heeft, maar dat nooit enig gebed verhoord werd. Tristan had last van depressie en paranoïde schizofrenie, en stelt God aansprakelijk voor zijn lijden en voor het leed in de wereld. Hij schrijft een nieuwe Bijbel die hij "Het Tegenwoord" noemt. Tristan ontwikkelt een sterke interesse in het occulte en is ervan overtuigd dat hij kan praten met geesten. Hiervoor heeft hij een speciale recorder, de "EVP-speler". Hij hoorde stemmen van overleden mensen, ook van specifieke mensen. Hij geeft aan last van deze stemmen te hebben. Verder is hij geobsedeerd met wapens en zogenoemde "spree killings". Hij zoekt urenlang naar informatie over deze massamoorden op internet, vooral de schietpartij op Columbine heeft zijn speciale belangstelling. In maart 2011 neemt de stress in zijn leven toe. Tristan verliest zijn baan bij een distributiebedrijf en zijn EVP-speler. Ook heeft hij een chronisch slaaptekort en raakt hij uitgeput. Hij liet zich steeds woedender uit over God. Hij twijfelt over zijn diagnose schizofrenie, en ziet de geesten steeds meer als de waarheid. Om God te straffen wilde hij zijn schepselen pijn doen. Zo bereidde hij de schietpartij van 9 april voor, als ware het zijn ultieme daad van haat tegen God.

Toch is deze summiere informatie uit de persconferentie in meerdere opzichten onbevredigend. Veel vragen, die mede door berichtgeving in de media werden opgeworpen, blijven onbeantwoord. Wat was bijvoorbeeld de rol van drugs? Dagblad Spits rapporteerde dat Tristan volgens buurtbewoners veel blowde:. "Ja, altijd. Toen 'ie klein was al in de kelderbox, maar toen hij ouder was deed hij het nog steeds veel, in z'n auto bijvoorbeeld. De galerij in de flat stonk er ook naar."[11] Andere bronnen melden dat Tristan geïsoleerd leefde, geen echte vrienden had en veel "one person shooter" videospellen, zoals Call of Duty Modern Warfare 2 Airport Massacre, speelde.[12] Hij woonde nog bij zijn vader. Had zijn vader weet van Tristans drugsgebruik, zijn fascinatie voor wapens en "spree killings" en de uren die hij doorbracht met het spelen van gewelddadige videospellen? De ouders blijken hun zorgen over Tristans ziektebeeld en zijn wapenbezit wel gedeeld te hebben met zijn psychiatrische behandelaar bij GGZ Rijnstreek.[13] Zij zijn met hun zorgen niet naar de politie gegaan omdat zij de band met hun zoon niet opnieuw wilden verstoren, zoals dat na de gedwongen psychiatrische opname in 2006 was gebeurd. Wat hebben de GGZ behandelaars met deze informatie van de ouders, en met alle andere informatie die zij vanuit hun contact met Tristan tot hun beschikking hadden, gedaan? Het psychiatrisch dossier van Tristan werd door GGZ Rijnstreek niet afgegeven aan justitie en evenmin aan het NIFP. De GGZ instelling beroept zich op het medisch beroepsgeheim. Dat de GGZ het dossier van Tristan niet vrij wilde geven is des te vreemder omdat de ouders van Tristan daarvoor toestemming hebben gegeven. Het NIFP rapport is onvolledig doordat de belangrijkste informatie, namelijk die van Tristans directe behandelaars, niet is meegenomen. Als deze situatie zo blijft zal dat evenzeer gelden voor alle andere rapporten die nog over de Alphense schietpartij zullen verschijnen.

In het tv-programma "Altijd Wat" gaf burgemeester Bas Eenhoorn van Alphen aan den Rijn in augustus 2011 aan dat deze situatie voor de slachtoffers onbevredigend is: "Ik ga me er hard voor maken dat we die wel openbaar maken. De ouders van Tristan hebben geen bezwaar. De slachtoffers willen achtergronden weten, dat is heel belangrijk voor de rouwverwerking." Eenhoorn zei zich bewust te zijn van de beperkingen van het medisch beroepsgeheim, maar voegde daar wel aan toe dat het niet absoluut is: "Als de psychiater op de hoogte is geweest dat Tristan wapens had en ook een psychose, wat heeft hij daar dan mee gedaan? Niet om te zwartepieten, maar om er iets van te leren." Artsen kunnen in hun werk te maken krijgen met een conflict van plichten. Als ze bijvoorbeeld ontdekken dat hun patiënt van plan is een misdaad te plegen mogen ze hun medisch beroepsgeheim doorbreken.

In de Verenigde Staten heeft de beroemde Tarasoff case (1974, 1976)[14] geleid tot een zogenaamde Duty to Warn doctrine voor psychologen en psychiaters. Waarover ging de Tarasoff case? Prosenjit Poddar, een immigrant uit India, ontmoette Tatiana Tarasoff op de Universiteit van California in Berkeley op een dansfeest eind jaren '60. Poddar werd erg verliefd op haar. Op Oudejaarsavond kusten zij elkaar kort, en Poddar interpreteerde dit als een teken dat ze verloofd waren. Tatiana was niet geïnteresseerd in een relatie met hem. Poddar ontwikkelde een erotomane waanstoornis.[15] Bij deze psychische aandoening beeldt iemand zich in dat een ander verliefd op hem of haar is, romantische gevoelens koestert of openstaat voor romantische toenadering, terwijl daarvan in werkelijkheid geen sprake is. De aandoening wordt traditioneel ook wel het syndroom van De Clérambault genoemd.

In de zomer van 1969 zoekt Poddar hulp bij een psychiatrische polikliniek van een ziekenhuis in Berkeley. De behandelend psychiater diagnosticeert paranoïde schizofrenie, en schrijft antipsychotische medicatie voor. Hij verwijst Poddar naar een psycholoog, Dr. Lawrence Moore, voor begeleiding. Ondanks de gesprekken met de psycholoog blijft Poddar ervan overtuigd dat Tatiana op een dag van hem zal houden. Om dat aan te tonen koopt hij een handvuurwapen waarmee hij een levensbedreigende situatie in scene wil zetten, waaruit hij zijn geliefde dan zal redden. Toen Dr. Moore dit van Poddar hoorde vertelde hij de laatste dat hij stappen zou gaan ondernemen om Poddar tegen te houden, waarna Poddar woedend de spreekkamer verliet.

Dr. Moore besprak de dreiging met zijn collega's en informeerde de politie op de universiteitscampus dat Poddar labiel was en dreigde een meisje te vermoorden. Politieagenten ondervroegen Poddar maar vonden dat hij rationeel overkwam. Hij beloofde hen uit de buurt van het meisje weg te blijven.

In oktober bereikten Poddar's waandenkbeelden een hoogtepunt en hij ging naar Tatiana's huis met een mes en een vuurwapen. Ze rende weg, hij schoot haar neer, en stak haar vervolgens 14 keer met het mes. Poddar ging zelf naar de politie. Tatiana's familie begon een civiele rechtszaak tegen de Universiteit van California wegens nalatigheid. In 1974 wees het Hooggerechtshof van de staat California een vonnis dat ondanks de geheimhoudingsplicht tussen patiënt en psychotherapeut er een waarschuwingsplicht bestaat als de therapeut signalen heeft dat zo'n waarschuwing essentieel is om een gevaar af te wenden dat voortvloeit uit de psychische conditie van de patiënt.

Psychologen kunnen natuurlijk niet in de toekomst kijken en met absolute zekerheid voorspellen of iemand een gevaar vormt voor anderen. Maar ze kunnen wel een weloverwogen taxatie voor toekomstig gewelddadig gedrag verrichten, en een risicobeheersingsplan opstellen, zodat de kans op daadwerkelijk geweld aanzienlijk vermindert. Er zijn diverse gestructureerde instrumenten voor risicotaxatie in het Nederlands voorhanden.[16] Binnen de forensische psychiatrie zijn die inmiddels gemeengoed geworden. Het wordt tijd dat men ook in de (niet-forensische) algemene psychiatrie in Nederland gaat onderkennen dat sommige psychiatrische patiënten een gevaar voor anderen en/of voor zichzelf kunnen vormen, en dat risicopreventie een integraal onderdeel van goede psychiatrische behandeling is. Ik wil hiermee niet beweren dat alle gewelddadige incidenten te voorzien en te voorkomen zijn, en al helemaal niet dat alle psychiatrische patiënten potentieel gewelddadig zijn. Maar de ogen en oren sluiten voor de wetenschappelijke kennis over de relatie tussen psychische stoornissen en geweld (waaronder paranoïde schizofrenie) en de instrumenten die kunnen helpen bij het onderbouwen van professionele besluitvorming in het individuele geval, zou na "Alphen" toch verleden tijd moeten zijn in de algemene GGZ in Nederland.

DE WAPENVERGUNNING

Op diezelfde 11de juli 2011 gaf de politie uitleg over het Rijksrecherche-onderzoek naar het verlenen van de wapenvergunning aan Tristan. Uit dit onderzoek is gebleken dat in 2008, bij het verlenen van de wapenvergunning aan Tristan, de informatie over zijn psychiatrisch verleden niet betrokken is bij de beoordeling van de verlofaanvraag. Het document waarin melding werd gemaakt van zijn gedwongen opname in de psychiatrische kliniek (waarbij overigens politie betrokken was geweest) had de medewerker die de verlofaanvraag had beoordeeld niet tot zijn beschikking gehad. Politie-commissaris Stikvoort verklaarde op 11 juli 2011 dat het hem speet dat dit zo gelopen was, maar verbond daar verder geen conclusies aan. De Onderzoeksraad voor Veiligheid deed onderzoek naar de manier waarop het wapenbezit in Nederland is geregeld.[17] De raad doet dat op verzoek van minister van Veiligheid en Justitie Ivo Opstelten. Die wil weten of het systeem rondom de schietpartij in Alphen aan den Rijn voldoende heeft gefunctioneerd. Om in Nederland een wapenvergunning te krijgen moet de aanvrager nu minimaal een jaar lid zijn van een schietvereniging. Ook mogen ze al acht of vier jaar – afhankelijk van het delict – geen strafblad hebben en moet de aanvrager geestelijk stabiel zijn. Voor dat laatste zijn echter geen criteria of richtlijnen aanwezig. In principe beoordeelt de politieambtenaar die de wapenvergunning afgeeft op basis van een gesprek met de aanvrager of deze psychisch stabiel is. In Nederland hebben ongeveer 28.000 leden van schietverenigingen een vergunning voor één of meer wapens.[18]

Op 29 september 2011 verscheen het rapport 'Wapenbezit door sportschutters' van de Onderzoeksraad.[19] Vooral de analyse van de verlening van het wapenverlof aan Tristan van der Vlis in hoofdstuk 3 van het rapport maakt duidelijk dat allerlei verschillende personen in zijn omgeving op de hoogte waren van óf zijn psychische problemen óf zijn wapenvergunning. Maar weinig mensen, maar in elk geval Tristan's ouders, wisten van beide af. Zij blijken herhaaldelijk bij zijn behandelaars van de GGZ-instelling hun zorgen over zijn wapens te hebben geuit (bijvoorbeeld toen hij had aangegeven een wapenvergunning te willen aanvragen), maar de behandelaars hebben niets met deze informatie gedaan omdat zij hun beroepsgeheim niet wilden schenden. Ook blijken de ouders de schietvereniging te hebben ingelicht over Tristans psychische problemen, maar deze beweert niet geweten te hebben dat Tristan opgenomen was geweest in een psychiatrisch ziekenhuis. De Onderzoeksraad trekt in hoofdstuk 4 een aantal harde lessen uit de analyse van de casus Tristan:

1. Informatie die over een (beoogd) wapenbezitter bekend is en die mogelijk relevant is voor het inschatten van het misbruikrisico, is niet altijd beschikbaar voor de politie of schietvereniging, de partijen die het misbruikrisico moeten beoordelen;

2. Zelfs als relevante informatie bij hen bekend is, is deze niet altijd bruikbaar om de juiste maatregelen te nemen om het misbruikrisico te beheersen;
3. Het leervermogen van de partijen in het stelsel is onvoldoende gewaarborgd.

De Raad komt op basis van haar analyse met een groot aantal aanbevelingen voor verbetering. Het is nu aan de Minister van Veiligheid en Justitie om deze aanbevelingen in concrete veranderingen om te zetten. In een opiniestuk dat op 30 september verscheen op www.volkskrant.nl hebben Corine de Ruiter en Peter Derks de aanbevelingen al concreter uitgewerkt.[20] Zij stellen een 'Verklaring van Geen Bezwaar' voor, waarmee men in Duitsland al ervaring heeft. Deze verklaring wordt afgegeven door een onafhankelijke professional. Er moet een protocol komen waarin staat onder welke voorwaarden deze verklaring al dan niet afgegeven mag worden. Gebruikers van bepaalde medicatiegroepen worden uitgesloten alsmede personen met bepaalde psychiatrische ziekten. De verklaring moet niet tijdsgebonden zijn zodat deze op elk moment herroepen kan worden. Psychische klachten en gebruik van medicatie kunnen immers altijd op korte termijn wijzigen. De nieuwe Verklaring van Geen Bezwaar moet minimaal jaarlijks alsook bij ieder bezoek aan de huisarts 'oplichten' in diens registratiesysteem. De schutter dient goed gemarkeerd te worden. Bij optreden van problematiek die onder de regelgeving valt, moet een automatisch signaal gaan van de huisarts of andere behandelaar richting de gemeente (B&W) die vervolgens gepaste actie onderneemt richting de schutter en zijn vereniging.

Een speciale rol is weggelegd voor professionals in de geestelijke gezondheidszorg. Zij zouden veel systematischer risico's op gewelddadig gedrag bij hun patiënten moeten taxeren en indien nodig preventieve maatregelen nemen. Het rapport van de Inspectie voor de Gezondheidszorg[21] dat ook op 29 september 2011 verscheen laat zich kritisch uit over het feit dat uit het GGZ-dossier van Tristan niet blijkt dat er voldoende aandacht is besteed aan het risico van suïcide en het risico voor derden, als gevolg van eventueel vuurwapenbezit van Tristan. Kennis over risicofactoren voor geweld ontbreekt vaak en veel behandelaars zien het niet als hun taak om hierover met hun patiënten in gesprek te gaan. De GGZ zal zich ook dienen te bezinnen op haar geheimhoudingsplicht. Er kunnen uitzonderingen nodig zijn op die geheimhouding, wanneer de hulpverlener weet krijgt van het ontstaan van gevaar voor derden door toedoen van de patiënt.

BESLUIT

Een van de reacties die ik regelmatig ontvang van belangenorganisaties voor psychiatrische patiënten is dat men vindt dat door het leggen van een relatie tussen psychose en geweld een grote groep patiënten gestigmatiseerd wordt. Ik ben het hier niet mee eens. Het is een feit dat mensen die lijden aan een psychose tot geweldsdelicten kunnen komen; 25% van de mensen in TBS-klinieken heeft een psychotische stoornis. Door dit niet te onderkennen en te proberen deze gewelddaden te voorkomen door goede zorg te bieden, wordt stigmatisering juist in de hand gewerkt.

De meeste mensen met een psychose vormen geen gevaar voor anderen. Er is echter een kleine subgroep waarbij hun psychotische symptomen, in samenhang met andere risicofactoren zoals middelenmisbruik en een fascinatie met wapens, kunnen leiden tot serieuze geweldsdelicten. Als we deze gewelddaden kunnen voorkomen door betere procedures voor het verlenen van een wapenvergunning, vind ik dat we dat moeten proberen. Want je neerleggen bij de constatering dat 'dit soort dingen nu eenmaal kunnen gebeuren', is de gemakkelijkste weg, en doet geen recht aan de trauma's van de nabestaanden en de gewonden van de schietpartij in Alphen aan den Rijn en op al die andere plaatsen in Europa waar het afgelopen decennium onschuldige slachtoffers vielen.

Noten

HOOFDSTUK 1

De documenten van het Jefferson County Sheriff's Office zijn te bestellen via de website van die organisatie: www.co.jefferson.co.us/sheriff/.

1. Cybelle Fox, Wendy D. Roth en Katherine Newman, 'A Deadly Partnership: Lethal Violence in an Arkansas Middle School'. In National Research Council, red., *Deadly Lessons: Understanding Lethal School Violence*, pp. 101-131 (Washington, DC: National Academies Press, 2003), p. 114.
2. Jefferson County Sheriff's Office, *Columbine Documents*, pp. 26.317, 26.232, 26.325, 26.331.
3. Jefferson County, *Eric Harris's Diversion Documents*.
4. Loren Coleman, *The Copycat Effect: How the Media and Popular Culture Trigger the Mayhem in Tomorrow's Headlines* (New York: Simon & Schuster, 2004), p. 168.
5. Joseph Lieberman, *The Shooting Game: The Making of School Shooters* (Santa Ana, CA: Seven Locks Press, 2006), p. 225.
6. Jefferson County, *Columbine Documents*, p. 16.418.
7. Ibid., pp. 483, 1.069-1.070, 1.090, 1.140, 2.038, 2.476, 5.036, 5.707, 5.931, 6.281, 7.068, 7.260, 7.380, 8.888, 8.892, 8.897.
8. Ibid., pp. 247, 483, 1.069-70, 1.074, 1.090, 1.246, 1.593, 2.038, 2.476, 2.522, 6.001-2, 7.068, 7.31 2, 7.380, 8.897, 10.286, 23.450, 25.053. Zie ook Ralph Larkin, *Comprehending Columbine* (Philadelphia: Temple University Press, 2007), pp. 92-93.
9. Jefferson County, *Columbine Documents*, pp. 1.069, 1.663-4, 2.813, 3.788, 3.907, 4.650, 5.036, 5.647, 5.995, 6.271, 6.545, 10.509, 24.407.
10. Nadat ik mijn typologie voor schoolschutters had ontwikkeld, kwam ik een soortgelijke typologie voor gewelddadige jongeren tegen in het werk van Cornell en Sheras. Hoewel ik mij richtte op schoolschutters en Cornell en Sheras zich richtten op gewelddadige jongeren in het algemeen, is het interessant om de overeenkomst tussen beide modellen te zien. Zie Dewey Cornell en Peter Sheras, *Guidelines for Responding to Student Threats of Violence* (New York: Sopris West, 2006).

HOOFDSTUK 2

Het handgeschreven dagboek van Eric werd na de aanslag gevonden. De citaten uit het dagboek zijn mijn transcripties. De documenten van het Jefferson County Sheriff's Office zijn te bestellen via de website van die organisatie: www.co.jefferson.co.us/sheriff/.

1.   Robert Hare, *Without Conscience: The Disturbing World of the Psychopaths among Us* (New York: Guilford Press, 1999). In het Nederlands vertaald: R. Hare, *Gewetenloos: De wereld van de psychopaat*. Uitgeverij Elmar, 2003.

2.   Deze verhandeling over psychopaten is gebaseerd op een aantal bronnen, met als belangrijkste een hoofdstuk door Theodore Millon en Roger Davis getiteld 'Ten Subtypes of Psychopathy' en het boek van Robert Hare *Without Conscience: The Disturbing World of the Psychopaths among Us.*

3.   Nadya Labi, 'The Hunter and the Choirboy', *Time Magazine*, 6 april 1998; www.time.com/time/magazine/printout/0,8816,988083,00.html.

4.   Cybelle Fox, Wendy D. Roth en Katherine Newman. 'A Deadly Partnership: Lethal Violence in an Arkansas Middle School'. In National Research Council, red., *Deadly Lessons: Understanding Lethal School Violence*, pp. 101-131. (Washington, DC: National Academies Press, 2003), p. 117.

5.   Katherine Newman, *Rampage: The Social Roots of School Shootings* (New York: Basic Books, 2004), p. 45.

6.   Fox, Roth en Newman, 'A Deadly Partnership', p. 113.

7.   T. Trent Gegax, Jerry Adler en Daniel Pedersen, 'The Boys Behind the Ambush', *Newsweek*, 6 april 1998, p. 20.

8.   Rick Bragg, 'Judge Punishes Arkansas Boys Who Killed 5', *New York Times*, 12 augustus 1998; http://query.nytimes.com/gst/fullpage.html?res=9A03E5D6143AF931A2575BC0A9 6E958260.

9.   Andy Lines en Emily Compston, 'In Dock with a Smile on His Face: Boys Charged with Jonesboro Killings Make First Court Appearance', *The Mirror* (VK), 26 maart 1998; www.mirror.co.uk/.

10.   De voornaamste bronnen van feiten over Drew Golden waren het boek van Katherine Newman, *Rampage: The Social Roots of School Shootings*, en het hoofdstuk door Cybelle Fox, Wendy D. Roth en Katherine Newman, 'A Deadly Partnership: Lethal Violence in an Arkansas Middle School'.

11.   Jefferson County, *1997 Documents.*

12.   Ibid.

13. Jefferson County, *Columbine Documents*, p. 10.411.
14. Ibid., p. 26.052.
15. Ibid., p. 26.004.
16. Ibid., pp. 10.377-10.378.
17. Ibid., p. 10.096.
18. Ibid., pp. 10.094-10.095.
19. www.acolumbinesite.com/autopsies/eric3.gif.
20. Dirk Johnson en Jodi Wilgoren, 'Terror in Littleton: The Gunmen; A Portrait of Two Killers at War with Themselves', *New York Times*, 26 april 1999; http://query.nytimes.com/gst/fullpage.html?res=9905E5DA163DF935A15757C0A96F958260&scp=1&sq=johnson+wilgoren+terror+in+littleton&st=nyt.
21. Lynn Bartels en Carla Crowder, 'Fatal Friendship: How Two Suburban Boys Traded Baseball and Bowling for Murder and Madness', *Denver Rocky Mountain News*, 22 augustus 1999; http://denver.rockymountainnews.com/shooting/0822fata1.
22. Raphael Ezekiel, *The Racist Mind: Portraits of American Neo-Nazis and Klansmen* (New York: Viking, 1995).
23. Ann Imse, Lynn Bartels en Dick Foster, 'Killers' Double Life Fooled Many', *Denver Rocky Mountain News*, 25 april 1999; http://denver.rockymountainnews.com/shooting/0425shool.shtml.
24. Jefferson County, *Columbine Documents*, p. 26.017.
25. Ibid., p. 26.018.
26. Ibid., p. 10.427.
27. Ibid., p. 6.623.
28. Ibid., p. 1.290
29. Dan Luzadder en Kevin Vaughan, 'Amassing the Facts: Bonded by Tragedy, Officers Probe Far, Wide for Answers', *Denver Rocky Mountain News*, 13 december 1999; http://denver.rockymountainnews.com/shooting/1213col1.shtml.
30. Nancy Gibbs en Timothy Roche, 'The Columbine Tapes', *Time Magazine*, 20 december 1999; www.time.com/time/magazine/article/0,9171,992873,00.html. Columbine Review Commission, *The Report of Governor Bill Owens' Columbine Review Commission* (Denver, CO, 2001); www.state.co.us/columbine/.
31. Jefferson County, *Columbine Documents*, p. 26.013.
32. Ibid., p. 26.344.
33. Ibid., p. 26.011.
34. Ibid., pp. 26.343, 6.106, 26.007.
35. Ibid., p. 26.004. Voor meer passages over natuurlijke selectie van de hand van Eric, zie pp. 10.411, 26.004, 26.005, 26.203, 26.343.

36. Ibid., p. 26.010.
37. Ibid., p. 26.575.
38. Ibid.
39. Ibid., p. 26.010.
40. Robert G.L. Waite, *The Psychopathic God: Adolf Hitler* (New York: Basic Books, 1977), p. 85.
41. Jefferson County, *Columbine Documents*, p. 26.012.
42. Ibid., p. 10.411.
43. David Shapiro, *Neurotic Styles* (New York: Harper & Row, 1965), pp. 81-82.
44. Jefferson County, *Columbine Documents*, p. 26.004.
45. Ibid., p. 26.005. Voor meer passages van de hand van Eric over de thema's originaliteit en invloed, zie pp. 26.009, 26.189, 26.204, 26.593 (twee passages), 26.723, 26.784.
46. Theodore Millon, Roger D. Davis, Carrie M. Millon, Andrew Wenger, Maria H. Van Zullen, Marketa Fuchs en Renee B. Millon, *Disorders of Personality: DSM-IV and Beyond* (New York: John Wiley & Sons, 1996), p. 703.
47. Jefferson County, *Columbine Documents*, p. 10.415.
48. www.acolumbinesite.com/profiles2.hmtl.
49. Jefferson County, *Columbine Documents*, p. 10.382.
50. Shapiro, *Neurotic Styles*, p. 85.
51. David Shapiro, *Autonomy and Rigid Character* (New York: HarperCollins, 1981), p. 137.
52. Jefferson County, *Columbine Documents*, p. 26.006.
53. Ibid., p. 26.007.
54. Ibid., p. 26.005.
55. Ibid., p. 26.009.
56. Ibid., p. 26.012.
57. Ibid., p. 26.010.
58. Ibid., p. 10.376.
59. Ibid., p. 26.013.
60. Dave Cullen, 'Goodbye, Cruel World', *Salon*, 14 december 1999; www.salon.com/news/feature/1999/12/14/videos/print.html.
61. Alan Prendergast, 'Doom Rules: Much of What We Think We Know about Columbine Is Wrong', *Westword*, 5 augustus 1999; www.westword.com/issues/1999-08-05/feature2_full.html.
62. Jefferson County, *Columbine Documents*, p. 26.116.
63. Ibid., p. 26.525.
64. Ibid., p. 26.005.
65. Millon et al., *Disorders of Personality*, p. 452.

66. http://columbine.free2host.net/quotes.hmtl.
67. Jefferson County, *Columbine Documents*, p. 26.343.
68. Ibid., p. 26.005.
69. Ibid., p. 10.415.
70. Ibid., p. 26.006.
71. Ibid., pp. 960, 2.234, 10.713, 26.087; Art Harris, 'From Little League to Madness: Portraits of Littleton Shooters', *CNN*, 30 april 1999; www.cnn.com/SPECIALS/1998/schools/they.hid. it.well/index.html.
72. Millon et al., *Disorders of Personality*, p. 411.
73. Jefferson County, *Columbine Documents*, p. 26.343.
74. Ibid., p. 26.011.
75. Ibid.
76. Ibid., p. 10.432
77. Ibid., p. 10.383.
78. Ibid., p. 26.014.
79. Ibid., p. 26.015.
80. Ibid.
81. Ibid., p. 26.024.
82. Ibid., p. 26.018.
83. Ibid.
84. Ibid., p. 26.009.
85. Ibid., p. 26.004.
86. Ibid., p. 26.006.
87. Ibid., p. 26.016.
88. Millon et al., *Disorders of Personality*, p. 489.
89. Ibid.
90. Erich Fromm, *The Anatomy of Human Destructiveness* (New York: Holt, Rinehart and Winston, 1973), pp. 288-289.
91. Jefferson County, *Columbine Documents*, p. 26.573.
92. Fromm, *Anatomy of Human Destructiveness*, p. 290.
93. Ibid., p. 292.
94. John Douglas en Mark Olshaker, *The Anatomy of Motive: The FBI's Legendary Mindhunter Explores the Key to Understanding and Catching Violent Criminals* (New York: Pocket Books, 1999), p. 276.

HOOFDSTUK 3

Het dagboek van Dylan was handgeschreven en niet altijd leesbaar. De citaten daaruit zijn mijn transcripties. De documenten van het Jefferson County Sheriff's Office zijn te bestellen via de website van die organisatie: www.co.jefferson.co.us/sheriff/.

1. Lisa Belkin, 'Parents Blaming Parents', *New York Times Sunday Magazine*, 31 oktober 1999; http://query.nytimes.com/gst/full-page.html?res= 9401E2DD1438F932A05753C1A96F95826.
2. Brooks Brown en Rob Merritt. *No Easy Answers: The Truth Behind Death at Columbine* (New York: Lantern Books, 2002), p. 30.
3. Lynn Bartels en Carla Crowder, 'Fatal Friendship: How Two Suburban Boys Traded Baseball and Bowling for Murder and Madness', *Denver Rocky Mountain News*, 22 augustus 1999; http://denver.rockymountainnews.com/shooting/0822fata1.shtml.
4. Jefferson County Sheriff's Office, *Columbine Documents*, p. 26.486.
5. Ibid., p. 26.389.
6. Ibid., p. 26.390.
7. Ibid., p. 26.389.
8. Ibid., p. 26.416.
9. Ibid., p. 26.390.
10. Ibid., p. 26.388.
11. Ibid., p. 26.389.
12. Ibid., p. 26.405.
13. Ibid., p. 26.388.
14. Ibid., p. 26.396.
15. Ibid., p. 26.390.
16. Ibid., p. 26.388.
17. Ibid., p. 26.397.
18. Uit een zoekactie op het internet bleek wel dat de band 'Nine Inch Nails' het woord 'Infinince' gebruikte. De afkorting van de naam van de band is NIN en 'Infinince' werd geschreven met daarin de hoofdletters 'NIN'. Het is mogelijk dat Dylan het woord vond vanwege zijn interesse voor de band. Daarmee is het echter nog geen echt woord en het verklaart ook niet het vele onjuiste woordgebruik in het dagboek van Dylan.
19. Jefferson County, *Columbine Documents*, pp. 26.390, 26.393, 26.397, 26.399, 26.412.
20. American Psychiatric Association. *Diagnostic and Statistical Manual of Mental Disorders, Fourth Edition, Text Revision* (Arlington, VA: American Psychiatric Association, 2000), p. 698.
21. Jefferson County, *Columbine Documents*, p. 26.406.
22. Ibid., p. 26.410.
23. Ibid., p. 26.397.
24. Ibid., p. 26.399.
25. Ibid., p. 26.392.
26. Ibid., p. 26.396.

27. Ibid., p. 26.400.
28. Ibid.
29. Ibid., p. 26.390.
30. Ibid., p. 26.405.
31. Ibid., p. 26.404.
32. Ibid., p. 26.390.
33. Ibid., p. 26.397.
34. Ibid., p. 26.397.
35. Ibid., p. 26.389.
36. Ibid.
37. Ibid., p. 26.414.
38. Ibid.
39. Ibid., p. 26.487.
40. Ibid., p. 26.410.
41. Theodore Millon, Roger D. Davis, Carrie M. Millon, Andrew Wenger, Maria H. Van Zullen, Marketa Fuchs en Renee B. Millon, *Disorders of Personality: DSM-IV and Beyond* (New York: John Wiley & Sons, 1996), p. 629.
42. Ibid., p. 623.
43. Ibid., p. 625.
44. Jefferson County, *Columbine Documents*, p. 26.393.
45. Ibid., p. 26.406.
46. Ibid., p. 26.397.
47. Ibid., p. 26.400.
48. Ibid., p. 26.405.
49. http://columbine.free2host.net/quotes.html.
50. Millon et al., *Personality Disorders*, pp. 618-619.
51. Millon et al., *Personality Disorders*, p. 629.
52. Ibid., p. 26.402.
53. Jefferson County, *Columbine Documents*, p. 26.388.
54. Ibid., p. 26.414.
55. Ibid., pp. 172, 444, 556, 785, 5.036, 7.231, 9.820, 16.408.
56. Ibid., pp. 19, 3.931, 4.650, 7.504.
57. Jefferson County Sheriff's Office, *Dylan Klebold's Diversion Documents*, p. 55.
58. Jefferson County, *Columbine Documents*, pp. 1.779, 1.780, 4.084, 6.207, 6.974.
59. Ibid., p. 1.828.
60. Ibid., p. 6.135.
61. Ibid., p. 26.394.
62. Ibid.
63. Ibid., p. 18.459.

64. Ibid., p. 4.436.
65. Ibid., p. 10.763. In de derde en vierde klas bracht Dylan veel tijd door in het huis van Zach; hij bleef er vaak slapen. Nadat Zach een vriendin kreeg, werd de vriendschap met Dylan minder hecht. Familieleden van Zach merkten dat Dylan veranderde: 'Ergens in de vijfde klas ging hij zo'n lange, zwarte jas dragen. Dat jaar zagen we Dylan amper.' (Peter Wilkinson, 'Humiliation and Revenge: The Story of Reb and VoDkA', *Rolling Stone*, 10 juni 1999, p. 49).
66. Jefferson County, *Columbine Documents*, pp. 328, 1.450, 5.282, 6.574, 16.408, 23.546.
67. Ibid., p. 26.400.
68. Bartels en Crowder, 'Fatal Friendship'; Alan Prendergast, 'Doom Rules: Much of What We Think We Know about Columbine Is Wrong', *Westword*, 5 augustus 1999; www.westword.com/issues/1999-08-05/feature2_full.html; Paul Duggan, Michael Shear en Marc Fisher, 'Shooter Pair Mixed Fantasy, Reality', *Washington Post*, 22 april 1999; www.washingtonpost.com/wp-srv/national/daily/april99/suspects042299.htm.
69. Eric Pooley, 'Portrait of a Deadly Bond', *Time Magazine*, 10 mei 1999; www.time.com/printout/0,8816,990917,00.html.
70. Millon et al., *Personality Disorders*, p. 339.
71. Ibid.
72. Jefferson County, *Columbine Documents*, p. 26.770.
73. Ibid., p. 26.724.
74. Ibid., p. 20.368.
75. Ibid., p. 2.628.
76. Ibid., p. 19.519.
77. Ibid., pp. 174, 8.926.
78. Ibid., p. 556.
79. Ibid., p. 470.
80. Ibid., p. 317.
81. Ibid., pp. 3.421, 20,313.
82. Ibid., p. 24.409.
83. Ibid., p. 26.400.
84. Ibid., p. 26.405.
85. Ibid., p. 10.380.
86. Ibid., p. 26.415.
87. Ibid., p. 26.485.
88. Ibid., p. 26.237.
89. www.acolumbinesite.com/quotes.html.
90. Jefferson County, *Columbine Documents*, pp. 16.023-16.034.
91. Ibid., p. 16.023.

92. Ibid., p. 16.028.

93. Ibid., pp. 16.033-16.034.

94. Ibid., p. 10.636.

95. Ibid., p. 16.025.

96. David Brooks, 'Columbine: Parents of a Killer (Dylan Klebold)', *New York Times*, 15 mei 2004; www.nytimes.com/.

97. Jefferson County, *Columbine Documents*, p. 16.025.

98. Ibid., p. 16.027.

99. Ibid., p. 16.026.

100. Vincent Bugliosi en Curt Gentry, *Helter Skelter: The True Story of the Manson Murders* (New York: W.W. Norton and Company, 1994), p. 203.

101. Ibid., p. 315.

102. Jefferson County, *Columbine Documents*, pp. 16.027-16.028.

103. Eric noemde zijn bijnaam Indigo op een website (Jefferson County, *Columbine Documents*, p. 26.859). Dylan noemde Eric in zijn jaarboek Indigo en tekende zelf zowel als VoDkA als Groen (ibid., p. 26.241). Op een pagina met krabbels staat als kleine notitie 'DK Groen' (ibid., p. 25.989).

104. Ed Sanders, *The Family* (New York: Avalon, 2002), p. 482.

105. Jefferson County, *Columbine Documents*, p. 26.241. Vanaf het voorjaar van 1998 is in het jaarboek van Eric de invloed van Manson te zien in het noemen van kleuren als bijnaam, maar ook in het gebruik van de varkensterminologie. Dit suggereert dat Dylan Manson niet slechts bestudeerde vanwege een schoolopdracht in de herfst van 1998, maar zich in ieder geval al in het voorjaar van dat jaar in Manson had verdiept.

106. Ibid., p. 10.467.

107. Ibid., p. 19.642. Dit vond plaats in de herfst van 1998, toen Eric een essay over de nazi's schreef en Dylan Manson als onderwerp voor zijn scriptie had gekozen. Men had gezien dat de twee jongens graffiti aanbrachten op een pandjeshuis en vond twee uitspraken. De ene was 'Nazi's aan de macht'; dat was waarschijnlijk de bijdrage van Eric. Daaruit zouden we mogen concluderen dat de frase 'Dood aan varkens' het werk van Dylan was.

108. Bugliosi, *Helter Skelter*, pp. 263; tegenover p. 301; 485; 487; 537.

109. www.acolumbinesite.com/quotes.html. Op de dag voor de aanslag schreef Dylan: 'Zo'n 26,5 uur na nu zal het oordeel beginnen' (Jefferson County, *Columbine Documents*, p. 26.486).

110. Het is wellicht interessant dat *Downward Spiral* van de Nine Inch Nails het favoriete album was van Dylan (hij verwees daarnaar in zijn dagboek en krabbelde regelmatig *Downward Spiral* ergens

op). Dit album werd opgenomen in het voormalige huis van Sharon Tate, waar de eerste massamoord door Mansons volgelingen plaatsvond. Op het album staan o.a. de nummers 'Piggy' en 'March of the Pigs'. Dylan was ook een fan van Marilyn Manson, die niet alleen zijn artiestennaam op de naam van Charles Manson baseerde, maar ook nummers opnam in het voormalige huis van Tate (Bugliosi, *Helter Skelter*, p. 667). Hoewel er tegenstrijdige berichten zijn over de vraag of Dylan nu wel of niet een fan van Marilyn Manson was, is er duidelijk bewijs dat hij dat wel was. Een klasgenoot zei dat Eric en Dylan een psychologieproject hadden gemaakt over Marilyn Manson en Jeffrey Dahmer (Angie Cannon, Betsy Streisand en Dan McGraw, 'Why?' *U.S. News & World Report*, 3 mei 1999, p. 16). Toen het huis van Dylan na de aanslag werd doorzocht, vond de politie een cd van Marilyn Manson (Jefferson County, *Columbine Documents*, p. 25.730). Vrienden die regelmatig met Dylan spraken, bevestigden dat hij van de muziek van Marilyn Manson hield (ibid., pp. 3.420; 10.826-10.827). Tot slot zei ook zijn moeder dat hij daarvan hield en dat hij daarover met haar had gesproken (hij had gezegd dat hij niet naar de teksten luisterde). Ook had hij een poster van Marilyn Manson op zijn slaapkamer (ibid., p. 10.511).

HOOFDSTUK 4

1. Katherine Newman, *Rampage: The Social Roots of School Shootings* (New York: Basic Books, 2004), p. 26.
2. Zie ibid. voor de definiëring van het verhaal als een schoolopdracht. Zie *Kentucky Post*, 'Inside Carneal's Bedroom', 5 december 1997, p. 5K, en Daniel Pedersen en Sarah Van Boven, 'Tragedy in a Small Place', *Newsweek*, 15 december 1997, pp. 30-31, voor verwijzingen naar de tekst als een aantekening.
3. Newman, *Rampage*, p. 98.
4. Ibid., p. 64.
5. David Harding, Jal Mehta en Katherine Newman, 'No Exit: Mental Illness, Marginality, and School Violence in West Paducah, Kentucky'. In National Research Council, red., *Deadly Lessons: Understanding Lethal School Violence*, pp. 132-162 (Washington, DC: National Academies Press, 2003), p. 150.
6. Newman, *Rampage*, p. 94.
7. Ibid.
8. Ibid.
9. Ibid., p. 32.

10. Ibid.
11. Andrew Wolfson, 'Michael Carneal Tells His Story', *Courier-Journal* (Louisville, KY), 12 september 2002.
12. Jim Adams en James Malone, 'Outsider's Destructive Behavior Spiraled into Violence', *Courier-Journal* (Louisville, KY), 18 maart 1999.
13. Ibid.
14. Dewey Cornell, *School Violence: Fears Versus Facts* (Mahway, NJ: Lawrence Erlbaum Associates, 2006), p. 41.
15. Newman, *Rampage*, p. 22.
16. Ibid., p. 134.
17. Ibid., p. 24.
18. Wolfson, 'Michael Carneal Tells His Story'.
19. De voornaamste bronnen van feiten over Michael Carneal waren het boek van Katherine Newman, *Rampage: The Social Roots of School Shootings*, en het hoofdstuk door David Harding, Jal Mehta en Katherine Newman, 'No Exit: Mental Illness, Marginality, and School Violence in West Paducah, Kentucky'.
20. William DeJong, Joel C. Epstein en Thomas E. Hart, 'Bad Things Happen in Good Communities: The Rampage Shooting in Edinboro, Pennsylvania, and Its Aftermath'. In National Research Council, red., *Deadly Lessons: Understanding Lethal School Violence*, pp. 70-100 (Washington, DC: National Academies Press, 2003), p. 73.
21. Ibid., p. 76.
22. Ibid., p. 78.
23. Ibid., p. 77.
24. Ibid., p. 80.
25. Ibid., p. 87.
26. Ibid., p. 73.
27. Ibid., p. 85.
28. Ibid., p. 78.
29. Ibid., p. 85.
30. De voornaamste bron van feiten over Andrew Wurst was het hoofdstuk door William DeJong, Joel C. Epstein en Thomas E. Hart, 'Bad Things Happen in Good Communities: The Rampage Shooting in Edinboro, Pennsylvania, and Its Aftermath'.
31. Joseph Lieberman, *The Shooting Game: The Making of School Shooters* (Santa Ana, CA: Seven Locks Press, 2006), pp. 269-270.
32. Ibid., p. 27.
33. Ibid., p. 185.

34. www.pbs.org/wgbh/pages/frontline/shows/kinkel/trial/bolstad.html.
35. Lieberman, *The Shooting Game*, p. 141.
36. www.pbs.org/wgbh/pages/frontline/shows/kinkel/trial/bolstad.html.
37. Ibid.
38. Ibid.
39. Lieberman, *The Shooting Game*, p. 172.
40. Ibid., p. 28.
41. Ibid., p. 131.
42. Ibid., p. 132.
43. Ibid., pp. 26-28.
44. Ibid., pp. 3-4.
45. Ibid., p. 144.
46. Ibid., p. 148.
47. www.pbs.org/wgbh/pages/frontline/shows/kinkel/trial/.
48. Alex Johnson, 'Gunman Sent Package to NBC News', 19 april 2007; www.msnbc.msn.com/id/18195423/.
49. Ibid.
50. Ibid.
51. www.msnbc.msn.com/id/18186085/.
52. Johnson, 'Gunman Sent Package'.
53. www.msnbc.msn.com/id/18186072/.
54. Virginia Tech Review Panel, 'Mass Shootings at Virginia Tech: April 16, 2007. Report of the Review Panel Presented to Governor Kaine, Commonwealth of Virginia' (augustus 2007), p. 50; www.governor.virginia.gov/TempContent/techPanelReport.cfm.
55. Ibid., p. 46.
56. www.thesmokinggun.com/archive/years/2007/0417071vtech4.html.
57. Johnson, 'Gunman Sent Package'.
58. www.msnbc.msn.com/id/18186064/.
59. Johnson, 'Gunman Sent Package'.
60. Bob Drogin, Faye Fiore en K. Connie Kang, 'Bright Daughter, Brooding Son: Enigma in the Cho Household', *Los Angeles Times*, 22 april 2007; www.latimes.com/.
61. www.msnbc.msn.com/id/18186053/.
62. Johnson, 'Gunman Sent Package'.

HOOFDSTUK 5

1. Nadya Labi, 'Mother of the Accused', *Time Magazine*, 13 april 1998; www.time.com/time/magazineprintout/ 0,8816,988117,00.html.
2. Circuit Court of Craighead County, Arkansas. *Deposition of Mitchell Johnson*, 2 april 2007.
3. Ibid.
4. Nadya Labi, 'The Hunter and the Choirboy', *Time Magazine*, 6 april 1998; www.time.com/time/magazine/printout/ 0,8816,988083,00.html.
5. Katherine Newman, *Rampage: The Social Roots of School Shootings* (New York: Basic Books, 2004), pp. 34-35.
6. John Cloud, 'Of Arms and the Boy', *Time Magazine*, 24 juni 2001; www.time.com/time/magazine/printout/0,8816,139492,00.html.
7. Newman, *Rampage*, p. 35.
8. Labi, 'The Hunter and the Choirboy'.
9. Circuit Court, *Deposition of Mitchell Johnson*.
10. Newman, *Rampage*, p. 12.
11. Circuit Court, *Deposition of Mitchell Johnson*.
12. Ibid.
13. Ibid.
14. De voornaamste bronnen van feiten over Mitchell Johnson waren het boek van Katherine Newman, *Rampage: The Social Roots of School Shootings*, en het hoofdstuk door Cybelle Fox, Wendy D. Roth en Katherine Newman, 'A Deadly Partnership: Lethal Violence in an Arkansas Middle School'.
15. 'Rage: A Look at a Teen Killer'. *CBS News*, 7 maart 2001; www.cbsnews.com/stories/1999/08/17/60II/main58625.shtml.
16. Steve Fainaru, 'Killing in the Classroom: Alaska School Murders: A Window on Teen Rage', *Boston Globe*, 18 oktober 1998; www.boston.com/bostonglobe/.
17. www.courtrecords.alaska.gov/.
18. Sheila Toomey, 'Brothers Testify to Hard Life, Then Ramsey Defense Rests', *Anchorage Daily News*, 3 february 1998.
19. Steve Fainaru, 'Killing in the Classroom: A Tragedy Was Preceded by Many Overlooked Signals', *Boston Globe*, 19 oktober 1998; www.boston.com/bostonglobe/.
20. Ibid.
21. Bill Dedman, 'Deadly Lessons: School Shooters Tell Why', *Chicago Sun-Times*, 15 oktober 2000, p. 1.
22. *Ramsey v. State* (10/11/2002) ap-1832. Court of Appeals No.

A-7295. Beschikbaar op www.touchngo.com/ap/html/ap-1832.htm.

23. *CBS News*, 'Rage'.

24. Carol Marin, 'Portrait of High School Killer', *60 Minutes* (CBS News Transcript), 6 maart 2001; www.cbsnews.com/stories/1999/04/27/broadcasts/main44660.shtml?source=search_story.

25. Jenifer Hanrahan, 'No Way Out', *San Diego Union-Tribune*, 14 mei 2001; www.signonsandiego.com/.

26. Fainaru, 'Many Overlooked Signals'.

27. De informatie over Evan Ramsey is afkomstig uit diverse bronnen, met als belangrijkste een reeks van drie artikelen door Steve Fainaru: 'Killing in the Classroom: Alaska School Murders: A Window on Teen Rage', 'Killing in the Classroom: Many Struggle to Put Their World Together' en 'Killing in the Classroom: A Tragedy was Preceded by Many Overlooked Signals'.

28. www.jeffweise.com/who.html.

29. Frank J. Zenere III, 'Tragedy at Red Lake: Epilogue', *Communiqué* 34, no. 1 (2005); www.nasponline.org/publications/cq/cq341redlake.aspx.

30. www.abovetopsecret.com/forum/viewthread.php?tid=95648.

31. www.thesmokinggun.com/archive/0324051weise1.html.

32. weise.livejournal.com/.

33. http://cryptome.quintessenz.org/mirror/jeff-weise.htm.

34. Ibid.

35. http://profiles.yahoo.com/verlassen4_20.

36. Chris Maag, 'The Devil in Red Lake', *Time Magazine*, 4 april 2005, p. 35.

37. Jodi Rave, 'Family Still Struggling to Understand Teenager's Rampage in Minnesota', *Missoulian*, 10 juli 2005; www.missoulian.com/articles/2005/07/11/jodirave/rave40.prt.

38. Maag, 'The Devil in Red Lake'.

39. Chuck Haga, Howie Padilla en Richard Meryhew, 'Teen Was a Mystery in a Life Full of Hardship', *Minneapolis-St. Paul StarTribune*, 23 maart 2005.

40. Heron Marquez Estrada, Ron Nixon en John Stefany, 'An Internet Trail of a Boy's Death Wish', *Minneapolis-St. Paul StarTribune*, 23 maart 2005; www.startribune.com/local/11574851.html.

41. Maag, 'The Devil in Red Lake'.

42. http://cryptome.sabotage.org/jeff-weise2.htm.

43. Estrada, Nixon en Stefany, 'An Internet Trail'.

44. Fainaru, 'A Window on Teen Rage'.

HOOFDSTUK 6

1. Robert Hare, *Without Conscience: The Disturbing World of the Psychopaths among Us* (New York: Guilford Press, 1999). Nederlandse vertaling: R. Hare, *Gewetenloos: De wereld van de psychopaat*. Uitgeverij Elmar, 2003.
2. American Psychiatric Association, *Diagnostic and Statistical Manual of Mental Disorders, Fourth Edition, Text Revision* (Arlington, VA: American Psychiatric Association, 2000), p. 308.
3. Ibid., p. 304.
4. 1996 Children's Report Card: Fillmore County. www.lmic.state.mn.us.
5. Steve Fainaru, 'Killing in the Classroom: Alaska School Murders: A Window on Teen Rage', *Boston Globe*, 18 oktober 1998; www.boston.com/bostonglobe/.
6. Ibid.
7. Chuck Haga en Terry Collins, 'Did Friendship Spiral into Conspiracy?' *Minneapolis-St. Paul StarTribune*, 19 november 2005; www.startribune.com/.
8. Molly Miron, 'Program Aims to Cut Beltrami County's High Youth Suicide Rate'. *Bemidji* (MN) *Pioneer*, 20 september 2007; www.bemidjipioneer.com/.
9. http://Columbine.free2host.net/quotes.html.
10. Katherine Newman, *Rampage: The Social Roots of School Shootings* (New York: Basic Books, 2004), p. 32.
11. Steve Fainaru, 'Killing in the Classroom: A Tragedy was Preceded by Many Overlooked Signals', *Boston Globe*, 19 oktober 1998; www.boston.com/bostonglobe/.
12. Ed Palattella, 'Testimony: Wurst Is Psychotic', *Erie Times-News*, 10 maart 1999; www.goerie.com/.
13. Jefferson County Sheriff's Office, *Columbine Documents*, p. 26.859.
14. Ibid.
15. Ibid., p. 10.415.
16. Newman, *Rampage*, p. 134.
17. Ed Palattella, 'Friend: Suspect Threatened to Go to the Dance "And Kill Some People"', *Erie Times-News*, 26 april 1998; www.goerie.com/.
18. htttp://Weise.livejournal.com/.
19. Jefferson County Sheriff's Office, *Eric Harris's Diversion Documents*.
20. Jefferson County, *Columbine Documents*, p. 26.007.

21. Ibid., p. 26.012.
22. Ibid., p. 26.015.
23. Ibid., p. 26.343.
24. Ibid., p. 26.770.
25. Critical Incident Response Group, *The School Shooter: A Threat Assessment Perspective* (Quantico, VA: National Center for the Analysis of Violent Crime, FBI Academy, 2000).
26. John Douglas en Mark Olshaker, *The Anatomy of Motive: The FBI's Legendary Mindhunter Explores the Key to Understanding and Catching Violent Criminals* (New York: Pocket Books, 1999), p. 276.
27. David Shapiro, *Autonomy and Rigid Character* (New York: HarperCollins, 1981), p. 113.
28. Nancy Gibbs enTimothy Roche, 'The Columbine Tapes', *Time Magazine*, 20 december 1999; www.time.com/time/magazine/article/0,9171,992873,00.html.
29. Jefferson County, *Columbine Documents*, p. 26.007.
30. http://Columbine.free2nost.net/quotes.html.
31. Shapiro, *Autonomy and Rigid Character*, p. 109.
32. Ibid., p. 113.
33. Jefferson County, *Columbine Documents*, p. 26.388.
34. Ibid., p. 26.396.
35. Newman, *Rampage*.
36. Newman, *Rampage*, p. 6.
37. John Kifner, 'From Wild Talk and Friendship to Five Deaths in a Schoolyard', *New York Times*, 29 maart 1998.
38. N.R. Kleinfield, 'Before Deadly Rage, a Lifetime Consumed by a Troubling Silence', *New York Times*, 22 april 2007; www.nytimes.com/.
39. Joseph Lieberman, *The Shooting Game: The Making of School Shooters* (Santa Ana, CA: Seven Locks Press, 2006), pp. 26-27.
40. Associated Press, 'Boy Says He Was "Mad at the World" When He Shot Classmates', *Oak Ridger*, 6 april 2000; www.oakridger.com/stories/040600/stt_0406000085.html.
41. www.msnbc.msn.com/id/18186053/.
42. John Douglas en Mark Olshaker, *Mindhunter: Inside the FBI's Elite Serial Crime Unit* (New York: Scribner, 1995), p. 114.
43. Lincoln Caplan, *The Insanity Defense and the Trial of John W. Hinckley, Jr.* (New York: Dell, 1987), p. 62.
44. Jefferson County, *Columbine Documents*, p. 26.845.
45. Ibid., p. 26.496.
46. Ibid., p. 26.189.

47. Ibid., p. 26.012.
48. Robert G.L. Waite, *The Psychopathic God: Adolf Hitler* (New York: Basic Books, 1977), p. 40.

HOOFDSTUK 7

1. Robert Hare, *Without Conscience: The Disturbing World of Psychopaths among Us* (New York: Guilford Press, 1999), pp. 140-141. In het Nederlands vertaald: R. Hare, *Gewetenloos: De wereld van de psychopaat*. Uitgeverij Elmar, 2003.
2. Jefferson County Sheriff's Office, *Columbine Documents*, p. 26.017.

HOOFDSTUK 8

1. Joseph Lieberman, *The Shooting Game: The Making of School Shooters* (Santa Ana, CA: Seven Locks Press, 2006), p. 110.
2. Ibid., p. 104.
3. David Schoetz, 'Samaritan Helps Foil Columbine-Style Shooting', *ABC News*, 13 juli 2007; http://abcnews.go.com/print?id=3374965.
4. Jefferson County Sheriff's Office, *Columbine Documents*, p. 2.236.
5. Ibid., p. 10.468.
6. Robert A. Fein, Bryan Vossekuil, William S. Pollack, Randy Borum, William Modzeleski en Marissa Reddy, *Threat Assessment in Schools: A Guide to Managing Threatening Situations and to Creating Safe School Climates*. U.S. Department of Education, Office of Elementary and Secondary Education, Safe and Drug-Free Schools Program en U.S. Secret Service (Washington, DC: National Threat Assessment, 2002), p. 65. Beschikbaar op www.ustreas.gov/usss/ntac.shtml.
7. Ibid.; en Bryan Vossekuil, Robert A. Fein, Marisa Reddy, Randy Borum en William Modzeleski, *The Final Report and Findings of the Safe School Initiative: Implications for the Prevention of School Attacks in the United States.* (U.S. Department of Education, Office of Elementary and Secondary Education, Safe and Drug-Free Schools Program en U.S. Secret Service. Washington, DC: National Threat Assessment Center, 2002). Beschikbaar op www.ustreas.gov/usss/ntac.shtml.
8. Critical Incident Response Group, *The School Shooter: A Threat Assessment Perspective* (Quantico, VA: National Center for the Analy-

sis of Violent Crime, FBI Academy, 2000). Beschikbaar op www. fbi.gov/filelink.html?file=/publications/school/school2.pdf.

9. Dewey Cornell en Peter Sheras, *Guidelines for Responding to Student Threats of Violence* (New York: Sopris West, 2006).

10. Katherine Newman, *Rampage: The Social Roots of School Shootings* (New York: Basic Books, 2004).

11. Ralph Larkin, *Comprehending Columbine* (Philadelphia: Temple University Press, 2007), pp. 217-227.

12. Elliot Aronson, *Nobody Left to Hate: Teaching Compassion After Columbine* (New York: Henry Holt and Co., 2001).

HOOFDSTUK 9

1. Met dank aan Phoebe de Mooij, studente psychologie aan de Universiteit Maastricht, voor haar hulp bij het samenstellen van dit overzicht.

2. Zie ook R.W. Larkin (2009).The Columbine legacy: Rampage shootings as political acts. *American Behavioral Scientist, 52,* 1309-1326.

3. http://en.wikipedia.org/wiki/Kauhajoki_school_shooting.

4. http://www.governor.virginia.gov/tempcontent/techPanel-Report-docs/8%20CHAPTER%20IV%20LIFE%20AND%20MENTAL%20HEALTH%20HISTORY%20OF%20CHOpdf.pdf.

5. http://www.tegenwicht.org/weblog_2007/80_lijst.htm.

6. http://en.wikipedia.org/wiki/Springfield_Mall_(Pennsylvania).

7. http://www.telegraaf.nl/binnenland/9542000/__Een_van_drie_gebruikte_wapens_semiautomatisch__.html?sn=binnenland,buitenland.

8. https://www.nifpnet.nl/LinkClick.aspx?fileticket=OMzey9WvtZU%3D&tabid=168&mid=692.

9. http://www.depers.nl/binnenland/594192/Rapport-Tristan-niet-vrijgegeven.html.

10. http://nos.nl/audio/255201-onderzoeksresultaten-schietpartij-alphen-aan-den-rijn-bekendgemaakt.html; http://nos.nl/audio/255267-tristan-van-der-vlis-geobsedeerd-door-de-dood.html.

11. http://www.spitsnieuws.nl/archives/binnenland/2011/04/als_zaterdag_langzaamaan_beken.html.

12. http://www.joost-niemoller.nl/2011/04/tristan-van-der-vlis-ouders-hebben-schuld/.

13. Dit bericht stond in NRC Handelsblad van 12 juli 2011.
14. http://www.trutv.com/library/crime/criminal_mind/psychology/risk_assessment/7.html.
15. http://nl.wikipedia.org/wiki/Erotomanie.
16. Voor verschillende vormen van geweld (zoals relationeel geweld, algemeen geweld, seksueel geweld) bestaan verschillende instrumenten, omdat de risicofactoren voor die verschillende geweldstypen deels overlappen, maar ook ten dele verschillend zijn. De meeste risicotaxatie-instrumenten die in het Nederlands beschikbaar zijn, staan weergegeven in: de Ruiter, C., & Hildebrand, M. (red.) (2005), *Behandelingsstrategieën bij forensisch psychiatrische patiënten*. Tweede, geheel herziene druk. Houten/Diegem: Bohn Stafleu Van Loghum. Zie tevens: de Ruiter, C., & Hildebrand, M. (2007). Risk assessment and treatment in Dutch forensic psychiatry. *Netherlands Journal of Psychology*, *63*, 166-175.
17. http://www.onderzoeksraad.nl/index.php/onderzoeken/.
18. http://nos.nl/artikel/232596-wapenbezit-onderwerp-onderzoeksraad.html.
19. http://www.onderzoeksraad.nl/docs/rapporten/Rapport_Ridderhof_web.pdf.
20. http://www.volkskrant.nl/vk/nl/3184/opinie/article/detail/2938061/2011/09/30/Tristan-en-de-ontbrekende-schakels-naar-een-wapenvergunning.dhtml.
21. http://www.igz.nl/actueel/nieuws/onderzoeknaarbehandelingdaderschietincidentalphen.aspx.

Literatuur

Om de bestudering van bepaalde schutters te vergemakkelijken, zijn de bronnen alfabetisch per schutter gerangschikt (of per twee schutters, indien er twee personen betrokken waren bij hetzelfde incident). Aan het eind van elk onderdeel staan de specifieke websites alfabetisch gerangschikt. Algemene bronnen staan aan het einde van deze bibliografie. Artikelen zonder complete citaten die afkomstig zijn uit bronnen op het internet, zijn zo mogelijk met hun URL genoemd. De documenten van het Jefferson County Sheriff's Office zijn te bestellen via de website van die organisatie: www.co.jefferson.co.us/sheriff/.

MICHAEL CARNEAL

Adams, Jim en James Malone. 'Outsider's Destructive Behavior Spiraled into Violence'. *Courier-Journal* (Louisville, KY), 18 maart 1999, p. 17A.

Associated Press. 'Boy Says He Was "Mad at the World" When He Shot Classmates'. *Oak Ridger*, 6 april 2000; www.oakridger.com/stories/040600/stt_0406000085.html.

Belkin, Lisa. 'Parents Blaming Parents'. *New York Times Sunday Magazine*, 31 oktober 1999; http://query.nytimes.com/gst/fullpage.html?res=9401E2DD1438F932A05753C1A96F958260.

Blank, Jonah, Warren Cohen en Mark Madden. 'Prayer Circle Murders: In Paducah, Heroism, Forgiveness, and the Search for a Motive'. *U.S. News & World Report*, 15 december 1997, pp. 24-27.

'Carneal's Signals Went Unnoticed'. *Kentucky Post*, 6 september 1999, p. 1K.

Collins, Michael. 'Carneal: I Saw It in Movie'. *Kentucky Post*, 5 december 1997; www.kypost.com/.

Cornell, Dewey. *School Violence: Fears versus Facts*. Mahway, NJ: Lawrence Erlbaum Associates, 2006.

Gutierrez, Karen. 'Torment of a Teen Killer'. *Cincinnati Enquirer*, 14 september 2002, p. 1B.

Harding, David, Jal Mehta en Katherine Newman. 'No Exit: Mental Illness, Marginality, and School Violence in West Paducah, Kentucky'. In National Research Council, red., *Deadly Lessons: Understanding Lethal School Violence*, pp. 132-162. Washington, DC: National Academies Press, 2003.

'Inside Carneal's Bedroom and Ammo Box'. *Kentucky Post*, 5 december 1997, p. 5K.

Newman, Katherine. *Rampage: The Social Roots of School Shootings*. New York: Basic Books, 2004.

'Paducah Killer Still Can't Explain Motives'. *Join Together*, 16 september 2002; www.jointogether.org/.

Pedersen, Daniel en Sarah Van Boven. 'Tragedy in a Small Place'. *Newsweek*, 15 december 1997, pp. 30-31.

Popyk, Lisa. 'Teen Lives Out Murderous Dream'. *Cincinnati Post*, 10 november 1998, p. 1A.

Simon, Stephanie. 'Flashbacks: The 1997 Rampage in West Paducah, KY, Was the First School Shooting to Grab National Attention. Five Years Later, There Still Are No Answers – For the Victims or the Shooter'. *Los Angeles Times*, 8 december 2002, p. A11.

'Teen Flashed Warning Signs before Rampage'. *Kentucky Post*, 16 december 1997, p. 20A.

Wolfson Andrew. 'Michael Carneal Tells His Story'. *Courier-Journal* (Louisville, KY), 12 september 2002, p. 1A.

SEUNG HUI CHO

Alvis-Banks, Donna en Anna Mallory. 'A Cold and Blustery Morning'. *Roanoke* (VA) *Times*, 21 april 2007; www.roanoke.com/clicks/default.aspx?url=/vtnarrative/ narrative.doc.

Apuzzo, Matt. 'Va. Tech Gunman Writings Raised Concerns'. *San Francisco Chronicle*, 17 april 2007; www.sfgate.com/cgi-bin/article.cgi?file=/n/a/2007/04/17/national/a094055D47.DTL.

Apuzzo, Matt. 'Va. Tech Shooter Was Laughed At'. *Associated Press*, 19 april 2007; www.breitbart.com/article.php?id=D8OJPBU00&show_article=1.

Baram, Marcus. 'A Daughter Who Succeeded, a Son Who Found Trouble'. *ABC News*, 18 april 2007; www.abcnews.go.com/US/print?id=3053725.

Breed, Allen G. en Chris Kahn. 'Those Closest to Cho Return to School'. *Washington Post*, 22 april 2007; www.washingtonpost.com/wp-dyn/content/article/2007/04/22/AR2007042200878.html.

Depue, Roger L. 'A Theoretical Profile of Seung Hui Cho: From the Perspective of a Forensic Behavioral Scientist'. In 'Mass Shootings at Virginia Tech: April 16, 2007. Report of the Review Panel Presented to Governor Kaine, Commonwealth of Virginia' (augustus 2007): N1-N5; www.governor.virginia.gov/TempContent/techPanelReport.cfm.

Drogin, Bob, Faye Fiore en K. Connie Kang. 'Bright Daughter, Brooding Son: Enigma in the Cho Household'. *Los Angeles Times*, 22 april 2007; www.latimes.com/.

Fernandez, Manny en Marc Santora. 'Massacre in Virginia: In Words and Silence, Hints of Anger and Isolation'. *New York Times*, 18 april 2007; www.nytimes.com.

Gardner, Amy en David Cho. 'Isolation Defined Cho's Senior Year'. *Washington Post*, 6 mei 2007; www.washingtonpost.com/wp-dyn/content/article/2007/05/05/AR2007050501221.html.

Gibbs, Nancy. 'Darkness Falls. One Troubled Student Rains Down Death on a Quiet Campus'. *Time Magazine*, 30 april 2007, pp. 36-52.

Green, Frank. 'The Killer: Who Was He?' *Richmond* (VA) *Times-Dispatch*, 18 april 2007; www.timesdispatch.com/.

Horwitz, Sari. 'Paper by Cho Exhibits Disturbing Parallels to Shootings, Sources Say'. *Washington Post*, 29 augustus 2007; www.washingtonpost.com/wp-dyn/content/article/2007/08/28/AR2007082801948.html.

Johnson, Alex. 'Gunman Sent Package to NBC News'. 19 april 2007; www.msnbc.msn.com/id/18195423/.

Kleinfield, N.R. 'Before Deadly Rage, a Lifetime Consumed by a Troubling Silence'. *New York Times*, 22 april 2007; www.nytimes.com/.

Potter, Ned en David Schoetz. 'Va. Tech Killer Ruled Mentally Ill, but Let Go after Hospital Visit'. *ABC News*, 18 april 2007; http://abcnews.go.com/US/Story?id=3052278& page=2.

Santora, Marc en Christine Hauser. 'Anger of Killer Was on Exhibit in His Writings'. *New York Times*, 20 april 2007; www.nytimes.com.

Thomas, Evan. 'Tragedy at Virginia Tech: Quiet and Disturbed, Cho Seung-Hui Seethed, Then Exploded. His Odyssey'. *Newsweek*, 30 april 2007; www.msnbc.msn.com/id/18248298/site/newsweek/page/0/print/1/displaymode/1098/.

Urbina, Ian. 'Virginia Tech Criticized for Actions in Shooting'. *New York Times*, 30 augustus 2007; www.nytimes.com/.

'Virginia Tech Killer's Sister Speaks'. *ABC News*, 20 april 2007; www.abcnews.go.com/US/print?id=3057057.

Virginia Tech Review Panel. 'Mass Shootings at Virginia Tech: April 16, 2007. Report of the Review Panel Presented to Governor Kaine, Commonwealth of Virginia' (augustus 2007); www.governor.virginia.gov/TempContent/techPanelReport.cfm.
www.msnbc.msn.com/id/18186053/.
www.msnbc.msn.com/id/18186064/.
www.msnbc.msn.com/id/18186072/.
www.msnbc.msn.com/id/18186080/.
www.msnbc.msn.com/id/18186085/.

www.thesmokinggun.com/archive/
years/2007/041707 1vtech1.html.

ANDREW GOLDEN/MITCHELL JOHNSON

Bonner, Brian. 'Tragedy Adds to Family Turmoil: Portrait of Boy's Minnesota Years Is of Hardship, Search for Normalcy'. *St. Paul Pioneer Press*, 27 maart 1998.

'Boy's Reported Role Shocks His Minnesota Hometown'. *St. Paul Pioneer Press*, 26 maart 1998.

Bragg, Rick. 'Judge Punishes Arkansas Boys Who Killed 5'. *New York Times*, 12 augustus 1998; www.nytimes.com.

Bragg, Rick. '"Why?" Still Echoes in Jonesboro's Quiet Streets'. *New York Times*, 18 april 1998; www.nytimes.com.

'Choirboy to Killer?' *BBC News*, 26 maart 1998; http://news.bbc.co.uk/1/hi/special_report/1998/03/98/us_shooting/70064.stm.

Circuit Court of Craighead County, Arkansas. *Deposition of Mitchell Johnson*, 2 april 2007.

Cloud, John. 'Of Arms and the Boy'. *Time Magazine*, 24 juni 2001; www.time.com/time/magazine/printout/0,8816,139492,00.html.

'Complex Portraits Emerge of Jonesboro Shooting Suspects'. *CNN*, 26 maart 1998; www.cnn.com/US/9803/26/shooter.profiles/.

'Counselor: "It Sounds Like a Middle School": Jonesboro Students Return to Classrooms'. *CNN*, 30 maart 1998; www.cnn.com/US/9803/30/jonesboro.shooting.folo/index.html.

Davis, Sandy en Jeff Porter. 'Illness Faked, the Weapons Were Gathered'. *Arkansas Democrat-Gazette*, 26 maart 1998; www.ardemgaz.com/prev/jonesboro/absuspect26.asp.

Davis, Sandy en Linda Satter. 'Differing Views Depict Character of Suspect, 11'. *Arkansas Democrat-Gazette*, 29 maart 1998; www.ardemgaz.com/prev/jonesboro/Aamain29.asp.

'Divorce Files Show Parents Fought over Mitchell, Brother'. *Arkansas Democrat-Gazette*, 29 maart 1998; www.ardemgaz.com/prev/jonesboro/afminn29.asp.

Encyclopedia of Arkansas History. 'Westside School Shooting'. www.encyclopediaofarkansas.net/encyclopedia/entry-detail.aspx?search=1&entryID=3717.

Fox, Cybelle, Wendy D. Roth en Katherine Newman. 'A Deadly Partnership: Lethal Violence in an Arkansas Middle School'. In National Research Council, red., *Deadly Lessons: Understanding Lethal School Violence*, pp. 101-131. Washington, DC: National Academies Press, 2003.

Gegax, T. Trent, Jerry Adler en Daniel Pedersen. 'The Boys Behind the Ambush'. *Newsweek*, 6 april 1998, p. 20.

Heard, Kenneth. 'Shooter's Anger at Teacher Drove School Ambush, Reports Suggest'. *Arkansas Democrat-Gazette*, 27 maart 1999; http://www.ardemgaz.com/prev/jonesboro/aestfiles27.asp.

'Judge Orders Boys Held in Arkansas Shooting'. *CNN*, 26 maart 1998; http://www.cnn.com/US/9803/26/school.shooting/.

Kifner, John. 'From Wild Talk and Friendship to Five Deaths in a Schoolyard'. *New York Times*, 29 maart 1998. Benaderd via www.lexisnexis.com.

Labi, Nadya. 'The Hunter and the Choirboy'. *Time Magazine*, 6 april 1998; www.time.com/time/magazine/printout/0,8816,988083,00.html.

Labi, Nadya. 'Mother of the Accused'. *Time Magazine*, 13 april 1998; www.time.com/time/magazineprintout/0,8816,988117,00.html.

Lines, Andy en Emily Compston. 'In Dock with a Smile on His Face: Boys Charged with Jonesboro Killings Make First Court Appearance'. *The Mirror* (VK), 26 maart 1998; www.mirror.co.uk/.

Lines, Andy en Emily Compston. 'Son of a Gun Nut: Family Filmed as Dad Taught Playground Killer to Shoot Aged Just Six'. *Daily Record* (VK), 27 maart 1998; www.dailyrecord.co.uk/.

Newman, Katherine. *Rampage: The Social Roots of School Shootings.* New York: Basic Books, 2004.

1996 Children's Report Card: Fillmore County; www.lmic.state.mn.us.

Schwartz, John. 'Ambush at Arkansas School Leave 5 Dead'. *Washington Post*, 25 maart 1998; www.washingtonpost.com/wp-dyn/content/article/2007/04/16/AR2007041601495_pf.html.

Usborne, David. 'Jonesboro Massacre: Two Macho Boys with "a Lot of Killing to Do"'. *The Independent* (VK), 27 maart 1998; www.independent.co.uk/.

Verhovek, Sam Howe. 'Bloodshed in a Schoolyard: The Suspects'. *New York Times*, 26 maart 1998; www.nytimes.com.

Whitely, Michael. 'Boys Locked Up, but for How Long?' *Arkansas Democrat-Gazette*, 27 maart 1998; www.ardemgaz.com/prev/jonesboro/AAmain27.asp.

ERIC HARRIS/DYLAN KLEBOLD

Achenbach, Joel en Dale Russakoff. 'Teen Shooter's Life Paints Antisocial Portrait'. *Washington Post*, 29 april 1999; www.washingtonpost.com/wp-srv/national/daily/april99/antisocial04299.htm.

Adams, Lorraine en Dale Russakoff. 'Dissecting Columbine's Cult of

the Athlete'. *Washington Post*, 12 juni 1999; www.washingtonpost.
com/wp-srv/national/daily/june99/columbine12.htm.

Anton, Mike en Lisa Ryckman. 'In Hindsight, Signs to Killings Obvi-
ous'. *Denver Rocky Mountain News*, 2 mei 1999; http://denver.roc-
kymountainnews.com/shooting/0502why10.shtml.

Bartels, Lynn. 'Neighbors Repeatedly Alerted Sheriff's about Harris'
Menacing Behavior'. *Denver Rocky Mountain News*, 26 april 1999;
http://denver.rockymountainnews.com/shooting/0426brow2.
shtml.

Bartels, Lynn en Carla Crowder. 'Fatal Friendship: How Two Suburban
Boys Traded Baseball and Bowling for Murder and Madness'. *Denver
Rocky Mountain News*, 22 augustus 1999; http://denver.rocky-
mountainnews.com/shooting/0822fata1.shtml.

Bartels, Lynn en Ann Imse. 'Friendly Faces Hid Kid Killers: Social,
Normal Teens Eventually Harbored Dark, Sinister Attitudes'. *Denver
Rocky Mountain News*, 22 april 1999; http://denver.rockymoun-
tainnews.com/shooting/0422bdag7.shtml.

Belkin, Lisa. 'Parents Blaming Parents', *New York Times Sunday Magazine*, 31 oktober 1999; http://query.nytimes.com/gst/fullpage.html
?res=9401E2DD1438F932A05753C1A96F958260.

Belluck, Pam en Jodi Wilgoren. 'Parents' Agony: Did Columbine Killers' Families Miss Clues – or Just Look Away?' *New York Times*, 14
juli 1999; www.nytimes.com/.

Brooks, David. 'Columbine: Parents of a Killer (Dylan Klebold)'. *New
York Times*, 15 mei 2004; www.nytimes.com/.

Brown, Brooks en Rob Merritt. *No Easy Answers: The Truth behind
Death at Columbine*. New York: Lantern Books, 2002.

Carnahan, Ann. 'Girl Turned Down Harris for Prom Date'. *Denver Rocky Mountain News*, 1 mei 1999; http://denver.rockymountainnews.
com/ shooting/0501bran7.shtml.

Carnahan, Ann. 'Hatred for Jocks Stuns Harris' Ex-Teammate'. *Denver
Rocky Mountain News*, 2 mei 1999; http://denver.rockymountain-
news.com/shooting/0502soc80.shtml.

Columbine Review Commission. *The Report of Governor Bill Owens'
Columbine Review Commission*, Denver, CO, 2001; www.state.co.us/
columbine/.

Crowder, Carla. 'Harrises Didn't See a Monster in Their Midst'. *Denver
Rocky Mountain News*, 21 juni 1999; http://denver.rockymountain-
news.com/shooting/0621harr1.shtml.

Cullen, Dave.* 'The Depressive and the Psychopath: At Last We Know Why the Columbine Killers Did It'. *Slate*, 20 april 2004; http://slate. msn.com/toolbar.aspx?action=print&id=2099203.

Cullen, Dave. 'Goodbye, Cruel World'. *Salon*, 14 december 1999; www. salon.com/news/feature/1999/12/14/videos/print.html.

Cullen, Dave. '"Kill Mankind. No One Should Survive"'. *Salon*, 23 september 1999; www.salon.com/news/feature/1999/09/23/journal/print.html.

Cullen, Dave. 'New Clues in Columbine Killings'. *Salon*, 22 november 2000; http://archive.salon.com/news/feature/2000/11/22/columbine/print.html.

Cullen, Dave. 'The Rumor that Won't Go Away: Jocks Say Littleton Killers Were Gay, but Friends Deny It'. *Salon*, 24 april 1999; www.salon. com/news/feature/1999/04/24/rumors/print.html.

Duggan, Paul, Michael Shear en Marc Fisher. 'Shooter Pair Mixed Fantasy, Reality'. *Washington Post*, 22 april 1999; www.washingtonpost. com/wp-srv/national/daily/april99/suspects042299.htm.

Foster, Dick. 'Eric Harris, Dad a Study in Contrasts'. *Boulder Daily Camera*, 28 april 1999; www.dailycamera.com/.

Gibbs, Nancy. '... In Sorrow and Disbelief'. *Time Magazine*, 3 mei 1999; www.time.com/time/magazine/printout/0,8816,990870,00.html.

Gibbs, Nancy en Timothy Roche. 'The Columbine Tapes'. *Time Magazine*, 20 december 1999; www.time.com/time/magazine/article/0,9171,992873,00.html.

Harris, Art. 'From Little League to Madness: Portraits of Littleton Shooters'. *CNN*, 30 april 1999; www.cnn.com/SPECIALS/1998/schools/they.hid.it.well/index.html.

Hubbard, Burt. 'Online Friend Didn't See Evil Side of Harris'. *Denver Rocky Mountain News*, 26 april 1999; http://denver.rockymountainnews.com/shooting/0426mafi3.shtml.

Imse, Ann, Lynn Bartels en Dick Foster. 'Killers' Double Life Fooled Many'. *Denver Rocky Mountain News*, 25 april 1999; http://denver. rockymountainnews.com/shooting/0425shool.shtml.

Jefferson County Sheriff's Office. *Columbine Documents*, pp. 1-27,000.

Jefferson County Sheriff's Office. *Eric Harris's Diversion Documents*.

---

* Voetnoot van C. de Ruiter: Een zeer lezenswaardig boek over Columbine verscheen in 2009. Dave Cullen heeft in dit boek eerdere publicaties van zijn hand verwerkt. De titel is *Columbine*, Dave Cullen, uitgever: Old Street Publishing, 2009. ISBN 978-1-906964-14-6.

Jefferson County Sheriff's Office. *Dylan Klebold's Diversion Documents.*

Jefferson County Sheriff's Office. *1997 Columbine Documents.*

Jefferson County Sheriff's Office. *1998 Columbine Documents.*

Johnson, Dirk en Jodi Wilgoren. 'Terror in Littleton: The Gunmen; A Portrait of Two Killers at War with Themselves'. *New York Times*, 26 april 1999; http://query.nytimes.com/gst/fullpage.html?res=9905 E5DA163DF935A15757C0A96F958260&scp=1&sq=johnson+wil goren+terror+in+littleton&st=nyt.

Kiely, Kathy en Gary Fields. 'Colo. Killers' Last Days Gave No Hint of Plans'. *USA Today*, 3 mei 1999; www.usatoday.com/news/index/colo/colo137.htm.

Kurtz, Holly. 'Columbine Like a Hologram: Life at School Depends on Angle of One's View'. *Denver Rocky Mountain News*, 25 juli 1999; http://denver.rockymountainnews.com/shooting/0725cult1.shtml.

Kurtz, Holly. 'Columbine Bully Talk Persists: Some Parents Accuse Principal of Wearing Rose-Colored Glasses'. *Denver Rocky Mountain News*, 26 augustus 2000; http://denver.rockymountainnews.com/shooting/0826colu3.shtml.

Larkin, Ralph. *Comprehending Columbine*. Philadelphia: Temple University Press, 2007.

Leppek, Chris. 'Dylan Klebold Led Life of Religious Contradictions'. *Intermountain Jewish News*, 30 april 1999; www.jewishsf.com/content/2-0-/module/displaystory/story_id/11140/format/html/edition_id/213/displaystory.html.

Lindsay, Sue en Karen Abbott. 'Gun Seller Gets 6 Years in Prison'. *Denver Rocky Mountain News*, 13 november 1999; www.denver.rockymountainnews.com/shooting/1113mane1.shtml.

Luzadder, Dan en Kevin Vaughan. 'Amassing the Facts: Bonded by Tragedy, Officers Probe Far, Wide for Answers'. *Denver Rocky Mountain News*, 13 december 1999; http://denver.rockymountainnews.com/shooting/1213col1.shtml.

Pooley, Eric. 'Portrait of a Deadly Bond', *Time Magazine*, 10 mei 1999; www.time.com/printout/0,8816,990917,00.html.

Prendergast, Alan. 'Back to School: The Bullet in the Backpack and Other Columbine Mysteries'. *Westword*, 25 oktober 2001; www.westword.com/2001-10-25/news/back-to-school/.

Prendergast, Alan. 'Doom Rules: Much of What We Think We Know about Columbine Is Wrong'. *Westword*, 5 augustus 1999; www.westword.com/issues/1999-08-05/feature2_full.html.

Prendergast, Alan. 'Hiding in Plain Sight: Are Columbine's Remaining Secrets Too Dangerous for the Public to Know – or Too Embarrassing

for Officials to Reveal?' *Westword*, 13 april 2006; www.westword.
com/2006-04-13/news/hiding-in-plain-sight/.

Prendergast, Alan. 'I'm Full of Hate and I Love It'. *Westword*, 6 december 2001; www.westword.com/issues/2001-12-06/news/
news_print.html.

Prendergast, Alan. 'The Missing Motive: Investigators Glossed over the Important Question: Why?' *Westword*, 13 july 2000; www.westword.com/2000-07-13/news/the-missing-motive/.

Russakoff, Dale, Amy Goldstein en Joel Achenbach. 'In Littleton, Neighbors Ponder What Went Wrong'. *Washington Post*, 2 mei 1999; www.washingtonpost.com/wp-srv/national/longterm/juv-murders/stories/families050299.htm.

Vaughan, Kevin en Lynn Bartels. 'Brutal Klebold Emerges in Accounts'. *Denver Rocky Mountain News*, 6 juni 1999; http://denver.rocky-mountainnews.com/shooting/0606dyl1.shtml.

Wilgoren, Jodi en Dirk Johnson. 'Sketch of 2 Killers: Contradictions and Confusion'. *New York Times*, 23 april 1999; www.rickross.com/
reference/shootings/shootings7.html.

Wilkinson, Peter. 'Humiliation and Revenge: The Story of Reb and VoDkA', *Rolling Stone*, 10 juni 1999, p. 49.

http://Columbine.free2host.net/quotes.html.
www.acolumbinesite.com/.

MITCHELL JOHNSON

Zie Andrew Golden.

KIP KINKEL

'Accused Oregon School Shooter Shows No Emotion in Court'. *CNN*, 22 mei 1998; www.cnn.com/US/9805/22/oregon.shooting.pm/.

Bernstein, Maxine. 'Kipland P. Kinkel: A Clear Path toward Destruction'. *The Oregonian*, 30 augustus 1998, p. A01. Benaderd via http://
nl.newsbank.com.

Bernstein, Maxine, Dana Tims en J. Todd Foster. 'Home Filled with Dark Discoveries'. *The Oregonian*, 24 mei 1998, p. A01. Benaderd via http://nl.newsbank.com.

King, Patricia en Andrew Murr. 'A Son Who Spun Out of Control: An Oregon Teen Is Charged with Killing His Parents and His Classmates'. *Newsweek*, 1 juni 1998, pp. 32-33.

Lieberman, Joseph. *The Shooting Game: The Making of School Shooters*. Santa Ana, CA: Seven Locks Press, 2006.

Swanson, Elisa. '"Killers Start Sad and Crazy": Mental Illness and the Betrayal of Kipland Kinkel'. *Oregon Law Review* 79, no. 4 (2000): 1081-1120.
www.pbs.org/wgbh/pages/frontline/shows/kinkel/.

DYLAN KLEBOLD

Zie Eric Harris.

EVAN RAMSEY

Clarke, Jim. 'Alaska Boy Warned He'd Kill Principal, Student'. *Associated Press*, 21 februari 1997. Benaderd via www.lexisnexis.com.

Clarke, Jim. 'Teen Gunman Opens Fire in School, Killing Principal, Student'. *Associated Press*, 20 february 1997. Benaderd via www.lexisnexis.com.

Dedman, Bill. 'Deadly Lessons: School Shooters Tell Why'. *Chicago Sun-Times*, 15 oktober 2000, p. 1.

Fainaru, Steve. 'Killing in the Classroom: Alaska School Murders: A Window on Teen Rage'. *Boston Globe*, 18 oktober 1998; www.boston.com/bostonglobe/.

Fainaru, Steve. 'Killing in the Classroom: Many Struggle to Put Their World Together'. *Boston Globe*, 20 oktober 1998; www.boston.com/bostonglobe/.

Fainaru, Steve. 'Killing in the Classroom: A Tragedy was Preceded by Many Overlooked Signals'. *Boston Globe*, 19 oktober 1998; www.boston.com/bostonglobe/.

Hanrahan, Jenifer. 'No Way Out'. *San Diego Union-Tribune*, 14 mei 2001; www.signonsandiego.com/.

Marin, Carol. 'Portrait of High School Killer'. *60 Minutes* (CBS News Transcript), 6 maart 2001; www.cbsnews.com/stories/1999/04/27/broadcasts/main44660.shtml?source=search_story.

Ramsey v. State (10/11/2002) ap-1832. Court of Appeals No. A-7295. Beschikbaar op www.touchngo.com/ap/html/ap-1832.htm.

'Rage: A Look at a Teen Killer'. *CBS News*, 7 maart 2001; www.cbsnews.com/stories/1999/08/17/60II/main58625.shtml.

Toomey, Sheila. 'Atwood Dead at Age 89: *Times* Publisher, Statehood Champion Left Lasting Mark'. *Anchorage Daily News*, 11 januari 1997.

Toomey, Sheila. 'Brothers Testify to Hard Life, Then Ramsey Defense Rests'. *Anchorage Daily News*, 3 februari 1998, p. A1. Benaderd via http://nl.newsbank.com.

JEFFREY WEISE

Benson, Lorna. 'Jeff Weise's Enigmatic Internet Persona'. *Minnesota Public Radio*, 25 maart 2005; http://news.minnesota.publicradio. org/features/2005/03/25_bensonl_weise3/.

Benson, Lorna. 'Web Postings Hold Clues to Weise's Actions'. *Minnesota Public Radio*, 24 maart 2005; http://news.minnesota.publicradio. org/features/2005/03/24_ap_moreweise/.

Chanen, David, Pam Louwagie, Richard Meryhew en Bob Von Sternberg. 'Computer Clues Linked Jourdain, Weise'. *Minneapolis-St. Paul StarTribune*, 29 maart 2005; www.rlnn.com/ArtMar05/Computer-CluesLinkedJourdain.html.

Connolly, Ceci en Dana Hedgpeth. 'Shooter Described as Deeply Disturbed'. *Washington Post*, 24 maart 2005; www.washingtonpost. com/wp-dyn/articles/A61483-2005Mar23.html.

Davey, Monica. 'Behind the Why of a Rampage, Loner with a Taste for Nazism'. *New York Times*, 23 maart 2005; www.nytimes.com/.

Davey, Monica. 'Tribe Buries 3 on a Long Road to Healing'. *New York Times*, 27 maart 2005, Sectie 1, p. 16. Benaderd via www.lexisnexis. com.

Davey, Monica en Jodi Wilgoren. '"Clues All There" of Killing to Come'. *San Diego Union-Tribune*, 24 maart 2005; www.signonsandiego. com/ uniontrib/20050324/news_1n24shooting.html.

Estrada, Heron Marquez, Ron Nixon en John Stefany. 'An Internet Trail of a Boy's Death Wish'. *Minneapolis-St. Paul StarTribune*, 23 maart 2005; www.startribune.com/local/11574851.html.

Gregory, Ted. 'Friend Says Shooter had Threatened Violence at School Before'. *Chicago Tribune*, 23 maart 2005; www.chicagotribune.com/.

Gunderson, Dan. 'Who Was Jeff Weise?' *Minnesota Public Radio*, 23 maart 2005; http://newsminnesota.publicradio.org/features/2005/03/22_ap_redlakesuspect/.

Haga, Chuck en Terry Collins. 'Did Friendship Spiral into Conspiracy?' *Minneapolis-St. Paul StarTribune*, 19 november 2005; www.startribune.com/156/v-print/story/44676.html.

Haga, Chuck, Howie Padilla en Richard Meryhew. 'Jeff Weise: A Mystery in a Life Full of Hardship'. *Minneapolis-St. Paul StarTribune*, 23 maart 2005; www.rlnn.com/ArtMar05/JeffWeiseMystFullHardship. html.

Hanners, Dave. 'Web Postings Show Many Sides to Weise'. *Duluth News-Tribune*, 26 maart 2005, p. 1A. Benaderd via http:// nl.newsbank.com.

Hanners, Dave. 'Weise's Kin Cite Reasons for Rage'. *St. Paul Pioneer*

Press, 29 april 2005, p. A1. Benaderd via http://nl.newsbank.com.

Harden, Blaine en Dana Hedgpeth. 'Red Lake Shooter's Bleak Portrait of Reservation Life Was Accurate'. *Pittsburgh Post-Gazette*, 25 maart 2005; www.post-gazette.com/pg/05084/477380-84.stm.

Louwagie, Pam en Chuck Haga. 'Jourdain Plea Deal Avoids Trial'. *Minneapolis-St. Paul StarTribune*, 29 november 2005; www.startribune.com/local/11575931.html.

Maag, Chris. 'The Devil in Red Lake'. *Time Magazine*, 4 april 2005, p. 35.

Miron, Molly. 'Program Aims to Cut Beltrami County's High Youth Suicide Rate'. *Bemidji* (MN) *Pioneer*, 20 september 2007; www.bemidjipioneer.com/.

Miron, Molly. 'Summit at Red Lake Addresses Drugs, Gang Issues'. *Bemidji* (MN) *Pioneer*, 15 februari 2008; www.bemidjipioneer.com/.

Ragsdale, Jim. '39 Knew of Red Lake Killer's Plan'. *St. Paul Pioneer Press*, 31 januari 2006, p. A1. Benaderd via http://nl.newsbank.com.

Rave, Jodi. 'Family Still Struggling to Understand Teenager's Rampage in Minnesota'. *Missoulian* (Missoula, MT), 10 juli 2005; www.missoulian.com/articles/2005/07/11/ jodirave/rave40.prt.

Rave, Jodi. 'Portrait Emerges of Youth Who Did Not Seem Violent'. *Lincoln* (NE) *JournalStar*, 5 augustus 2005; www.journalstar.com/.

Ruckdaschel, Michelle. 'State and Local Suicide Data Reviewed During Meeting'. *Bemidji* (MN) *Pioneer*, 20 december 2007; www.bemidjipioneer.com/.

Walker, Dalton. 'For Shooter's Family, It Began as a Typical Day'. *Duluth News Tribune*, 26 maart 2005. Benaderd via http://nl.newsbank.com.

'Second Victim Known as More than Footnote'. *St. Paul Pioneer Press*, 21 maart 2006; www.twincities.com/mld/pioneerpress/.

Sanchez, Rene en Chuck Haga. 'A Week Soaked in Tears: "Planning. Waiting. Hating", He Wrote'. *Minneapolis-St. Paul StarTribune*, 26 maart 2005; www.startribune.com/nation/11615211.html.

'Poverty Compounds Tough Reservation Life for Indian Youth'. *USA Today*, 27 maart 2005; www.usatoday.com/news/nation/2005-03-27-reservation-life_x.htm.

Zenere, Frank J. III. 'Tragedy at Red Lake: Epilogue', *Communique* 34, no. 1 (2005); www.nasponline.org/publications/cq/cq341redlake.aspx.

http://cryptome.quintessenz.org/mirror/jeff-weise.htm.

http://cryptome.sabotage.org/jeff-weise2.htm.

http://profiles.yahoo.com/verlassen4_20.

http://weise.livejournal.com/.

http://weise.livejournal.com/profile.

www.abovetopsecret.com/forum/thread49741/pg.

www.abovetopsecret.com/forum/viewthread.php?tid=95648.
www.thesmokinggun.com/archive/032405lweise1.html.

ANDREW WURST

DeJong, William, Joel C. Epstein en Thomas E. Hart. 'Bad Things Hap-
pen in Good Communities: The Rampage Shooting in Edinboro,
Pennsylvania and Its Aftermath'. In National Research Council, red.,
Deadly Lessons: Understanding Lethal School Violence, pp. 70-100.
Washington, DC: National Academies Press, 2003.

Hays, Kristen. 'Teacher Killed at School Dance: 14-Year-Old Student
Charged'. *Associated Press*, 25 april 1998.

Palattella, Ed. '14-Year-Old Appears Bored during Hearing'. *Erie Times-
News*, 22 mei 1998; www.goerie.com/.

Palattella, Ed. 'Friend: Suspect Threatened to Go to the Dance "And Kill
Some People"', *Erie Times-News*, 26 april 1998; www.goerie.com/.

Palattella, Ed. 'Next Big Issue in Wurst Case: His Mental State'. *Erie
Times-News*, 24 mei 1998; www.goerie.com/.

Palattella, Ed. 'A Portrait of Conflict'. *Erie Times-News*, 7 maart 1999;
www.goerie.com/.

Palattella, Ed. 'Reports Give Insight into Wurst's Mind'. *Erie Times-
News*, 13 januari 1999; www.goerie.com/.

Palattella, Ed. 'Testimony: Wurst Is Psychotic'. *Erie Times-News*, 10
maart 1999; www.goerie.com/.

Palattella, Ed en Tim Hahn. 'Students Further Implicate Wurst'. *Erie
Times-News*, 22 mei 1998; www.goerie.com/.

Silver, Jonathan. 'As Long as a Month Ago, There Were Signs'. *Pittsburgh
Post-Gazette*, 26 april 1998. Benaderd via http://nl.newsbank.com.

'This Is the Shooter's Mother'. *Trenton Times*, 2 april 2000. Benaderd
via http://nl.newsbank.com.

'Wurst: None of This Is Real'. *Erie Times-News*, 25 september 1998;
www.goerie.com/.

ALGEMENE BRONNEN

American Psychiatric Association. *Diagnostic and Statistical Manual of
Mental Disorders, Fourth Edition, Text Revision*. Arlington, VA: American Psychiatric Association, 2000.

Aronson, Elliot. *Nobody Left to Hate: Teaching Compassion After Columbine*. New York: Henry Holt and Co., 2001.

Beck, Aaron. *Prisoners of Hate: The Cognitive Basis of Anger, Hostility
and Violence*. New York: HarperCollins, 2000.

Blaney, Paul H. 'Paranoid Conditions'. In Theodore Millon, Paul H. Blaney en Roger D. Davis, red., *Oxford Textbook of Psychopathology*, pp. 339-361. New York: Oxford University Press, 1999.

Bugliosi, Vincent en Curt Gentry. *Helter Skelter: The True Story of the Manson Murders*. New York: W.W. Norton and Company, 1994.

Caplan, Lincoln. *The Insanity Defense and the Trial of John W. Hinckley, Jr.* New York: Dell, 1987.

Cleckley, Hervey. *The Mask of Sanity: An Attempt to Clarify Some Issues About the So-Called Psychopathic Personality (fifth edition)*. St Louis: Mosby, 1976.

Cobb, Chris en Bob Avery. *Rape of a Normal Mind*. Markham, Ont.: PaperJacks, 1977.

Coleman, Loren. *The Copycat Effect: How the Media and Popular Culture Trigger the Mayhem in Tomorrow's Headlines*. New York: Simon & Schuster, 2004.

Cornell, Dewey. *School Violence: Fears Versus Facts*. Mahway, NJ: Lawrence Erlbaum Associates, 2006.

Cornell, Dewey en Peter Sheras. *Guidelines for Responding to Student Threats of Violence*. New York: Sopris West, 2006.

Critical Incident Response Group. *The School Shooter: A Threat Assessment Perspective*. Quantico, VA: National Center for the Analysis of Violent Crime, FBI Academy, 2000. Beschikbaar op www.fbi.gov/filelink.html?file=/publications/school/school2.pdf.

Douglas, John en Mark Olshaker. *The Anatomy of Motive: The FBI's Legendary Mindhunter Explores the Key to Understanding and Catching Violent Criminals*. New York: Pocket Books, 1999.

Douglas, John en Mark Olshaker. *Mindhunter: Inside the FBI's Elite Serial Crime Unit*. New York: Scribner, 1995.

Ezekiel, Raphael. *The Racist Mind: Portraits of American Neo-Nazis and Klansmen*. New York: Viking, 1995.

Fein, Robert A., Bryan Vossekuil, William S. Pollack, Randy Borum, William Modzeleski en Marissa Reddy. *Threat Assessment in Schools: A Guide to Managing Threatening Situations and to Creating Safe School Climates*. U.S. Department of Education, Office of Elementary and Secondary Education, Safe and Drug-Free Schools Program en U.S. Secret Service. Washington, DC: National Threat Assessment, 2002. Beschikbaar op www.ustreas.gov/usss/ntac.shtml.

Fromm, Erich. *The Anatomy of Human Destructiveness*. New York: Holt, Rinehart and Winston, 1973.

Gaura, Maria Alicia, Matthew B. Stannard en Stacy Fin. 'De Anza College Bloodbath Foiled – Photo Clerk Calls Cops'. *San Francisco Chronicle*, 31 januari 2001; www.sfgate.com.

Grossman, Dave. *On Killing: The Psychological Cost of Learning to Kill in War and Society.* New York: Little, Brown and Company, 1996.

Hare, Robert. *Without Conscience: The Disturbing World of the Psychopaths among Us.* New York: Guilford Press, 1999.

Hare, Robert, David J. Cooke en Stephen D. Hart. 'Psychopathy and Sadistic Personality Disorder'. In Theodore Millon, Paul H. Blaney en Roger D. Davis, red., *Oxford Textbook of Psychopathology*, pp. 555-584. New York: Oxford University Press, 1999.

'Ill. Student Accused of Terrorist Threat'. *Yahoo News*, 25 juli 2007; http://news.yahoo.com/.

Leary, Mark R., Robin M. Kowalski, Laura Smith en Stephen Phillips. 'Teasing, Rejection and Violence: Case Studies of the School Shootings'. *Aggressive Behavior* 29 (2003): 202-214.

Meloy, J. Reid. *The Psychopathic Mind: Origins, Dynamics, and Treatment.* Northvale, NJ: Jason Aronson, 1988.

Meloy, J. Reid, Anthony G. Hempel, Kris Mohandie, Andrew A. Shiva en B. Thomas Gray. 'Offender and Offense Characteristics of a Nonrandom Sample of Adolescent Mass Murderers'. *Journal of the American Academy of Child and Adolescent Psychiatry* 40, no. 6 (juni 2001): 719-728.

Menninger, Karl. *Man against Himself.* San Diego: Harcourt Brace Jovanovich, 1966.

Millon, Theodore en Roger Davis. 'Ten Subtypes of Psychopathy'. In *Psychopathy: Antisocial, Criminal, and Violent Behavior*, redactie Theodore Millon, Erik Simonsen, Morten Birket-Smith en Roger D. Davis, pp. 161-170. New York: Guilford Press, 1998.

Millon, Theodore, Roger D. Davis, Carrie M. Millon, Andrew Wenger, Maria H. Van Zullen, Marketa Fuchs en Renee B. Millon. *Disorders of Personality: DSM-IV and Beyond.* New York: John Wiley & Sons, 1996.

Morgan, George Allen. *What Nietzsche Means.* New York: Harper & Row, 1965.

Mulvey, Edward P. en Elizabeth Cauffman. 'The Inherent Limits of Predicting School Violence'. *American Psychologist* 56, no. 10 (oktober 2001): 797-802.

National Research Council Institute of Medicine. *Deadly Lessons: Understanding Lethal School Violence.* Washington, DC: Author, 2003.

Newman, Katherine. *Rampage: The Social Roots of School Shootings*, New York: Basic Books, 2004.

Reddy, Marisa, Randy Borum, John Berglund, Bryan Vossekuil, Robert Fein en William Modzeleski. 'Evaluating Risk for Targeted Violence in Schools: Comparing Risk Assessment, Threat Assessment, and

Other Approaches'. *Psychology in the Schools* 38, no. 2 (2001): 157-172.

Ronningstam, Elsa. 'Narcissistic Personality Disorder'. In Theodore Millon, Paul H. Blaney en Roger D. Davis, red., *Oxford Textbook of Psychopathology*, pp. 674-693. New York: Oxford University Press, 1999.

Sanders, Ed. *The Family*. New York: Avalon, 2002.

Schoetz, David. 'Samaritan Helps Foil Columbine-Style Shooting'. *ABC News*, 13 juli 2007; http://abcnews.go.com/print?id=3374965.

Shapiro, David. *Autonomy and Rigid Character*. New York: Harper-Collins, 1981.

Shapiro, David. *Neurotic Styles*. New York: Harper & Row, 1965.

Twemlow, Stuart W., Peter Fonagy, Frank C. Sacco, Mary Ellen O'Toole en Eric Vernberg. 'Premeditated Mass Shootings in Schools: Threat Assessment'. *Journal of the American Academy of Child and Adolescent Psychiatry* 41, no. 4 (april 2002): 475-477.

Verlinden, Stephanie, Michel Hersen en Jay Thomas. 'Risk Factors in School Shootings'. *Clinical Psychology Review* 20, no. 1 (2000): 3-56.

Vossekuil, Bryan, Robert A. Fein, Marisa Reddy, Randy Borum en William Modzeleski. *The Final Report and Findings of the Safe School Initiative: Implications for the Prevention of School Attacks in the United States*. U.S. Department of Education, Office of Elementary and Secondary Education, Safe and Drug-Free Schools Program en U.S. Secret Service. Washington, DC: National Threat Assessment Center, 2002. Beschikbaar op www.ustreas.gov/usss/ntac.shtml.

Waite, Robert G.L. *The Psychopathic God: Adolf Hitler*. New York: Basic Books, 1977.